PRIMO LEVI, LE DOUBLE LIEN

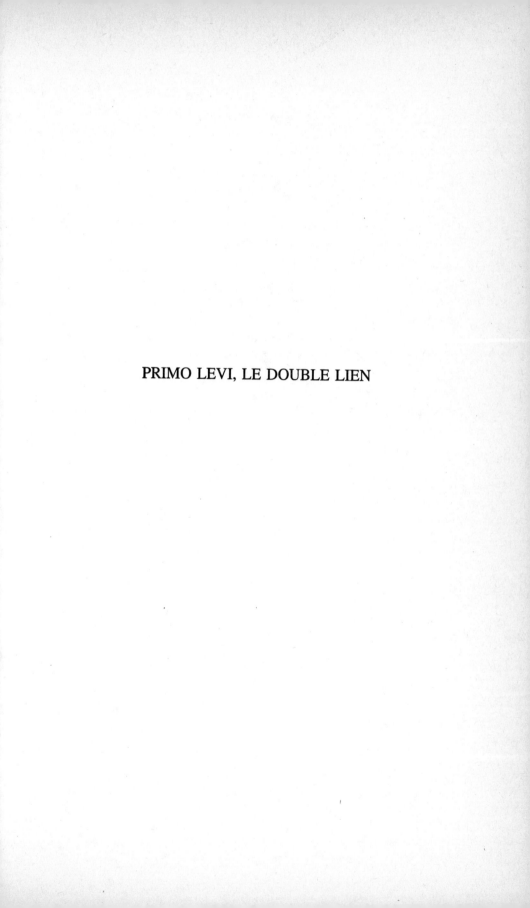

AVEC LA PARTICIPATION DE

Dominique Budor
René de Ceccaty
Jan De Volder
Denis Ferraris
Pierre-Gilles de Gennes
Walter Geerts
David Le Breton
Enzo Neppi
Ermanno Paccagnini
Freddy Raphaël
Jean Samuel
Giuseppina Santagostino
Cesare Segre
Dominique Weil

Sous la direction de
Walter Geerts et Jean Samuel

PRIMO LEVI, LE DOUBLE LIEN

Science et Littérature

Éditions Ramsay

Avant-propos

Primo Levi apparaît de plus en plus comme une des figures clés de la littérature du XXe siècle. Victime de la Shoah, il en fournit dans *Si c'est un homme* l'un des principaux témoignages. Qu'il ait survécu et pu témoigner, il le doit à sa formation scientifique, à son diplôme d'ingénieur chimiste de l'université de Turin. Toute son œuvre à partir de *Si c'est un homme* est traversée par cette polarité : la possibilité du mal absolu et l'infini potentiel humain que représente, éminemment, la science. Sa position de témoin d'Auschwitz, ses qualifications scientifiques et son invention littéraire font de lui un cas unique sur lequel il était urgent de faire le point. C'est ce que se propose de faire ce volume.

Notre époque ne cesse de s'interroger, notamment par rapport à la génétique, sur la validité du « tout possible » en science. Sur le risque de « couver le cobra » et celui de faire obstruction à la recherche fondamentale, Primo Levi pose son regard critique d'écrivain qui sait de quoi il parle. Il sait que l'équilibre est fragile. Il a vu l'eugénétique à l'œuvre, de très près. Mais les dogmatismes de tout genre lui inspirent des craintes aussi fortes. Il en a vu à l'œuvre quelques-uns lors de ses études universitaires à Turin sous le régime fasciste. Toute l'œuvre de Primo Levi résonne de ces questions importantes. C'est une œuvre « littéraire » qui redéfinit la notion de « littérature » à la charnière de deux siècles. La fiction est là, nourrie de science, de philosophie, d'expérience.

Les spécialistes qui ont collaboré à ce volume viennent d'horizons très divers, des sciences humaines et des sciences naturelles. Tous, d'une manière ou d'une autre, se sont efforcés d'intégrer le point de vue de l'*autre*.

Une première série d'études a trait au rapport entre témoignage et véridicité. Dominique Budor explore différents aspects du processus qui va du témoignage à la fiction. Son travail montre bien qu'éthique et esthétique ne s'excluent pas mutuellement. Il fait apparaître également la conscience aiguë qu'avait Primo Levi, écrivain autodidacte, des différentes modalités du récit fictionnel. Jan De Volder, lui, adopte le point de vue méthodologique de l'historien en examinant le statut que l'historien confère au témoignage littéraire. Il illustre bien la précision « de chimiste » que Levi lui-même applique au terrain intermédiaire délicat entre mémoire et histoire. Par-là, Levi anticipe le débat, qui s'est rallumé entre-temps, sur la responsabilité « collective », en même temps qu'il souligne la situation privilégiée du témoin par rapport au nombre infiniment plus grand de ceux que les camps ont réduits au silence. C'est vers ceux-ci que se tourne le regard de David Le Breton. Il propose une lecture socio-anthropologique du visage du *Häftling* qui lui permet de mettre en place une théorie du non-visage, de l'effacement du visage sous-jacente à la conduite du camp par les nazis. Jean Samuel, le *Pikolo* de *Si c'est un homme*, nous réserve cette surprenante et précieuse partie de son témoignage qui concerne les mathématiques à Auschwitz. L'exercice mental qui consiste à résoudre une équation complexe a offert à quelques-uns, promis − seulement promis pour la plupart − à un brillant avenir, un abri momentané contre la violence ainsi que l'occasion, tout aussi éphémère, d'une fortifiante amitié. La figure de Jean Samuel, le jeune ami de Primo, son élève en italien, infatigable et fidèle témoin d'aujourd'hui, a beaucoup stimulé notre effort commun d'approfondir la pensée de Primo Levi du point de vue des sciences.

Une deuxième série d'études est inspirée, plus particulièrement, par la lecture des textes et par le langage de Primo Levi dans leur rapport avec la science, la technologie et l'empirisme. René de Ceccaty s'attelle au *Système périodique* pour y déceler les fines connexions métaphoriques entre chimie, vie et littérature. Le personnage de Sandro surtout, l'homme d'action, illustre à quel point il est difficile de *dire* l'action. De ce point de vue il est l'*alter ego* de l'auteur et du difficile rapport toujours entretenu avec la « littérature ». C'est en collègue de laboratoire avant tout que Pierre-Gilles de Gennes s'intéresse à l'œuvre de Primo Levi. Son attention est retenue par la phénoménologie de l'observation et par l'importance qu'elle reçoit dans cette œuvre. Les « petites choses » sont souvent cruciales et méritent la même attention que celle que Husserl exigeait de ses étudiants pour ce qu'il appelait la « petite monnaie ». Pour ma part, je me suis intéressé aux récits fantastiques de Primo Levi. Sous le couvert léger de l'improbable ou de la science-fiction, ces petits tableaux contiennent souvent des mises au point ponctuelles sur tel aspect de la science ou de la technologie. Ermanno Paccagnini étudie méticuleusement l'évolution du rapport avec l'ordinateur tel qu'on le trouve sous la plume de Primo Levi, principalement par rapport à la poésie. Emblème technologique par excellence de la fin du siècle, l'informatique devient naturellement pierre de touche pour la réflexion de notre auteur autour de la technologie : prolongement du génie humain ou Léviathan, Golem, etc. Aux yeux de Freddy Raphaël une curieuse analogie se dessine entre la culture judéo-piémontaise de Primo Levi, reflétée dans son langage, et la culture judéo-alsacienne. Or, cette parenté concerne précisément le langage du savoir-faire et de l'expérience. D'où l'intérêt de la problématique traitée ici. Ce sens inné du rapport essentiel entre travail manuel et réflexion, Cesare Segre l'analyse dans le personnage de Faussone – autre *alter ego* – de *La Clé à molette*. Il définit le darwinisme particulier de Levi, où le cerveau est tiré de sa torpeur par la main de l'artisan. Le personnage de Faussone devient ainsi celui d'un vrai roman d'aventure, où l'action humaine révèle son essence divine : une action est bonne si elle participe à la création du monde.

Une troisième série de contributions propose des lectures centrées autour de la vision du monde de Primo Levi, sa « philosophie ». Denis Ferraris va à la recherche du portrait-robot de l'homme dans Primo Levi en constatant le refus net de toute idéalisation. L'anthropologie de Levi est fondée sur l'impureté et l'ambiguïté humaine, avec une forte dose de négativité. Trouvant sa place ici dans une riche galerie intertextuelle, l'homme tel que Levi le conçoit est un homme « debout », appelé à aller « contre ». Pour Enzo Neppi le pessimisme ontologique est une donnée essentielle dans la pensée de l'auteur des *Naufragés et les rescapés*. Cependant, et de manière inattendue, ce n'est pas l'Holocauste qui renverse l'optimisme antérieur de l'auteur, c'est plutôt la vision d'un monde à la Kafka, marqué par la technologie et toutes les formes d'asservissement en nombre croissant. Vis-à-vis d'un univers – et donc de la vie – fondé sur le hasard et le désordre, seules la liberté d'action et la libre invention de nous-mêmes constituent une solution. Partant de l'opposition ordre-désordre et tenant compte d'un large éventail de sciences humaines, Giuseppina Santagostino pose le dialogue et la complémentarité des savoirs comme principe de la pensée de Levi. Dominique Weil, quant à elle, s'appuyant sur les causes qui ont pu rendre possible la destruction de l'espèce humaine par les nazis, s'interroge sur la responsabilité des hommes de science. La réflexion offerte par Primo Levi, sa « leçon » en quelque sorte, qui est aussi, dans son cas, leçon d'une vie, est un plaidoyer en faveur de la sauvegarde du *sujet* de l'acte de connaissance et de son individualité primordiale.

Ces différentes contributions furent présentées à Strasbourg, les 18 et 19 novembre 1999, lors d'un colloque organisé grâce au soutien de l'Association Fondation Mémoire d'Auschwitz, l'université Marc Bloch et l'Institut italien de la culture, représenté par Gina Giannotti. En conclusion du colloque, une table ronde, présidée par Daniel Payot, a permis de confronter les points de vue présentés et de répondre à différentes questions autour du problème de la responsabilité des hommes de science tel que l'œuvre de Primo Levi invite à le poser. Le lecteur pourra lire en fin de volume les interventions faites lors de cette table ronde. Dominique Weil introduit la discussion, suivie par Jean-Marie Lehn, David Le Breton et de nombreux intervenants. Jean-Marie Lehn situe *Le Système périodique* par rapport à l'histoire de la chimie en souscrivant pleinement à l'éloge de l'impureté formulé par Primo Levi. La question centrale du débat tourne inévitablement autour du « possible » et du « permis » dans la recherche fondamentale. D'un côté, la vie est définie comme « impératif cosmologique » pour la science, telle que Jean-Marie Lehn la conçoit en recourant à la formule de Christian de Duve ; de l'autre côté, et à une autre échelle, la vie est celle de l'individu, c'est-à-dire recherche de sens, mémoire, etc. Logiques différentes ou complémentaires ? La question reste posée.

Un dernier mot à propos du titre de cet ouvrage. Primo Levi projetait une suite au *Système périodique*, suite naturellement consacrée à la chimie organique. Le titre en aurait été *Le Double Lien*, forme qu'il considérait comme « pleine d'allusions ». C'est pour cette raison que nous l'avons adoptée pour le colloque et pour ce livre.

WALTER GEERTS

I

Témoignage et véridicité

Le devoir de mémoire et la fable

À Jacques Lion

Un poème de Primo Levi, daté du 10 janvier 1946, porte le titre « Shemà [1] ». Ce mot, qui en hébreu signifie « écoute ! », est le premier du *Shema Israël, Adonaï elohenou, Adonaï éhad*, c'est-à-dire de la prière fondatrice du service divin dans la pratique juive puisque, récité deux fois par jour (au lever et au coucher), le *Shema* proclame l'unité de Dieu. C'est une prière du cœur, d'intime humilité de la créature devant le Créateur, et non d'obligation ou d'habitude : aussi le Talmud précise-t-il – ce qui légitime la langue italienne du poème de Levi – que l'on peut réciter le *Shema* dans une langue que l'on comprend, alors qu'à la synagogue ou dans toute autre réunion de prière, seul l'hébreu, la langue de Moïse, de David et d'Isaïe, est signe sacré de ralliement du peuple dispersé. Voici la prière :

Tu aimeras l'Éternel, ton Dieu, de tout ton cœur, de toute ton âme et de tous tes moyens. Tu porteras gravés dans ton cœur les commandements que je te prescris aujourd'hui. Tu les inculqueras à tes enfants, tu t'en entretiendras dans ta maison et en voyage, en te couchant et en te levant [...].

Si vous obéissez aux devoirs que je vous prescris, en ce jour,

1. Primo Levi, « Shemà », *Ad ora incerta*, dans *Opere*, t. II, Turin, Einaudi, « Biblioteca dell'Orsa », 1984, p. 529.

d'aimer l'Éternel votre Dieu, de le servir de tout votre cœur et de toute votre âme, j'enverrai à votre terre la pluie en temps utile, pluie de printemps et pluie d'automne ; tu récolteras ton blé, ton vin et ton huile. [...] Mais prenez garde de laisser s'égarer votre cœur et d'adorer de faux dieux. Car l'Éternel s'indignerait contre vous, il fermerait le ciel et vous refuserait la pluie. La terre resterait stérile et vous ne pourriez subsister longtemps sur l'excellente terre qu'il vous donne[2].

Le poème de Levi[3] reprend, souvent mot pour mot, la prière :

> *Vous qui vivez tranquilles*
> *Dans la tiédeur de vos maisons*
> *Vous qui trouvez le soir en rentrant*
> *Chaude nourriture et visages amis*
> Considérez si c'est un homme,
> *Qui travaille dans la boue*
> *Qui ne connaît nulle paix*
> *Qui lutte pour une moitié de pain*
> *Qui meurt pour un oui ou pour un non.*
> Considérez si c'est une femme,
> *Sans cheveux et sans nom*
> *Sans la force d'encore se souvenir*
> *Les yeux vides et le sein froid*
> *Comme une grenouille en hiver.*
> *Méditez que cela fut :*
> *Ces mots sont mon commandement.*
> *Gravez-les dans votre cœur*
> *Dans votre maison et en voyage,*
> *En vous couchant et en vous levant :*
> *Répétez-les à vos enfants.*
> *Ou que votre maison s'écroule,*
> *Que la maladie vous accable,*
> *Que vos enfants se détournent de vous.*

---

2. *Rituel de prières pour tous les jours de l'année*, traduction nouvelle de M. le rabbin Debré, Paris, librairie israélite L. Blum, 1893, p. 103-105.
   3. Ouverture de *Si c'est un homme*.

Désormais, l'obéissance au commandement sacré, l'ordre donné à l'homme de se souvenir, les menaces enfin à l'encontre de celui qui oublierait, s'appliquent à l'Histoire : la mémoire de la Shoah[4] s'inscrit dans les formes du *Zakhor* biblique (« Souviens-toi ![5] »). Cela ne signifie ni soumission au judaïsme ni profession de foi – Levi, juif turinois de très lointaine origine séfarade, n'était pas croyant :

« Je dois dire que l'expérience d'Auschwitz a été telle pour moi qu'elle a balayé tout reste de l'éducation religieuse que pourtant j'ai reçue... Il y a Auschwitz, donc il ne peut pas y avoir Dieu. Je ne trouve pas de solution à ce dilemme. Je la cherche, mais ne la trouve pas[6]. »

Néanmoins, sous cette forme, à la fois traditionnelle et laïque qu'énonce le poème, le devoir de mémoire rétablit le lien indissoluble qui ancre l'individu dans le groupe et dans la généalogie, dans la vie et la pensée d'avant la Shoah. Ainsi participe-t-il, pour Levi, de la conquête de sa judéité :

---

4. J'utilise le terme *Shoah*, qui en hébreu signifie « catastrophe », pour plusieurs raisons. D'abord parce qu'il est dépourvu de connotation religieuse particulière, à la différence d'« holocauste » qui donne un sens prophétique à l'extermination en évoquant l'offrande à Dieu de la victime sacrificielle, tout comme le terme *driter hurbn* employé par les juifs de Pologne, qui désigne l'extermination comme « troisième destruction » après celle des deux Temples. Ensuite, parce que l'œuvre de Claude Lanzmann me semble avoir imposé la pertinence de ce mot pour souligner l'irréductible spécificité du « génocide » juif, mot utilisé depuis la définition de Léo Kuper puis du juriste Raphaël Lemkin. Je rappelle enfin les réticences de Primo Levi vis-à-vis du terme « holocauste », proposé puis renié par Elie Wiesel (« Le parole, il ricordo, la speranza », interview de Marco Vigevani, dans *Primo Levi. Conversazioni e interviste. 1963-1987*, rassemblées par Marco Belpoliti, Turin, Einaudi, 1997, p. 218-220), et son insistance sur le fait que l'extermination des juifs représente « un *unicum* tant en quantité qu'en qualité » (Préface, *I sommersi e i salvati*, dans *Opere*, t. I, p. 653-662).

5. Il va de soi que ne saurait être abordée ici la question générale du rapport entre histoire et mémoire dans la pensée juive, pour laquelle je me contenterai de renvoyer au très beau livre de Yosef Hayim Yerushalmi, *Zakhor. Histoire juive et mémoire juive*, Paris, Gallimard, 1984 (éd. américaine 1982).

6. C'est la dernière phrase du dialogue avec Ferdinando Camon, citée par Ernesto Ferrero dans P. Levi, « Cronologia », dans *Opere*, *op. cit.*, t. I, p. XLV.

« Je suis devenu juif à Auschwitz. La conscience de me sentir différent m'a été imposée [...]. En ce sens, Auschwitz m'a donné quelque chose qui est resté. En me faisant me sentir juif, Auschwitz m'a incité à récupérer, après, un patrimoine culturel que je ne possédais pas avant[7]. »

Primo Levi a, dans *Si c'est un homme*, retracé la genèse de son écriture concentrationnaire. Au laboratoire du camp, écrire est l'ultime rempart contre la déshumanisation qui s'accomplit :

« Tous les matins, dès que je me soustrais au vent qui fait rage et que je franchis le seuil du laboratoire, je trouve à mes côtés la compagne de tous les moments de trêve, du K.B. [*Krankenbau*, « l'infirmerie »] et des dimanches de repos : la douleur de se souvenir, le vieux et violent besoin de se sentir homme, qui m'assaille comme un chien à l'instant où ma conscience émerge de l'obscurité. Alors je prends le crayon et le cahier, et j'écris ce que je ne saurais dire à personne[8]. »

« Ce que je ne saurais dire à personne » : car le langage ne possède pas, face à l'inconcevable de « tout ce que l'homme, à Auschwitz, a voulu faire de l'homme[9] », la faculté de représenter l'anéantissement, ni de communiquer la sensation qu'a le sujet de mourir à soi-même avant même de mourir à la vie. Toutefois, la réappropriation des instruments de civilisation par laquelle l'homme se distingue de l'animal, et l'opération de résistance en laquelle « un cahier et un crayon » sont détournés de la fonction de travail imposée par les nazis, retracent la voie de l'espèce humaine : l'écrit déjoue la précarité de la parole orale non transmise et vise à recomposer l'unité du Moi.

En janvier 1946, un an à peine après la fin de la captivité advenue le 27 janvier 1945, c'est une tension du langage autre qui génère le poème « Shemà ». L'urgence de l'énonciation

---

7. *Ibid.*, p. XLIII.
8. *Se questo è un uomo*, dans *Opere*, *op. cit.*, t. I, p. 146. (Trad. fr. de Martine Schruoffeneger, Paris, Julliard, 1987.)
9. *Ibid.*, p. 52.

naît d'une exigence de libération intérieure, de purification face à la brûlure des souvenirs. Mais elle se lie au non moins essentiel besoin d'écoute qu'éprouve Levi, à l'instar du Vieux Marin de Coleridge habité du désir de se faire entendre de tous [10]. On ne saurait maintenant ignorer, après les travaux de certains chercheurs [11], que, loin de s'enfermer dans le silence, les déportés survivants souhaitaient raconter et qu'ils ont massivement pris la parole. Mais on sait aussi qu'ils n'ont, le plus souvent, pas été entendus ni même écoutés, tant dans la vie publique qu'au sein même de leurs familles : avec le recul, le titre du poème de Levi n'en acquiert donc, sur le plan existentiel et dans sa signification historique, que plus de force. Car, après l'horreur des camps et la réalité de l'extermination, seul le partage avec l'Autre – le lecteur – peut fonder une communauté, restaurer l'être et l'unité de l'Homme : l'expérience passée s'articule au présent, le livre transmet le savoir, le rituel porte l'Histoire.

Dès lors, la reprise de ce poème en 1947, pour qu'il serve d'exergue à *Si c'est un homme* – le récit de l'existence du *Häftling* Levi à Buna-Monowitz (Auschwitz III) –, confère au témoignage une valeur altruiste d'avertissement presque prophétique. L'écriture a échappé au vertige personnel et à la concision des « poèmes sanglants [12] » et, désormais soutenue par une volonté rhétorique de communication, elle noue la chaîne de mémoire entre les générations : la remémoration immédiate repose sur le devoir de témoigner, mais elle fonde aussi l'injonction à se souvenir que le témoin adresse à ses

---

10. Les vers de Coleridge, *The Rime of Ancient Mariner* (v. 582-585), ouvrent le poème du 4 février 1984 intitulé « Le survivant » (*Ad ora incerta, op. cit.*, p. 581) puis servent d'exergue en 1986 à *I sommersi e i salvati* (*op. cit.*, p. 651) : « Since then, at an uncertain hour, / That agony returns : / And till my ghastly tale is told / This heart within me burns. »

11. Voir notamment Annette Wieviorka, *Déportation et génocide. Entre la mémoire et l'oubli*, Paris, Plon, 1992, p. 161-190.

12. Voir Primo Levi, « Cromo », *Il sistema periodico*, dans *Opere, op. cit.*, t. I, p. 570 et suiv.

« enfants ». En ce sens, elle est un message politique de vigilance et de combat, elle est tension vitaliste vers l'avenir.

L'« écrivain-témoin », comme se définit Levi, est témoin au double sens du terme – Giorgio Agamben souligne justement qu'aux deux acceptions du mot correspondaient deux termes latins différents [13]. Dans le procès ouvert devant l'Histoire, il est le *testis* qui dépose, pour ouvrir au jugement des autres sans juger lui-même, délibérément sobre et objectif, se refusant aux lamentations comme à toute accusation vengeresse. Mais il est surtout le *superstes*, le rescapé, tendu lorsqu'il était au camp vers la nécessité de survivre pour raconter (« revenir, manger, raconter »). Bien sûr, Primo Levi, comme tous les survivants d'Auschwitz, est conscient des lacunes des témoignages, y compris de ceux des prisonniers politiques, qui pourtant avaient la vision la plus large de cet « univers concentrationnaire » décrit par David Rousset dès août 1945 [14]. Il rappelle que ceux qui constitueraient les témoins intégraux demeurent muets : « engloutis », ils ne sont pas revenus et ne peuvent raconter ; ayant « vu la Gorgone », ils sont revenus mais se taisent pour oublier. Or c'est à ces hommes privés de parole qu'il appartiendrait de dire le tout d'Auschwitz ; à ceux que dans le jargon des camps on appelait *Muselmann* [15], les faibles destinés à la sélection et à la chambre à gaz qui avaient perdu toute conscience morale et jusqu'à la sensibilité

---

13. Giorgio Agamben, *Quel che resta di Auschwitz. L'archivio e il testimone*, Turin, 1998 ; trad. fr. de Pierre Alferi, *Ce qui reste d'Auschwitz*, Paris, Rivages, 1999, p. 17-19. On citera aussi ce passage de l'Appendice à *Si c'est un homme* où Levi déclare : « À la haine je préfère la justice. C'est justement pour cette raison qu'en écrivant ce livre, j'ai délibérément choisi le langage apaisé et sobre du témoin, et non la lamentation de la victime ou la colère du vengeur ; [...] c'est ainsi, et ainsi seulement, que dans un procès le témoin remplit son rôle, qui est de préparer le terrain pour le juge. C'est vous qui êtes les juges » (p. 186).

14. David Rousset, *L'Univers concentrationnaire*, Paris, Éd. du Pavois, 1946. L'ouvrage est un témoignage mais surtout, au-delà des différences de degrés entre les camps, une réflexion philosophique et politique sur la nature même du système concentrationnaire. Communiste résistant, Rousset fut interné à Buchenwald, Neuengamme et dans divers Kommandos.

15. *Se questo è un uomo*, *op. cit.*, p. 89-92.

nerveuse, ces « objets » comme les nomme Bettelheim, ces « non-hommes » comme les définit Levi :

« Bien que confondus et entraînés sans trêve dans la foule innombrable de leurs semblables, ils souffrent et se traînent dans l'opacité de leur solitude intime, et c'est dans la solitude qu'ils meurent ou disparaissent, *sans laisser de trace dans la mémoire de personne* [16]. »

Levi, au début de *La Trêve*, raconte l'histoire d'un enfant d'Auschwitz, âgé de trois ans peut-être, atrophié et paralysé, muet et sans nom, que les déportés avaient étrangement nommé Hurbinek, à cause des bruits inarticulés qu'il émettait parfois :

« Hurbinek, le sans-nom, dont l'avant-bras minuscule avait néanmoins été marqué du tatouage d'Auschwitz ; Hurbinek mourut les premiers jours de mars 1945, libre mais non *racheté*. Il ne reste rien de lui : *il témoigne, ici, à travers mes paroles* [17]. »

Le témoignage est certes d'abord, par la transmission du savoir, résistance au projet nazi d'effacer toute trace de l'existence des juifs ; par lui, la parole du survivant « rachète » la non-langue d'Hurbinek et, dans des formes qui sont celles d'une historiographie non officielle, elle combat l'anéantissement :

« Alors, pour la première fois, nous nous sommes aperçus que notre langue manque de mots pour exprimer cette offense, la démolition d'un homme. En un instant, en une intuition presque prophétique, la réalité s'est révélée à nous : nous avons touché le fond. Plus bas que là où nous sommes, nul ne peut aller : une condition humaine plus misérable, il n'en existe

---

16. *Se questo è un uomo*, op. cit., p. 90 ; je souligne. Bruno Bettelheim, *Le Cœur conscient*, trad. de l'anglais par Laure Casseau et Georges Liébert-Carreras, Paris, Laffont, 1972, p. 207. Psychiatre viennois, spécialiste des problèmes de l'autisme, il fut interné à Dachau et à Buchenwald, et émigra après la guerre aux États-Unis ; il se suicida en 1990.

17. *La Tregua*, dans *Opere*, op. cit., t. I, p. 228 ; je souligne.

aucune, et elle n'est pas pensable. Plus rien ne nous appartient : ils nous ont enlevé nos vêtements, nos chaussures et même nos cheveux ; si nous parlons ils ne nous écouteront pas, et s'ils nous écoutaient ils ne nous comprendraient pas. Ils nous enlèveront jusqu'à notre nom : et si nous voulons le conserver, nous devrons trouver en nous-mêmes la force de le faire, de faire en sorte qu'au-delà du nom, quelque chose de nous encore, de nous tels que nous étions, puisse subsister [18]. »

Or, dans la pensée juive, le Nom porte l'essence même d'un homme : si, comme l'a dit Kafka, en frappant le juif on tue l'Homme [19], nommer Hurbinek signifie réaccueillir cette existence dans la communauté humaine. L'écrit constitue dès lors un lieu symbolique, a-religieux et néanmoins traditionnel, qui peut seul « racheter », pour tous les morts d'Auschwitz, l'absence de cimetière : il a pour fonction – selon l'expression d'Elie Wiesel – d'« aider les morts à vaincre la mort [20] ». Ainsi les textes de Levi participent-ils, au même titre que les *yizker-biher* [21], de cette littérature profane qui, après la Seconde Guerre mondiale, commémore les morts demeurés sans sépulture sous le signe d'une dimension sacrée du souvenir. La parole est un Mémorial.

Les « Rescapés » témoignent pour les « Naufragés [22] ». S'impose donc la nécessité de la « Fable », au sens

---

18. *Se questo è un uomo*, op. cit., p. 20.

19. « Man schlägt den Juden und erschlägt den Menschen. »

20. Elie Wiesel, *Paroles d'étranger*, t. I, « Pourquoi j'écris », Paris, Le Seuil, 1982, p. 14 : « Pourquoi j'écris ? Pour les arracher à l'oubli. Et aider ainsi les morts à vaincre la mort. »

21. Voir *Les Livres du souvenir. Mémoriaux juifs de Pologne*, présenté par Annette Wieviorka et Itzhok Niborski, Paris, Gallimard et Julliard, coll. « Archives », 1983, p. 9 : « L'expression yiddish *yizker-buh* (livre du souvenir) est un néologisme forgé après la Seconde Guerre mondiale par la juxtaposition du mot d'origine germanique *Buch* (livre) et du mot hébreu *yizkor* (rappel du souvenir des morts), titre et premier mot de la prière à la mémoire des morts. »

22. J'emprunte ces termes au titre du neuvième chapitre de *Si c'est un homme* et à l'essai de 1986.

étymologique de ce que l'on dit ou ce que l'on raconte[23] : la fable, par où l'*effabilis* (qui peut se dire) triomphe de l'*ineffabilis* (ce qui ne peut s'exprimer). Le témoignage, qui en est la première manifestation, se situe au creux de cette tension et de ce manque essentiel. Primo Levi qui a, surtout à partir de la fin des années 60 et jusqu'à sa mort en avril 1987, amplement et sur de nombreux supports, expliqué les conditions de son écriture et les traits essentiels de son œuvre – au point que le travail des critiques paraît souvent répétitif par rapport à ses déclarations –, a souligné qu'au moment d'écrire *Si c'est un homme* les problèmes de « style » lui semblaient ridicules. Cela implique que le récit de la vie concentrationnaire reçoit de l'urgence du dire, non seulement son principe de nécessité mais aussi une organisation logique et formelle radicalement autre. Ainsi est-ce l'exactitude qui contraint au « fragmentaire » :

« [...] je dois porter témoignage des choses que j'ai subies et vues. Mes livres ne sont pas des livres d'histoire : en les écrivant je me suis rigoureusement limité à rapporter les faits dont j'avais une expérience directe, en excluant ceux dont j'ai été informé ultérieurement par des livres ou des journaux[24]. »

Par là, le témoignage trouve sa place et sa fonction pour construire le savoir de l'Histoire : à côté, et différemment, des archives qu'examinera l'historien – lettres des victimes écrites au moment même des événements, documents bureaucratiques, photographies, articles de presse, et toutes sources disponibles ; à côté et différemment de la concaténation logique de causes et d'effets qui portera le discours de l'historien dans l'analyse de son objet. La mémoire est enregistrement et lucide structuration de données réelles : elle est raccord, fusion et non point re-construction narrative.

J'alléguerai un seul exemple, celui de l'ordre temporel qui régit le récit. Si, dès le deuxième chapitre de *Si c'est un*

---

23. Il s'agit, selon Littré, du sens premier du terme, inusité certes, mais qui est le sens propre.

24. *Se questo è un uomo*, *op. cit.*, p. 198.

homme, le présent se substitue au passé simple et à l'imparfait du récit, c'est parce que l'événement fait retour dans le discours. L'arrestation, l'internement à Fossoli en Italie, la prière des femmes avant le départ, le voyage dans le wagon, le tri à l'arrivée peuvent encore être racontés sur la base d'une organisation de la mémoire qui stratifie les temporalités. Mais l'entrée dans le camp contraint à un présent à la fois « feuilleté » et éternel : le temps d'Auschwitz advient pour Levi en février 1944, il se répète lorsque Levi écrit *Si c'est un homme* en 1946, et ne cesse ensuite d'advenir. Le résultat formel ne découle donc en rien d'une stratégie du discours mais de la nature même de ce qui est à dire. Si l'écriture devient une « aventure » qui engage le témoin à « chercher et trouver, ou créer, le mot juste, c'est-à-dire mesuré, bref et fort », c'est parce que les fours crématoires, dans leur impensable nouveauté, privent le langage existant de toute capacité expressive. Car le « bagage de souvenirs atroces » est, et demeure, le seul mètre auquel se soumet l'écriture : « extraire les choses du souvenir, et les décrire avec la plus grande rigueur et le minimum d'obstacles [25] ».

Certes, la formation scientifique du chimiste Levi est adjuvante dans cette tension du discours vers la clarté et la précision, mais il s'agit surtout d'une volonté de fonder la communication, sans pour autant la dramatiser, pour transmettre le sens de l'expérience vécue.

Je rappellerai sa forte conscience des risques intrinsèques de falsification de la mémoire. Le premier chapitre des *Naufragés et les rescapés*, intitulé « La mémoire de l'offense », analyse la faible fiabilité des souvenirs d'expériences extrêmes et recense les causes possibles de dérive dans le processus mnémonique du témoin : le traumatisme de l'irréparable offense – Levi cite Jean Améry : « celui qui a été torturé demeure torturé [26] » ;

---

25. *Il sistema periodico, op. cit.*, p. 572.
26. Jean Améry, *alias* Hans Mayer, philologue et philosophe autrichien, fut torturé par la Gestapo pour faits de résistance en Belgique puis déporté en tant que juif à Auschwitz ; il se suicida en 1978.

l'oubli, parce que le temps s'écoule ; l'altération du souvenir, contaminé par l'information postérieure aux événements ; le refoulement, comme défense face à l'éternité du traumatisme ; et enfin la fixation, dans le stéréotype, du souvenir trop souvent évoqué par ceux qui au fil des années deviennent – comme Jorge Semprun, combattant espagnol des MOI, déporté à Buchenwald, se définit lui-même – le « survivant de service » voué à raconter[27]. Cette netteté avec laquelle Levi recense les « obstacles » n'est pas, néanmoins, de nature à ôter au devoir de mémoire, logiquement inscrit dans le récit de témoignage, sa nécessité historique et existentielle : « Il n'est pas permis d'oublier, il n'est pas permis de se taire. Si nous nous taisons, qui parlera ? [...] Il faut donc absolument parler, parler toujours[28]. »

Le langage ordinaire, fût-il plié par le travail d'écriture aux exigences de la mémoire, n'est pas apte à dire, dans la forme d'un récit, la substance même de l'expérience vécue. De fait, la préface aux poèmes rassemblés dans *À l'heure incertaine*, qui éclaire le consentement de Primo Levi à l'expression en vers, ouvre à d'autres recours langagiers :

« Je connais mal les théories poétiques, je lis peu la poésie des autres, je ne crois pas à la sacralité de l'art, et je ne crois pas non plus que mes vers soient excellents[29] ; je peux seulement assurer mon éventuel lecteur qu'en de rares instants (en moyenne, pas plus d'une fois par an) des stimulations

27. Jorge Semprun, *L'Écriture ou la vie*, Paris, Gallimard, 1994, p. 25 ; toute la fin du chapitre VIII est consacrée à Primo Levi.

28. Primo Levi, « Eco dell'educazione ebraica », 1955. Cité dans Myriam Anissimov, *Primo Levi ou la tragédie d'un optimiste*, Paris, Jean-Claude Lattès, 1996.

29. Ailleurs, Levi ira jusqu'à parler de ses vers *nebbish* (qui ne valent pas grand-chose).

particulières ont pris *naturaliter* une certaine forme, que ma moitié rationnelle continue à juger non naturelle[30]. »

Ce *naturaliter* qui caractérise la naissance de l'impulsion poétique en Levi appelle quelques développements, si l'on veut bien considérer les fonctions, résolument non lyriques et intentionnellement universalisantes, que la poésie assume dans le travail de mémoire. Tout d'abord en raison de la circulation dans l'œuvre entier des poèmes ou des germes poétiques issus de l'expérience concentrationnaire. Ainsi le poème « Se lever » daté du 11 janvier 1946 sert-il d'exergue à *La Trêve* (le récit du voyage de retour publié en 1963), de même que sous la forme d'un rêve il en constitue le dernier mot, avant d'être à nouveau inclus en 1984 dans le recueil de poèmes *À l'heure incertaine* : engendré par une expérience acoustique ineffaçable (entendre « Wstawac », le commandement de l'aube au camp, en polonais), le poème opère la jonction entre l'ici-maintenant du poète et le là-bas du déporté, il marque l'éternelle et inassumable présence d'Auschwitz.

Ensuite, il importe d'examiner les conditions dans lesquelles Primo Levi cite certains poètes. L'exemple le plus connu, certes, se trouve dans *Si c'est un homme*. Primo Levi et Pikolo (Jean Samuel, le plus jeune détenu du Kommando des chimistes) vont chercher la soupe ; ils parlent de leur vie d'avant, à Turin et à Strasbourg ; Pikolo voudrait apprendre l'italien.

« [...] Le chant d'Ulysse. Qui sait comment et pourquoi il m'est venu à l'esprit.

« [...] Qui est Dante. Ce qu'est la *Comédie*. Quelle curieuse sensation de *nouveauté* on éprouve, si on essaie d'expliquer brièvement ce qu'est *La Divine Comédie*[31]. »

Le récit se poursuit – laissant le dialogue entrecoupé de tercets dantesques se nouer en lui – jusqu'à la proféràtion par

---

30. *Ad ora incerta, op. cit.*, p. 521.
31. *Se questo è un uomo, op. cit.*, p. 115 ; je souligne. (Trad. fr., *op. cit.*, p. 146.)

Primo du passage le plus intense du discours d'Ulysse à ses compagnons :

« Voilà, sois attentif Pikolo, ouvre tes oreilles et ton esprit, j'ai besoin que tu comprennes :
« Considérez votre semence :
« Vous ne fûtes pas faits pour vivre comme des bêtes,
« Mais pour suivre vertu et connaissance.

« C'est comme si moi aussi je l'entendais pour la première fois : comme une sonnerie de trompettes, comme la voix de Dieu. L'espace d'un instant, j'ai oublié qui je suis et où je suis [32]. »

La « nouveauté » de la mémoire poétique arrache Primo et Jean au temps et à l'espace en lesquels le système concentrationnaire programme l'anéantissement (« les bêtes », dit Dante, le signe de « la Bête » dont parle Louis Martin-Chauffier) ; elle les restitue à « l'Homme », à « l'espèce humaine [33] ». La poésie, et le partage qu'elle instaure, est désormais l'unique voie où l'esprit se tend vers « la connaissance » du phénomène Lager. Elle seule permet de répondre à la question du « comment » : ce qui ne signifie nullement « comprendre » – « *on ne doit pas* comprendre », répète inlassablement Primo Levi [34] – parce que la com-préhension, au sens étymologique du terme, impliquerait d'accueillir en soi les entreprises contre-humaines des nazis. La fable, en tant que travail d'imagination, est, au-delà de sa valeur conversationnelle et de récit, accès à une dimension inédite du langage et possibilité d'une action de

---

32. *Ibid.*, p. 117. Le tercet cité correspond aux vers 118-120 du chant XXVI de l'*Enfer*. Cité d'après Dante, *L'Enfer*, trad. de Jacqueline Risset, Paris, Flammarion, 1985.

33. J'emprunte volontairement les titres des ouvrages qui, comme celui de Primo Levi, placent au cœur de leur réflexion la question de la dignité humaine : Louis Martin-Chauffier, *L'Homme et la Bête*, Paris, Gallimard, 1947, et Robert Antelme, *L'Espèce humaine*, Paris, Cité universelle, 1947.

34. *Se questo è un uomo*, *op. cit.*, Appendice, p. 208. Et E. Wiesel, *Paroles d'étranger*, *op. cit.*, p. 11 : « Non, je ne comprends pas. Et si j'écris c'est pour prévenir le lecteur que lui non plus ne comprendra jamais. »

résistance[35]. Elle seule peut, parce qu'elle est création, dire et transmettre ce qui est « non pas *un des* événements, mais *l'*événement monstrueux » de l'histoire humaine (Primo Levi cite ici Norberto Bobbio, *I sommersi e i salvati*, I, 775).

Cette monstruosité unique fonde les interrogations, non pas quant à la possibilité de raconter l'horreur accumulée – qui doit, en tout état de cause, être racontée – mais quant à celle de transmettre cette expérience du Mal vécue comme expérience de la Mort qui, des anciens déportés, fait des revenants et non des rescapés. Jorge Semprun a expliqué les doutes qui les ont assaillis, lui et ses camarades, alors même que, après la libération de Buchenwald par les troupes de Patton, ils attendaient un convoi de rapatriement :

« Je regarde celui qui vient de prendre la parole. J'ignore son nom, mais je le connais de vue. [...] ça doit être un universitaire.

– J'imagine qu'il y aura quantité de témoignages... Ils vaudront ce que vaudra le regard du témoin, son acuité, sa perspicacité... Et puis il y aura des documents... Plus tard, les historiens recueilleront, rassembleront, analyseront les uns et les autres : ils en feront des ouvrages savants... Tout y sera dit, consigné... Tout y sera vrai... sauf qu'il manquera l'essentielle vérité, à laquelle aucune reconstruction historique ne pourra jamais atteindre, pour parfaite et omnicompréhensive qu'elle soit... [...] L'autre genre de compréhension, la vérité essentielle de l'expérience, n'est pas transmissible... Ou plutôt, elle ne l'est que par l'écriture littéraire...

Il se tourne vers moi, sourit.

– Par l'artifice de l'œuvre d'art, bien sûr !

Il me semble le reconnaître, maintenant. C'est un professeur de l'université de Strasbourg[36]. »

---

35. C'est le sens 5 défini par Littré : « Terme de poésie épique et dramatique. La suite des faits qui forment une pièce dramatique ou épique, en tant qu'elle est un travail d'imagination. »

36. J. Semprun, *L'Écriture ou la vie*, *op. cit.*, p. 166-167.

C'est d'une telle acceptation des pouvoirs de la littérature que découlent, dans l'œuvre de Primo Levi lui-même, les formes ultérieures du récit de mémoire : faits vrais et filtrés, circonstances imaginaires et toutefois plausibles, personnages ashkénazes créés mais sur base documentaire. Ainsi, la dimension donnée à *La Trêve* de ces récits de voyage et d'aventures que Levi affectionnait, et même l'humour traditionnel de ce que l'on désigne comme histoires juives. Ou encore, dans le roman *Maintenant ou jamais*, l'aspect « western » (je cite Levi[37]) de la lutte pour la justice et la liberté des bundistes d'Europe orientale[38]. Mais il est évident que la qualité de témoin qu'a Levi – il a vu, il a vécu – assure la corrélation entre morale et esthétique, entre réalité et création.

Reste la question des formes artistiques que peut revêtir le devoir de mémoire dans la parole de celui qui s'interroge sur le droit qu'il a de parler, car il n'a vécu ni la persécution ni l'extermination – cet « homme des antipodes » auquel s'adresse le poète roumain Benjamin Fondane[39].

Je n'aborderai pas ici l'immense domaine de ce que les universités américaines envisagent, au prix parfois d'une certaine confusion entre toutes les victimes de la Seconde Guerre mondiale, sous l'appellation de *Holocaust studies*. Pas plus que je

---

37. Primo Levi, « L'uomo salvato dal suo mestiere », interview par Philip Roth dans *Primo Levi. Conversazioni e interviste, op. cit.*, p. 91.

38. *Bund*, abréviation de *Algemeiner yiddisher arbeter bund fun Russland, Poïln un Lite* (Union générale des travailleurs juifs de Russie, Pologne et Lituanie) : mouvement socialiste et antisioniste, très influent dans la Russie tsariste, puis en Pologne entre les deux guerres, qui a été créé dans la clandestinité à Vilna en 1897.

39. Benjamin Fondane, *alias* Benjamin Vecsler, *Sur les fleuves de Babylone*, cité dans Klarsfeld, *Le Calendrier de la persécution des Juifs en France 1940-1944*, Paris, 1993, p. 1032.

ne retracerai la périodisation des représentations littéraires ou filmiques de la Shoah, scandée par le fugace intérêt de l'Histoire officielle d'après-guerre, le long silence des décennies suivantes (malgré le procès Eichmann en Israël en 1961), la percée des négationnistes dans les années 80, la fièvre commémorative des années 90 et enfin, au tournant du siècle, la bruyante saturation de certains face à ce qu'ils désignent comme une institutionnalisation de la mémoire. Enfin, je ne saurais aborder de manière globale le débat théorique sur la possibilité d'écrire, et corrélativement sur la question de la vérité dans l'écriture après Auschwitz, tel qu'il s'est développé à partir notamment de la très célèbre déclaration d'Adorno, qui visait d'ailleurs les récits de fiction et non le langage même[40]. Je me bornerai à préciser les termes de ce que Primo Levi désigne comme la « longue route » et la « porte étroite » qui ont balisé, et balisent, la connaissance de l'univers concentrationnaire, en m'appuyant sur les exemples qu'il cite ou qu'il sous-entend, et sur les dangers qu'il dénonce dans « les choses telles qu'elles sont représentées par l'imagination courante, alimentée par des livres, des films et des mythes approximatifs[41] ». La voie étroite, pourrait-on dire, entre ce qui est montré et ce qui est à reconstituer « dans l'intensité de la défaillance » (pour employer les mots de Blanchot[42]). D'une part, le documentaire dont l'authenticité n'est pas contestable et qui se refuse tout propos d'esthétisation : l'exemple fondateur a été *Nuit et brouillard*, qui au demeurant n'est pas un film sur la Shoah[43]. D'autre part, la constitution d'une sorte de spirale-expérience qui initie le spectateur à la connaissance par le

---

40. Theodor W. Adorno, *Prismes*, traduit de l'allemand par G. et R. Rochlitz, Paris, Payot, 1986, p. 23 (le texte a été écrit en 1949, publié en allemand en 1955 et a connu ultérieurement plusieurs versions) : « Écrire un poème après Auschwitz est barbare, et ce fait affecte même la connaissance qui explique pourquoi il est devenu impossible d'écrire aujourd'hui des poèmes. »

41. *I sommersi e i salvati*, dans *Opere, op. cit.*, t. I, p. 781.

42. Maurice Blanchot, *L'Écriture du désastre*, Paris, Gallimard, 1980, p. 24.

43. *Nuit et brouillard*, court métrage français d'Alain Resnais (1955), commandé par le Comité d'histoire de la Seconde Guerre mondiale, sur un texte de Jean Cayrol.

travail de mémoire historique qu'il doit opérer : le choix fait par Claude Lanzmann dans *Shoah* de manifester la « solution finale » en tant que processus (le comment de la chose), documenté *in absentia* – dans les silences des témoignages et les trous du langage, et non par une iconographie – sans qu'aucune réponse puisse être apportée à la question du pourquoi.

Il ressort clairement des écrits de Levi que, si le récit d'imagination représente pour lui l'accès à une connaissance autre, il doit demeurer fidèle à la vérité. Est donc bannie toute vision des camps faussée, et par là même falsificatrice, telle que la véhicule une fiction de fonctionnement mimétique[44]. Le prototype en serait bien sûr *Holocauste*, le téléfilm plus encore que le roman de Gerard Greer : « Je ne l'ai pas encore entièrement vu mais j'en ai une mauvaise impression », dit Primo Levi en 1979[45]. Il ne s'agit nullement d'un préjugé contre la représentation filmique de la Shoah – Levi, non croyant, n'a pas intégré l'interdit dont le deuxième commandement du décalogue frappe l'image –, ni même d'un consentement à l'« irreprésentable » de l'expérience vécue. Il n'a situé aucune des critiques faites aux films dont il parle au niveau de l'invraisemblance de l'icône : sans doute par conscience de ce que, pour montrer *l'*événement unique de l'histoire de l'humanité, toute forme ordinaire est par nature inadéquate[46]. L'illégitimité, ce qui est apparu à certains comme « un crime

---

44. Soit la fable en tant que mensonge et chose controuvée, selon le sens 7 de Littré.

45. Primo Levi, « Tornare, mangiare, raccontare », interview de Virgilio Lo Presti, in *Lotta continua*, 18 juin 1979. Primo Levi fit un compte rendu du roman dans le *Tuttolibri* du 28 avril 1979 (supplément littéraire de *La Stampa*), puis une critique du premier épisode du téléfilm dans un numéro spécial du *Radiocorriere TV* (ERI, Turin, mai 1979).

46. Il n'y a, littéralement, aucune re-présentation possible. Quand, dès juillet 1947, la cinéaste polonaise Wanda Jakubowska tourne au camp de femmes de Birkenau où elle a été internée comme résistante communiste, elle doit « restaurer » le camp et on lui prête la phrase suivante à l'adresse d'une de ses anciennes camarades détenues qui pèse désormais à peine cinquante kilos : « Tu es devenue grosse comme une vache. Comment veux-tu figurer dans *La Dernière Étape* ? Ou alors tu seras Kapo. » Cité dans Olga Wormser-Migot, *Le Retour des déportés*, Bruxelles, Éditions Complexe, 1985, p. 242.

moral [47] », se situe ailleurs : c'est l'aplatissement d'un sens prétendument cernable dans une image fabriquée pour émouvoir le spectateur et résoudre, par la catharsis, le mystère de l'extermination de plus de six millions d'hommes.

La représentation peut aussi contredire la vérité même des faits : « beau et faux » est donc, selon Levi, *Portier de nuit* de Liliana Cavani (1973) – un film sur lequel il s'est souvent exprimé –, ce « porno concentrationnaire » comme le définit Anne-Lise Stern, ancienne déportée à Birkenau (Auschwitz II) : faux, parce que dans le camp les femmes sans dents et sans cheveux n'étaient pas un objet érotique, parce que les relations sexuelles étaient organisées dans le bordel du camp avec des prostituées professionnelles, etc. Mais surtout le film apparaît inacceptable à Levi parce que le droit de développer un discours sur l'identification victime-bourreau, sur les contours de la « zone grise », comme il la nomme, sur les privilèges... ne saurait appartenir qu'à ceux qui ont éprouvé dans leur chair même la fragilité de la frontière entre le bien et le mal : si Rousset donc peut poser ce problème, Liliana Cavani ne fait rien d'autre qu'exploiter un fantasme d'origine douteuse. Et Levi affirme avec force : « Nous ne voulons ni confusions, ni freudismes faciles, ni morbidités, ni indulgences. L'oppresseur reste l'oppresseur, la victime reste la victime : ils ne sont pas interchangeables [48]... » La fiction n'a aucune légitimité morale, c'est là une tare initiale qui la rend inadéquate et obscène.

Il est d'autres fictions sans nul doute inadmissibles pour Levi, même s'il ne les évoque pas directement : celles qui n'obéissent pas à ce que, dans sa recherche du « mot juste » pour raconter le camp, il définissait comme « mesure » ; en d'autres termes celles qui, par une erreur de perspective, risquent d'ériger le cas particulier en règle générale – rappelons

---

47. Je cite la réaction de Claude Lanzmann après la diffusion du feuilleton ; voir Michel Deguy *et al.*, *Au sujet de Shoah : le film de Claude Lanzmann*, Paris, Belin, 1990.

48. *I sommersi e i salvati, op. cit.*, p. 665.

que c'est sur cette base que se développe le jugement négatif de Levi sur l'interprétation par Bruno Bettelheim, dans *Survivre* (1960), de l'emprisonnement concentrationnaire comme régression. Chacun d'entre nous dressera sa propre liste de fictions et de personnages déviants : la mienne irait du milicien rédimé par son amour pour une jeune fille juive dans le *Lacombe Lucien* de Louis Malle (1974) au nazi devenu « juste » dans *La Liste de Schindler* de Steven Spielberg (1993) ; et elle engloberait tous les films sur la Shoah qui, au prix de la falsification historique, cèdent à la règle hollywoodienne du happy end : le dernier en date étant le remake par Peter Kassovitz, en 1999, de *Jakob le menteur* [49], où le convoi de déportation est stoppé par l'armée Rouge !

Je souhaiterais enfin aborder une dernière modalité de la fable dont les écrits de création de Levi lui-même, les *Histoires naturelles*, explorent la possibilité : la fable, ou le conte, en tant que récit qui cache une morale sous le voile d'une fiction [50]. Il faut évoquer – parce que son succès (oscars et fréquentation des salles par le public) et les polémiques qu'il a déclenchées en font un cas d'école – le film de Roberto Benigni *La vie est belle* (1998), inscrit dans le devoir de mémoire par l'offrande de l'œuvre au père et par l'incarnation de l'espoir final en l'enfant. La retenue du film le maintient à la fragile lisière où l'humour est davantage mise à distance du désespoir – d'où la libération par le rire qu'il peut déclencher, surtout dans la première partie du film, celle du fascisme italien – que consentement au comique. Il convient de souligner que le sous-titrage

---

49. Frank Beyer avait tourné en 1978 une première adaptation du roman de Jurek Becker (1969) et il avait respecté la fin du roman : « Car je vois encore les ombres des arbres et je ne peux pas dormir. Nous allons où nous allons » (trad. fr. de Claude Sebisch, Paris, Les Éditeurs français réunis, 1975, p. 285).

50. Il s'agit du sens 6 défini par Littré : « Petit récit qui cache une moralité sous le voile d'une fiction et dans lequel d'ordinaire les animaux sont les personnages » (cf. Ésope et La Fontaine).

générique, « fable », aurait dû suffire à disqualifier toute lecture platement réaliste-naturaliste et renvoyer au silence les très
inopportunes remarques de certains critiques sur la vraisemblance (un enfant pouvait-il demeurer caché dans un camp ?)
ou sur la morale humaine quotidienne (faut-il ou non mentir
aux enfants pour les protéger ?). Car le choix opéré par Benigni
est celui d'une réception active du message proposé : un sens
par nature insuffisant – c'est l'impossible icône – exige du
spectateur que celui-ci en comble les manques. Aussi tous les
signes, dans la figuration ou dans le discours, sont-ils seulement, avec une grande pertinence, des indices appelant un
savoir documentaire qu'il faut mobiliser puis interpréter. Je
donnerai seulement quelques exemples de ce nécessaire travail
de construction sémantique par le spectateur. L'acte de mise au
jour de la polysémie : pour lire la contradiction interne du titre
ou celle de la barcarolle d'Offenbach, tendus entre l'horreur
des camps et l'amour de la vie[51]. L'acte de déchiffrement :
pour percevoir, dans son exactitude historique, la dérision de
la politique fasciste de colonisation qu'opère le prince Guido
dans le discours de présentation de son royaume. L'acte d'élu-
cidation symbolique : pour entendre, dans l'impuissance du
capitaine Lessing à verbaliser l'objet de son obsession et sous
l'ultime charade qui le rend fou (celle du « gras, gras, vilain,
vilain, tout jaune en vérité »), à la fois le délire antisémite de
cette Allemagne qui fut autrefois humaniste et lettrée, et la
démence éthique des médecins nazis à Auschwitz[52]. Et surtout,
le spectateur doit évaluer l'évolution du récit – et du jeu qui

---

51. Au cours d'une émission radiophonique où il devait choisir et commenter la
bande musicale, Primo Levi avait choisi le « Que ferai-je sans Eurydice ? » extrait
de l'*Orphée aux Enfers*, la parodie d'Offenbach. Liant cette musique au souvenir de
son père qui jouait souvent du piano, il avait ajouté : « Dans son répertoire il y avait
ces airs, ces motifs d'Offenbach. Il ressemblait à Offenbach, comme type d'homme :
il était amoureux de la vie, il aimait vivre, ça l'amusait de vivre, il s'efforçait de
refuser les ennuis et même les dangers » (*Conversazioni, op. cit.*, p. 16). Cette
citation devrait suffire à montrer la pertinence du choix symbolique de Benigni en
ce qui concerne la bande-son.

52. Il est important ici de rappeler que le personnage du scientifique dément a
hanté les œuvres de fiction de Primo Levi dans les années 1960.

est toujours, on le sait, une tentative d'apprivoiser le réel – comme les étapes d'une initiation exemplaire, mais nullement a-historique, à l'impossible compréhension de l'incompréhensible. D'où un constant travail filmique sur le décalage : le long épisode de la traduction des ordres du caporal par Guido pour Giosuè est à cet égard emblématique puisqu'il matérialise le détraquement du langage et du rationnel, c'est-à-dire de ce qui fait l'espèce humaine. Ainsi le film, par lequel le spectateur, loin d'être fasciné par les images, devient le partenaire lucide d'un processus de connaissance, travaille-t-il *dans* et *pour* la mémoire de ce qui fut.

Shemà : l'injonction qui nous est faite de nous souvenir nous attache au passé. Sans haine, comme l'était Primo Levi lui-même, et au cœur du non-oubli [53]. Comme l'Histoire et comme l'art, la mémoire construit, dans un présent plein de menaces, un rempart de savoir en lequel s'enracinent la volonté et la possibilité de résister : la voie en est tracée par les interventions ou réactions de Primo Levi aux événements marquants de l'histoire politique de l'après-guerre (Hiroshima, le Goulag, le Viêtnam, le Cambodge, l'Argentine...). Tel est le sens ultime du commandement de mémoire de Primo Levi, tel est l'avenir du passé : « Cela s'est produit, donc cela peut arriver de nouveau : c'est là le noyau de ce que nous avons à dire. Cela peut arriver, et partout [54]. »

DOMINIQUE BUDOR
Université de la Sorbonne Nouvelle, Paris III

---

53. Il faudrait ici citer le poème de Levi « Pour Adolf Eichmann » (*Ad ora incerta, op. cit.*, p. 544).
54. *I sommersi e i salvati, op. cit.*, p. 818.

Primo Levi : le témoin face à l'histoire

Il y a presque trois ans, le chercheur belge Guy Van den Berghe publiait un article consacré à la question de la dominance d'Auschwitz dans la mémoire collective des atrocités que l'humanité a connues, avec comme sous-titre : « Tais-toi, moi j'étais à Auschwitz[1] ». Il caricaturait ainsi la réaction de certains rescapés d'Auschwitz qui prétendent que leur souffrance a été plus grande que celle d'autres victimes et qui se révoltent en même temps contre toute approche historienne du phénomène Auschwitz. Van den Berghe s'est notamment fixé pour tâche d'étudier systématiquement et sous un angle critique les témoignages sur les camps nazis. Sa motivation n'est aucunement révisionniste, ce dont certains l'ont accusé à tort. Son but est, au contraire, de rectifier certains malentendus ou imprécisions figés dans la mémoire collective et de permettre ainsi de mieux combattre les thèses négationnistes.

Cinq mois plus tard, Viviane Liska[2], professeur de littérature à l'université d'Anvers, réagissait en publiant, dans la même revue, un article intitulé « Tais-toi, moi je suis un historien.

---

1. Guy Van den Berghe, « Rekenkunde van het leed », [« Arithmétique de la souffrance »], *Streven*, janvier 1997, p. 3-17.

2. Viviane Liska, « Hou jij je mond maar, ik ben een historicus. Open brief aan Gie Van den Berghe », *Streven*, juin 1997, p. 538-542. Voir aussi la réaction de Van den Berghe : « Het verkeerde verleden. Antwoord aan Viviane Liska », [« Le mauvais passé. Réponse à Viviane Liska »], *ibid.*, p. 543-546.

Lettre ouverte à Gie Van de Berghe ». L'auteur s'y déclare offusquée par le langage utilisé par l'historien, qu'elle accuse – je simplifie son raisonnement qui est plus complexe – de manquer singulièrement d'égards envers les victimes d'Auschwitz.

Les deux titres cités (« Tais-toi, moi j'étais à Auschwitz » et « Tais-toi, moi je suis un historien ») résument à merveille la question à laquelle je voudrais soumettre aujourd'hui l'œuvre de Primo Levi, à savoir celle de la tension qui existe parfois entre « mémoire » et « histoire ». Cette tension est particulièrement aiguë lorsqu'on parle de la Shoah et elle semble s'aggraver de nos jours, dès lors que les témoins directs disparaissent de plus en plus et que les historiens prennent le relais. Il arrive souvent, lors de conférences ou de colloques consacrés à l'étude de la Shoah, que ces tensions éclatent au grand jour et que les auditeurs assistent alors à des discussions, à vrai dire parfois assez pénibles, opposant les témoins directs et les chercheurs de profession. Les termes du débat peuvent varier selon les lieux, le temps et les personnes impliquées, mais schématiquement ils se reproduisent de la manière suivante : les premiers reprochent aux seconds leur approche scientifique, qui prend, par définition, plus de recul par rapport à l'événement et qui, par conséquent, risque d'être plus froide et plus distante. Une telle démarche aurait, selon certains, des effets « désacralisants » et « banalisants ». Certains chercheurs prétendent, de leur côté, que la composante inévitablement émotive, parce que personnelle, du discours des survivants devient un obstacle à une approche plus scientifique. Le témoignage est pour l'historien une source, un objet d'étude critique. Il est évalué, critiqué, vérifié, contredit, comparé et donc, en fin de compte, inévitablement relativisé. Il va de soi que ce débat n'est pas propre à la Belgique et qu'il existe un peu partout. En France par exemple, l'historien et fils de déportés Pierre Vidal-Naquet[3] affirme que « l'histoire est beaucoup trop

---

3. Voir « L'année 1942 et les juifs en France », Colloque de l'École des hautes études en sciences sociales, Paris, 15 et 16 juin 1992, cité dans Isaac Lewendel, « Le

importante pour être laissée aux historiens », tandis qu'Annette Wieviorka, pour sa part, exprime sa méfiance – méfiance en tant qu'historienne – face à la recrudescence des témoignages, qui privilégient un discours émotif plutôt qu'un discours rationnel[4]. Dans le pire des cas, les témoins et les historiens se disputent l'exclusivité du compte rendu de la Shoah. Pierre Nora, dans son œuvre clé consacrée aux *Lieux de mémoire*, a bien synthétisé la nature de la différence entre mémoire et histoire : « Parce qu'elle est affective et magique, la mémoire ne s'accommode que des détails qui la confortent ; elle se nourrit de souvenirs flous, télescopants, globaux ou flottants, particuliers ou symboliques, sensible à tous les transferts, écrans, censures, ou projections. L'histoire, parce qu'elle est une opération intellectuelle et laïcisante, appelle une analyse et un discours critique. La mémoire installe le souvenir dans le sacré, l'histoire l'en débusque, elle prosaïse toujours […]. La mémoire est un absolu et l'histoire ne connaît que le relatif[5]. »

Primo Levi avait, beaucoup plus que d'autres témoins, conscience de ce que ses écrits consacrés à la mémoire de l'Holocauste se situent dans cette « zone grise », pour employer une expression qui lui était chère, qui fait le lien entre la mémoire et l'histoire. Éclairer ce « double lien » est le propos de notre intervention.

PRIMO LEVI ET LES HISTORIENS DE PROFESSION

Comme chacun le sait, Primo Levi n'était pas un historien. La lecture des livres d'histoire ne relevait pas de son premier intérêt, puisqu'il privilégiait la lecture des œuvres littéraires ou culturelles au sens large, comme il ressort entre autres de

témoin et sa mémoire face à l'histoire », *in* A. Goldschläger et J. Lemaire (éd.), *La Shoah : témoignage impossible ?*, Bruxelles, 1998, p. 41.

4. Cité par Jean-Philippe Schreiber dans « Réflexions autour du *Devoir de mémoire* de Primo Levi », in *La Shoah : témoignage impossible ?*, *op. cit.*, p. 79.

5. Pierre Nora, « Entre mémoire et histoire », *Les Lieux de mémoire*, Paris, Gallimard, 1984, t. I, p. XIX.

l'anthologie qu'il a composée, *La ricerca delle radici*[6]. Cela dit, la bonne connaissance que Levi possédait des principales œuvres historiques parues sur la Seconde Guerre mondiale et sur le génocide des juifs en particulier, est notoire. Sa considérable bibliothèque privée était aussi pourvue de bon nombre de livres d'histoire. Ses lectures historiques étaient en bonne partie fonctionnelles, car, en tant que témoin, il se trouvait sans doute souvent confronté à des interrogations qui dépassaient sa propre expérience et qui étaient plutôt d'ordre historique. Son usage fonctionnel de l'historiographie est bien illustré par l'effort qu'il a fait pour approfondir sa connaissance de la culture ashkénaze de l'Europe de l'Est lorsqu'il préparait son roman *Se non ora, quando*[7] ? : ainsi a-t-il tenu à bien indiquer, à la fin du livre, les ouvrages qu'il avait consultés et qui devaient étayer le contexte historique de son roman. Levi avait un certain respect pour l'opinion des historiens de métier, comme en témoigne Stuart Woolf, professeur d'histoire, traducteur en anglais des livres de Levi, qui était par ailleurs un de ses amis[8].

Primo Levi nourrissait un grand respect pour « les gens de métier ». De l'historien de profession, il attendait la même rigueur et la même méticulosité qu'il exigeait de lui-même en tant que chimiste. Mais pour lui, il était essentiel qu'un savoir ne devienne jamais un « savoir absolu ». Même la plus grande compétence et la plus grande connaissance devaient laisser une place au doute. Ainsi, il exprime à plusieurs reprises son malaise à l'égard des historiens qui pensent pouvoir tout

---

6. Primo Levi, *La ricerca delle radici*, Turin, Einaudi, 1981. À ma connaissance, l'ouvrage n'a pas été traduit en français.

7. Primo Levi, *Se non ora, quando ?*, Turin, Einaudi, 1982 ; trad. fr. *Maintenant ou jamais*, Paris, Julliard, 1983 (rééd. coll. « 10/18 », 1989).

8. « My consistent impression during this long period was that Primo Levi had a sort of respect in matters of history for the opinion of the professional historian. I was somewhat surprised, given his eloquent awareness that the emperor – including the academic corporation – too easily has no clothes », Stuart J. Woolf, « Primo Levi's sense of history », *Journal of Modern Italian Studies*, 3 (3), 1998, p. 273-292.

expliquer[9]. Il préfère de loin ceux qui, face à une catastrophe humaine comme la Shoah, éprouvent ce que Saul Friedländer a appelé « *the unease of the historian* », le malaise de l'historien.

Levi distinguait bien le rôle de l'historien de celui du témoin. L'historien piémontais Federico Cereja, qui a travaillé avec lui pour un projet de collection des témoignages oraux sur les camps de concentration nazis, avait le même sentiment. Il affirme : « Primo Levi avait une connaissance exceptionnelle de la littérature issue du Lager... Mais il a toujours refusé de se présenter comme un historien ; son rôle était différent : c'était celui d'un témoin qui répond à des questions[10]. » Dans l'introduction de son dernier livre *Les Naufragés et les rescapés*, Levi fait explicitement la part des choses : « Je n'ai pas eu l'intention, et je n'en aurais pas été capable, de faire œuvre d'historien, c'est-à-dire d'examiner les sources de façon exhaustive. Je me suis limité presque exclusivement aux camps nationaux-socialistes, parce que je n'ai eu une expérience directe que de ceux-ci[11]. »

PRIMO LEVI ET LES DÉBATS HISTORIOGRAPHIQUES DE SON TEMPS

La pudeur qu'affichait Levi à mêler son rôle de témoin avec celui de l'historien ne l'a toutefois pas empêché d'intervenir de temps à autre dans les débats qui occupaient les historiens. Le premier cas est sans doute celui du négationnisme pur et dur, de ceux qui qualifiaient de fiction l'existence même des chambres à gaz (Faurisson et autres). S'il est vrai qu'il faut lire l'œuvre entière de Primo Levi comme une réponse aux thèses négationnistes, comme le note Enzo Collotti, il est tout aussi vrai que Levi était hanté par la question et qu'il revient sur cette thématique vers la fin de sa vie avec une telle insistance

---

9. Primo Levi, *Le Devoir de mémoire. Entretien avec Anna Bravo et Federico Cereja*, s. l., Éditions Mille et Une Nuits, 1995, p. 40-41 et *passim*.

10. Federico Cereja, « La testimonianza di Primo Levi come documento di storia », in *Primo Levi. Il presente del passato*, Milan, Franco Angeli, 1991, p. 99 ; trad. fr. dans P. Levi, *Le Devoir de mémoire, op. cit.*, p. 73.

11. Primo Levi, *Les Naufragés et les rescapés. Quarante ans après Auschwitz*, trad. fr. d'André Maugé, Paris, Gallimard, 1989, p. 21.

que certains y ont vu une cause décisive de la dépression qui l'aurait mené à mettre fin à ses jours [12]. En relisant la préface de l'ouvrage *Les Naufragés et les rescapés* par exemple, on a l'impression que le motif ultime de son retour au thème des Lager était justement celui-là : avoir raison des falsificateurs de l'histoire, qui sont en quelque sorte les héritiers directs des SS d'Auschwitz qui disaient :

« De quelque façon que cette guerre finisse, nous l'avons déjà gagnée contre vous ; aucun d'entre vous ne restera pour porter témoignage, mais même si quelques-uns en réchappaient, le monde ne les croira pas. Peut-être y aura-t-il des soupçons, des discussions, des recherches faites par les historiens, mais il n'y aura pas de certitudes parce que nous détruirons les preuves en vous détruisant. [...] L'histoire des Lager, c'est nous qui la dicterons [13]. »

En quelque sorte, Levi se considérait et considérait son témoignage comme la preuve ultime du contraire, c'est-à-dire la défaite des bourreaux, falsificateurs de l'histoire, et comme matériaux de base pour les historiens qui viendraient après lui.

Le deuxième épisode dans lequel Levi a ressenti la nécessité d'intervenir est celui de ce qu'on a appelé la *Historikerstreit* (« querelle des historiens »). Certains historiens allemands, ayant Nolte et Hillgruber pour chefs de file, ont tenté d'expliquer les crimes nazis comme une réponse aux atrocités soviétiques. Selon eux, il n'y a pas de différences fondamentales entre les camps nazis et les camps staliniens, entre Auschwitz et le Goulag, et on ne peut comprendre les camps de concentration ou d'extermination que dans le contexte de la lutte pour la survie entre nazisme et communisme. Au contraire, argumentent-ils, « l'extermination de classe » des bolcheviques avait précédé l'« extermination de race ».

---

12. Il faut souligner le sens général de l'œuvre de Primo Levi, c'est-à-dire une consultation, implicite et explicite, des thèses « révisionnistes ». Voir « Primo Levi e il revisionismo storiografico », in *Primo Levi. Il presente del passato, op. cit.*, p. 112).

13. *Les Naufragés et les rescapés, op. cit.*, p. 11-12.

L'unique nouveauté que le nazisme ait introduite serait de l'ordre de l'innovation technique, à savoir les chambres à gaz. D'autres théoriciens, comme Habermas, considèrent ces thèses comme une dangereuse relativisation, voire comme une justification scandaleuse. Le débat a éclaté en Allemagne après la publication d'un article d'Ernst Nolte dans la *Frankfurter Allgemeine* au mois de juin 1986, auquel la presse italienne a donné un large écho au début de 1987, quelques mois après que Levi eut remis le manuscrit de son livre *Les Naufragés et les rescapés* à son éditeur. Primo Levi est intervenu dans ce débat par un article remarqué, publié à la une du quotidien turinois *La Stampa* du 22 janvier 1987, intitulé « Buco nero di Auschwitz » (« trou noir d'Auschwitz [14] »), qui fut sa dernière intervention dans la presse avant sa mort. Dans cette contribution, Levi répond avec acuité aux thèses des révisionnistes, en démantelant l'un après l'autre chacun de leurs arguments (la comparaison entre nazisme et bolchevisme ; la défense préventive contre l'invasion asiatique ; le rapport entre Goulag et Auschwitz [15] ; la responsabilité alliée). Il y affirme surtout le caractère unique de la Shoah nazie, qui est dû, selon lui, à son aspect systématique (il fait allusion à la *Gründlichkeit*, comme ailleurs il fait allusion à la *Masslosigkeit* ou démesure comme caractéristique du peuple allemand), à la totalité et au caractère déshumanisant *(Übermensch/Untermensch)* du génocide opéré par les nazis. Il fait surtout une distinction sur laquelle les historiens ont tendance à insister aujourd'hui, à savoir la différence entre un camp de concentration, où « du temps est laissé à la mort » (David Rousset) et ce qu'on a appelé les « centres de mise à mort », comme Treblinka ou Chelmno où les déportés étaient immédiatement gazés, sans même « avoir la chance » de mettre un pied dans un camp de concentration. Il

---

14. Voir E. Collotti, « Primo Levi e il revisionismo storiografico », art. cité, p. 117.

15. Françoise Carasso relève que Levi avait parfois tendance à considérer les camps soviétiques comme une « déviation » du socialisme et les camps nazis comme un aspect de la « cohérence » du système. Voir Françoise Carasso, *Primo Levi. Le Parti pris de la clarté*, Paris, Belin, 1997, p. 157.

s'agit probablement du cas le plus clair où Levi a abandonné son interprétation restrictive du rôle de témoin pour intervenir dans un débat historiographique.

Levi s'est néanmoins également positionné dans un troisième débat, à propos notamment de la question épineuse de la culpabilité collective du peuple allemand, même si ce débat n'a connu son sommet que dix ans après sa mort, suite au livre du chercheur américain Jonathan Goldhagen *Les Bourreaux zélés de Hitler*[16]. Selon Goldhagen, il est faux de prétendre que le peuple allemand a été manipulé ou trompé par la politique hitlérienne, car dans l'intimité de leur âme, les Allemands étaient d'accord avec l'extermination des juifs. Levi ne s'est évidemment pas prononcé dans un débat qui a éclaté dix ans après sa mort – je me demande même s'il est intellectuellement honnête de le confronter avec ce débat. Si je le fais, c'est que j'ai acquis la conviction, en relisant ses écrits, qu'il a lutté avec le même doute. On peut peut-être deviner cette interrogation de Levi sur la culpabilité collective du peuple allemand dans la question qu'il a posée dans une lettre adressée à son traducteur allemand et qui a été choisie comme introduction à la version allemande de *Si c'est un homme*. Il se demande alors « s'il est possible de comprendre les Allemands[17] ». Suite à cette question posée à ses lecteurs allemands, Primo Levi a entamé un échange de lettres avec quelques dizaines de personnes. Dans le chapitre « Lettres d'Allemands », il livre un compte rendu très intéressant de cette correspondance, qui révèle mieux que n'importe quel autre de ses textes sa réflexion concernant la notion de « culpabilité collective ». D'un côté Levi admet que les généralisations sont toujours dangereuses, « qu'il est illégitime de parler des "Allemands" ou de tout autre peuple comme d'une entité unitaire, non différenciée, et de

---

16. Jonathan Goldhagen, *Les Bourreaux zélés de Hitler. Les Allemands ordinaires et l'Holocauste*, Paris, Le Seuil, 1997 (rééd. coll. « Points », 1998). Voir aussi la réponse des historiens aux « folles » thèses de Goldhagen : Norman Finkelstein et Ruth Birn, *L'Allemagne en procès. La thèse de Goldhagen et la vérité historique*, Paris, Albin Michel, 1999.

17. *Les Naufragés et les rescapés, op. cit.*, p. 171-172.

réunir tous les individus dans le même jugement ». D'un autre côté, il est convaincu qu'il existe bel et bien quelque chose comme un *Deutschtum*, tout comme il existe une italianité, une hispanité, qu'il définit comme les « sommes de traditions, d'usages, d'histoire, de langue et de culture ». S'il admet qu'il puisse toujours y avoir des exceptions individuelles, il est tout aussi convaincu que, dans certaines limites, il est possible de prévoir un certain comportement collectif, de l'ordre de la pro-babilité[18]. Il dit toutefois qu'il ne peut pas accepter la thèse selon laquelle la « majorité des Allemands ait accepté d'un cœur léger le massacre[19] » – thèse qui se rapproche des idées défendues par Goldhagen. Mais, par ailleurs, Levi se bat aussi contre ceux qui défendent l'idée que les Allemands ont été trompés par Hitler et qu'ils ne pouvaient pas prévoir les atro-cités qu'il allait commettre une fois arrivé au pouvoir. Il se met même en colère – lui qui avait toujours fait preuve d'une maî-trise de lui-même exceptionnelle – contre le lecteur qui ose se blanchir personnellement en argumentant que le seul coupable était Hitler. Pour Levi, il y a eu bel et bien une faute collective du peuple allemand qui n'est pas celle d'une haine collective contre les juifs, mais plutôt celle de ne pas avoir parlé de ce qui était connu. Pour lui c'est « la démonstration la plus évidente de la lâcheté à laquelle la terreur hitlérienne l'avait réduit[20] ».

Il est intéressant de relever l'actualité de ses interrogations qui interfèrent avec les questions que s'est posées l'historio-graphie, même plusieurs années après sa mort.

PRIMO LEVI, LE TÉMOIN PAR EXCELLENCE ?

Si nous avons voulu, dans un premier temps, analyser la vision de Levi quant à la démarche historiographique, le deuxième volet de ce texte a pour but de mettre en relief la manière dont il considérait le rôle du témoin et la manière dont les historiens ont évalué son témoignage personnel. La

---

18. *Ibid.*, p. 179-180, réponse à M. S. de Francfort.
19. *Ibid.*, p. 15.
20. *Ibid.*

démarche historique se veut nécessairement une démarche critique. L'historien a le devoir d'adopter une approche critique de ses sources, d'autant plus s'il s'agit d'un témoignage, d'un document personnel écrit à la première personne. Il doit peser la valeur du document, sonder l'intégrité de son auteur, évaluer les circonstances dans lesquelles il a été composé, le comparer à d'autres textes, le passer au crible. On pourrait parler d'une méfiance naturelle de l'historien par rapport à ses sources, même si ces dernières sont pour lui un allié indispensable. En effet, l'historien – comme le juge – sait qu'un témoin oculaire peut, dans le pire des cas, tout simplement mentir, sinon omettre ou inventer des faits. Il peut déformer consciemment ou inconsciemment la réalité. Son point de vue est nécessairement partiel, tant il peut être aveuglé par l'émotion ou par le manque de recul par rapport à ce qu'il a vécu.

Or, ce qui donne leur caractère exceptionnel aux témoignages de Levi, c'est qu'il se montre particulièrement conscient des risques et des dérives possibles, beaucoup plus que d'autres survivants et témoins. Il s'agit là d'une préoccupation constante de sa part. C'est un thème sur lequel il revient constamment et c'est sans doute à cause de cette lucidité extrême sur sa condition de « témoin » qu'un chercheur comme l'historien bruxellois Jean-Philippe Schreiber l'a défini comme « le témoin par excellence [21] ». Primo Levi lui-même avait une idée assez précise de ce qu'était la tâche d'un témoin de la Shoah, idée qui s'est affinée tout au long de sa vie. Il vaut la peine de voir de plus près comment Levi concevait cette tâche et les commentaires que les critiques en font.

La précision

Levi passe tout d'abord pour l'incarnation même de la rigueur scientifique, qu'il doit, comme chacun sait, à sa profession de chimiste. Pour lui, le premier devoir d'un témoin est de s'en tenir strictement à ses propres expériences, aux choses

---

21. J.-P. Schreiber, « Réflexions autour du *Devoir de mémoire* de Primo Levi », art. cité, p. 62.

qu'il a vues et vécues personnellement. La crédibilité du témoin relève uniquement du fait *qu'il y était et qu'il a vu*. Des compagnons de Levi se rappellent qu'il les exhortait à ne jamais dépasser cette frontière. Il est clair que le monde des historiens lui en sait gré aujourd'hui. L'on sait, en effet, combien il est difficile d'extirper de la mémoire collective certains mythes sur le génocide qui s'y sont installés comme de véritables lieux communs, à cause de témoins qui n'observaient pas cette exigence de base. On peut citer par exemple la prétendue présence des chambres à gaz dans tous les camps nazis, l'idée qu'on utilisait la peau humaine pour fabriquer du savon, l'image des flammes rouges qui seraient sorties des cheminées des fours crématoires et surtout un certain amalgame entre l'« univers concentrationnaire » et les véritables « centres de mise à mort ». Les seuls souvenirs écrits de Levi, relatés dans *Si c'est un homme*, se réfèrent uniquement au camp de Monowitz ou d'Auschwitz III, et aux seuls événements qu'il a vécus ou dont il a eu une connaissance directe. Il n'a aucun problème à avouer qu'il n'a jamais vu une chambre à gaz, qu'il n'avait jamais vu les fours crématoires avant sa visite à Birkenau en 1965 [22].

Levi savait en outre fort bien que, avec l'écoulement du temps, les souvenirs ont tendance à s'effacer et qu'inévitablement la qualité des témoignages en souffre. Dans *Les Naufragés et les rescapés*, il a consacré des réflexions très lucides sur les défaillances de la mémoire :

« La mémoire humaine est un instrument merveilleux, mais trompeur [...]. Les souvenirs qui gisent en nous ne sont pas gravés dans la pierre ; ils ont non seulement tendance à s'effacer avec les années, mais souvent ils se modifient ou même grossissent, en incorporant des éléments étrangers [23]. »

---

22. *Le Devoir de mémoire, op. cit.*, p. 19-20.
23. *Les Naufragés et les rescapés, op. cit.*, p. 23.

Il constate souvent la présence de ce danger chez ses pairs, témoins de la Shoah, qui ont parfois tendance à enrichir leur discours par des faits qu'ils ont entendus ou lus après coup[24]. Levi, conscient du problème, s'en défend :

« Quant à mes souvenirs personnels [...] je les ai tous passés soigneusement au crible : le temps les a un peu décolorés, mais ils s'accordent bien avec le fond du tableau et me semblent avoir échappé aux dérives que j'ai décrites[25]. »

Primo Levi, qui a couché ses mémoires sur papier immédiatement après son retour du camp, a donc un avantage sur les nombreux rescapés qui se sont tus pendant de longues années. Ses propres écrits lui servent d'aide-mémoire : « Je me rappelle tout cela à travers ce que j'ai écrit ; mes écrits jouent pour moi le rôle de mémoire artificielle[26]. »

Le témoin humble

Un témoin qui ne raconte que ce qu'il a vu de ses propres yeux n'est, par la force des choses, pas en mesure d'offrir une vision totale du système concentrationnaire, ni de la Shoah dans sa globalité. Mais là n'est pas sa tâche. Ainsi Levi se montre-t-il conscient du caractère forcément *partiel* du témoignage. C'est une des raisons pour lesquelles il dit ne pas aimer les thèses de nature psychologique avancées par Bruno Bettelheim qui, aux yeux de Levi, a tendance à tout expliquer à partir de sa propre expérience et à se proposer lui-même comme « paradigme[27] ». Et surtout, Levi comprend mieux que d'autres que sa survie au camp est essentiellement due à son statut de *privilégié* (privilège qui consiste pour lui essentiellement dans le fait qu'il a pu travailler dans l'environnement relativement protecteur de l'usine, qu'il n'a passé que la dernière année dans le camp et qu'il connaissait l'allemand).

---

24. *Ibid.*, p. 19.
25. *Ibid.*, p. 35.
26. *Le Devoir de mémoire*, *op. cit.*, p. 22.
27. *Ibid.*, p. 44-52.

« Avec le recul des années, écrit-il, on peut affirmer aujourd'hui que l'histoire des Lager a été écrite presque exclusivement par ceux qui, comme moi-même, n'en ont pas sondé le fond. Ceux qui l'ont fait ne sont pas revenus, ou bien leur capacité d'observation était paralysée par la souffrance et par l'incompréhension [28]. »

Il va même jusqu'à dire que les vrais témoins ne sont pas les « rescapés », mais les « naufragés » (Vidal-Naquet propose les « submergés [29] »). Cette assertion paradoxale (les vrais témoins sont ceux qui ne peuvent pas témoigner) a récemment inspiré à Giorgio Agamben une longue réflexion philosophique [30].

La notion de « privilège », que Primo Levi a introduite parmi les premiers et qu'il a développée plus que d'autres, est intéressante aussi d'un point de vue historique. Sans doute ne faut-il pas aller jusqu'à étiqueter les témoins rescapés comme « faux témoins », pour le seul fait qu'ils ont survécu, comme semblent le proposer certains [31]. Toujours est-il que les historiens se trouvent confrontés au problème qu'il n'y a presque pas de documents à propos du sort du million et demi de personnes qui ont été destinées aux chambres à gaz dès leur arrivée, exception faite des quelques témoignages cachés de membres du *Sonderkommando* [32]. C'est cependant cette pratique qui est aujourd'hui généralement acceptée comme étant le vrai nœud de la Shoah et qui constituerait son unicité dans l'histoire, beaucoup plus que les atrocités commises dans les camps. Si l'on ajoute à cela l'assertion de Levi selon laquelle, même parmi ceux qui ont eu la chance de survivre à la

---

28. *Les Naufragés et les rescapés, op. cit.*, p. 17.

29. Pierre Vidal-Naquet, « Les harmoniques de Simon Laks », préface à S. Laks, *Mélodies d'Auschwitz*, Paris, Éditions du Cerf, 1991 ; publiée dans *Réflexions sur le génocide. Les Juifs, la mémoire et le présent*, t. III, Paris, La Découverte, 1995, p. 186.

30. G. Agamben, *Ce qui reste d'Auschwitz, op. cit.*

31. A. Kalfa, *La Force du refus. Philosopher après Auschwitz*, Paris, L'Harmattan, 1995, p. 39.

32. Voir *Inmitten des grauenvollen Verbrechens. Handschriften von Mitgliedern des Sonderkommandos*, Oświęcim-Brzezinka, 1996.

première sélection et d'entrer dans le camp, les survivants sont surtout des privilégiés (donc deux fois privilégiés), il est alors légitime de se demander dans quelle mesure les témoignages dont nous disposons sont aptes à rendre compte de la spécificité de la Shoah.

La clarté du verbe

Nous avons parlé de la rigueur que Levi exigeait des témoins au niveau du contenu de leur témoignage. Il est important de souligner, dans ce troisième point, qu'il affichait les mêmes ambitions au niveau de l'énonciation. Son verbe, comme il a souvent été dit, est d'une précision, d'une concision et d'une pureté rares. En paraphrasant l'ouvrage de Carlo Levi *Le parole sono pietre*, Federico Cereja, l'historien turinois, avait dit : « [Les mots] de Primo Levi me paraissent être des galets polis, devenus presque parfaits grâce à un travail de méditation et d'ajustement continuel, qui en a supprimé toutes les aspérités et les ambiguïtés [33]. » Ce besoin de clarté, de netteté, était pour lui une condition essentielle, un parti pris, comme nous le rappelle le titre du livre de Françoise Carasso. Témoigner est pour le scientifique Levi avant tout une démarche rationnelle : il a voulu écarter tout sentimentalisme, toute rage qui puisse troubler la clarté du récit. La transparence du langage était pour lui un idéal à atteindre et il n'avait aucune compréhension pour un certain type d'écriture hermétique : ainsi a-t-il traité des poètes comme Trakl, Pound et Celan avec une dureté étonnante [34].

Cette transparence d'un langage univoque et la prétendue absence de toute recherche littéraire ne servaient toutefois pas uniquement un but de communication. Dans la conception de Levi, elles devaient aussi garantir la véracité de son récit.

Cette revendication vaut surtout pour *Si c'est un homme* [35],

---

33. F. Cereja, « La testimonianza di Primo Levi come documento di storia », art. cité, p. 99 ; repris en français dans *Le Devoir de mémoire, op. cit.*, p. 75.

34. Voir Primo Levi, *L'altrui mestiere*, Turin, 1985, p. 50-53.

35. « Celui qui a écrit *Si c'est un homme* n'était pas un écrivain, au sens habituel du terme, c'est-à-dire qu'il ne se proposait pas un succès littéraire, il n'avait ni l'illusion ni l'ambition de faire un bel ouvrage » (*Le Devoir de mémoire, op. cit.*, p. 25).

écrit à une époque où il n'avait en rien le statut d'écrivain. Le livre aurait donc été écrit sans aucun souci esthétique, sa seule ambition étant de « dire vrai ». Ce refus de tout esthétisme ou de tout effet littéraire est commun à beaucoup de survivants : selon une idée répandue, ils nuiraient à l'authenticité. Levi invoque même le fait que « les choses se sont racontées elles-mêmes [36] », image paradoxale que Walter Geerts, en se référant à la tradition littéraire, a démasquée comme un des « clichés » les plus littéraires qui soient [37]. En effet, il va de soi que cette prétendue absence d'élaboration littéraire est justement le fruit d'un choix stylistique. Lorsque Levi prétend avoir écrit « de la manière la plus naturelle, en choisissant délibérément un langage... pas trop sonore », cela ne dément-il pas implicitement l'idée d'une écriture spontanée et immédiate, comme se le demande Alain Parrau dans *Écrire les camps* [38] ? Ailleurs, Levi parle de sa « peur constante de tomber dans la rhétorique », il dit qu'il a volontairement écarté des épisodes parce qu'il les considérait comme trop futiles, ou encore il dit avoir voulu éviter certaines tournures telles que « ceci est horrible ». Tout ce travail de tri, de structuration et de choix d'un langage relève en fait d'un travail « littéraire », que l'auteur le veuille ou non.

Mais contrairement à ce que semble penser Levi, tout au moins au début de sa carrière, la valeur esthétique de son œuvre, que le public et la critique littéraire n'ont pas manqué de remarquer, ne diminue en rien la valeur de l'ouvrage en tant que document historique, de même que l'absence de toute qualité littéraire n'est aucunement un gage de l'authenticité d'un travail. Tout écrit, même de pure fiction, a valeur de document, ne fût-ce qu'à titre de témoignage de l'époque à laquelle il a été écrit. Les mêmes observations, soit dit en passant, valent

---

36. Voir *Primo Levi, un écrivain contre l'oubli*, documentaire de Deborah Ford et Charles Nemes, réalisé en 1993, cité dans F. Carasso, *Le Parti pris de la clarté*, *op. cit.*, p. 29.

37. Voir Walter Geerts, « L'esperienza di Primo Levi : la rottura dell'immediatezza », dans *Narrativa. Primo Levi*, n° 3, 1993, p. 167.

38. Alain Parrau, *Écrire les camps*, Paris, Belin, 1995, p. 287.

aussi pour le récit historique, que l'historien le veuille ou non. Il n'existe pas de discours purement fictif, comme il n'existe pas de discours purement « historique ». L'historien et le témoin doivent tous les deux tenir compte de l'aspect linguistique [39].

Primo Levi semble donc, dans une certaine mesure, respecter le clivage entre mémoire et histoire, tout en le dépassant. La valeur de ses œuvres en forme de témoignages réside précisément dans le fait qu'elles démontrent, par la qualité du récit et de la réflexion, que mémoire et histoire ne sont pas forcément en concurrence, que ces deux concepts se situent en fait sur deux terrains différents, mais que le décalage entre les deux est justement un gage de leur complémentarité.

Il est clair qu'on ne peut limiter l'œuvre de Levi à la simple dimension du témoignage, puisque sa démarche littéraire et la profondeur de sa réflexion la transcendent sans cesse. Mais si l'œuvre de Primo Levi est une référence aujourd'hui pour les historiens, c'est grâce à ses qualités de rigueur, de finesse du langage et d'humilité. En effet, ses écrits, qui n'ont été véritablement connus en dehors d'Italie qu'au cours de ces dix dernières années, ont incontestablement contribué à la valorisation du discours des témoins-survivants, même si quelques auteurs très critiques – comme Tsvetan Todorov – ont tendance à dénier aux rescapés toute capacité de compréhension plus large de l'univers concentrationnaire [40].

Ces dernières années, nous assistons à des efforts importants pour recueillir le témoignage de rescapés encore en vie. Face à cette efflorescence de la mémoire, certains historiens ne cachent pas leur inquiétude. Ils craignent notamment qu'en fin

---

39. Je me permets de renvoyer ici à mon propre article « L'art de la mémoire. Notes sur Primo Levi et l'ensemble de la "littérature" concentrationnaire en Italie », dans *Créer pour survivre*, Actes du colloque international « Écritures et pratiques artistiques dans les prisons et les camps de concentration nazis », organisé à Reims les 20, 21 et 22 septembre 1995, par l'université de Reims Champagne-Ardenne et la Fédération nationale des déportés et internés résistants et patriotes (FNDIRP), Paris, 1996, p. 61-63.

40. Tsvetan Todorov, *Face à l'extrême*, Paris, Le Seuil, 1991, p. 294 et *passim*.

de compte le discours personnel et émotif du témoin l'emporte sur le discours plus critique et nuancé, mais finalement plus « véridique » de l'histoire. Ils récusent la « sacralisation du témoin ». Annette Wieviorka dénonce ainsi ce « pacte compassionnel » et « l'apostolat de la mémoire [41] » ; elle met en garde contre un discours qui s'adresse au cœur plutôt qu'à la raison. Jean-Philippe Schreiber reste interdit par le fait que « la référence à l'histoire est gommée au profit de la mémoire », fait dans lequel il voit une caractéristique dangereuse de notre temps qui, pour connaître le passé, a besoin de « la médiation du vécu humain, par l'émotion que suscite le discours vrai, authentique. Le sens commun veut que l'expérience personnelle ne puisse être que vraie [42] ».

Il est indéniable que notre temps hypermédiatisé écarte trop volontiers l'objectif pour le subjectif, le rationnel pour l'émotif. Cette évolution met mal à l'aise l'historien, qui doit accepter qu'il ne possède pas un monopole sur le passé. Tout ceci comporte un risque indéniable d'instrumentalisation du passé, en fonction de l'actualité. L'historien se doit de veiller sur les dérives possibles : sa tâche est d'expliquer le passé, en tant que passé, en faisant abstraction de l'actualité. Mais il faut bien être conscient que cet idéal n'est jamais atteint, dans la mesure où l'historien est également un enfant de son temps, que lui aussi opère dans un cadre de valeurs politiquement ou socialement déterminé et que lui non plus ne peut se dérober totalement aux pièges du langage et du discours. En ce sens, il me semble que l'historien doit veiller à incorporer dans son discours les trois qualités qu'on a relevées dans le récit de Levi, à savoir la rigueur, la finesse du langage et l'humilité. Mais cela est une autre histoire.

Jan De Volder
Université d'Anvers

---

41. Dans J.-P. Schreiber, « Réflexions autour du *Devoir de mémoire* de Primo Levi », art. cité, p. 79.
42. *Ibid.*

Primo Levi : une éthique de la responsabilité[1]

> « Auschwitz m'a marqué mais ne m'a pas ôté le
> désir de vivre. Au contraire, cette expérience a accru
> mon désir, elle a donné un but à ma vie, celui de
> témoigner, afin qu'une chose pareille n'arrive plus
> jamais. »
>
> Primo Levi, *Les Naufragés et les rescapés*.

VISAGES

Si le visage est le signe de l'être de l'homme, le lieu où se
cristallise son identité, la négation de l'homme passe par celle
de son visage. De même, si le visage est le lieu du sacré, une
conception de l'homme qui cherche son avilissement s'acharne
à profaner son visage, à l'humilier ou à nier son identité.
Dans *Monsieur Klein*, de Joseph Losey, un médecin soumet
une femme à un examen anthropométrique pour évaluer son
degré de judaïté. Pour lui, ce visage est clairement un objet à
mesurer, à étiqueter ; une figure, comme dans la physiogno-
monie, destituée de toute humanité, un aveu. Les yeux affolés
de la femme cherchent le regard de cet homme sans susciter de
sa part la moindre réaction. Pour ce dernier, ce n'est pas là
une femme, dotée d'une identité singulière symbolisée par un
visage, un nom, une histoire, mais un type inférieur, mis en

---

1. Ce texte reprend largement des analyses développées dans deux de mes livres :
Des visages. Essai d'anthropologie (Paris, Métailié, 1992) et *Du silence* (Paris,
Métailié, 1997).

évidence par la procédure analytique à laquelle il l'a contrainte. Longue entreprise de profanation qui la déchoit de sa condition humaine et la rend indigne à ses yeux d'une chance de regard. Il n'y a pas en elle de visage, mais un signalement des traits, au sens judiciaire. Tel est le regard raciste sur l'autre, déjà une mise à mort symbolique à travers le refus de le considérer dans sa singularité visagière. Éradication de la différence qui laisse présager le pire. Déjà la proie s'annonce dans les yeux de celui qui ne tolère pas qu'on lui rende son regard. Lui seul revendique un visage.

Dans les camps de la mort, perdre la face n'a plus valeur de métaphore : l'arrachement à soi, à sa famille, à sa communauté, la réduction du déporté à n'être plus que l'un des matricules du camp, un triangle de couleur ou un nom écorché devenu soudain une sorte de vestige ; la privation réelle du visage précède de peu la perte de la vie qu'elle annonce. Gommer l'insaisissable qui fait de tout visage humain une valeur et un appel, rogner la différence infinitésimale qui traduit une individualité, arracher la peau de sens qui donne à la face son unicité, qu'au bout du compte il ne reste rien, sinon provisoirement un corps promis au feu, au gaz ou aux balles, aux morsures de la faim ou du froid. Effacer l'homme en l'homme, c'est détruire son visage. L'une des premières opérations du camp consiste dans l'élagage de la figure humaine à travers le rasage et la tonte des cheveux [2], après la mise à nu. Ultime étape du dépouillement de soi. Rite de passage où la promesse de la mort seule est annoncée. La fatigue et la peur prolongent un travail méthodique d'éradication. La faim y ajoute une dernière touche, en diminuant encore la chair, en jaunissant la peau d'une figure maigre devenue résiduelle.

Là où la différence individuelle est proscrite, là où des modalités d'existence imposées se vouent à le nier, sur un

---

2. En conséquence, le privilège accordé à une élite du camp de Dachau de ne plus être astreinte à la tonte obligatoire et de pouvoir porter une « coupe militaire normale ». Nous évoquons plus loin « les types à joues » (Robert Antelme), il y a aussi les « détenus à cheveux » (Joseph Rovan) ; voir Joseph Rovan, *Contes de Dachau*, Paris, Julliard, 1987, p. 68-69.

mode quasi anonyme, alors l'homme est défiguré. Les camps de la mort sont construits à cet effet. Évoquant ses souvenirs, F. Stangl, commandant de Sobibor (1942) et de Treblinka (1943), nous dit qu'il n'a vu personne, là-bas, parmi les déportés, qui ressemblât à un homme : « Voyez-vous, je les ai rarement perçus comme des individus. C'était toujours une énorme masse. Quelquefois j'étais debout sur le mur et je les voyais dans le "couloir". Mais comment expliquer ? Ils étaient nus. Un flot énorme qui courait, conduit à coups de fouet[3]. » « Ils fixaient droit dans les yeux les bourreaux SS, dit Filip Müller, survivant d'Auschwitz. Mais ceux-ci demeuraient impassibles, se contentant de regarder[4]. » Des hommes disent, crient leur humanité mais devant eux (et non en *face* d'eux), d'autres hommes ne voient pas leur visage. Nulle expression de douleur ou simplement d'étonnement ne vient les solliciter, rien n'appelle en eux une solidarité ou un mouvement de compassion. Les déportés fixent droit dans les yeux les bourreaux, mais la relation est asymétrique puisque les SS ne leur confèrent pas la dignité d'un visage pouvant les toucher. Les SS ne peuvent répondre au regard des déportés à moins de contredire, ou plutôt d'anéantir ce qu'ils sont. S'ils le faisaient, ils se priveraient de toute garantie quant à la tâche à accomplir. S'ils reconnaissent un visage aux détenus, ils se rangent à leur niveau, ils ne peuvent plus les détruire sans état d'âme et, en conséquence, ils perdent eux-mêmes la face. Ils ne peuvent plus soutenir leur rôle ; ils cesseraient d'être SS, sans être non plus déportés, ils ne seraient nulle part.

Interrogé pour un examen qui doit lui permettre d'entrer dans un Kommando favorable, Primo Levi dit l'étendue de sa stupeur devant le regard que pose sur lui le *Doktor* Pannwitz. Une stupeur telle qu'après la libération du camp il a éprouvé la nécessité d'aller à la recherche de cet homme. Non pour se venger, mais à cause de la sidération ressentie devant un regard

---

3. Cité dans Gitta Sérény, *Au fond des ténèbres*, Paris, Denoël, 1975, p. 215.
4. La scène ainsi décrite se situe au seuil du crématoire ; cité dans Claude Lanzmann, *Shoah*, Paris, Le Livre de poche, p. 203.

impensable. Les yeux des deux hommes se croisent, mais s'ils sont l'un et l'autre face à face, ce n'est pas un visage devant un autre. Un abîme les sépare. Au camp, le visage est un statut, un privilège. « Car son regard, dit Primo Levi, ne fut pas celui d'un homme à un autre homme, et si je pouvais expliquer à fond la nature de ce regard, échangé comme à travers la vitrine d'un aquarium, entre deux êtres appartenant à deux mondes différents, j'aurais expliqué du même coup l'essence de la grande folie du Troisième Reich... Le cerveau qui commandait à ces yeux bleus et à ces mains soignées disait clairement : "Ce quelque chose que j'ai là devant moi appartient à une espèce qu'il importe sans nul doute de supprimer. Mais dans ce cas présent, il convient auparavant de s'assurer qu'il ne renferme pas quelque chose d'utilisable." Et dans ma tête, les pensées roulaient comme des graines dans une courge vide : "Les yeux bleus et les cheveux blonds sont essentiellement malfaisants. Aucune communication possible. Je suis spécialiste en chimie minérale. Je suis spécialiste en synthèses organiques. Je suis spécialiste[5]..." » De part et d'autre le visage est aboli, mais dans une relation de sujet à objet, où l'un des protagonistes se revendique le maître du visage. La société concentrationnaire exige cet anéantissement pour se reproduire sans dommages, sans questionnement moral de la part de ses responsables. Avant la mort physique, règne dans les camps la liquidation de l'individualité par le démantèlement du visage. La même maigreur, la même absence pour tous, qui conforte le bourreau dans le sentiment qu'il n'a pas affaire à des hommes, mais à un résidu qu'il faut éliminer en se posant seulement des problèmes administratifs et techniques.

Une ligne de démarcation distingue comme une épreuve de

---

5. P. Levi, *Si c'est un homme*, trad. fr. de M. Schruoffeneger, Paris, Julliard, 1987, p. 139. Ou encore : « La voiture qui les amenait à Halmstedt écrasa une oie à la sortie d'un village. Des plumes volèrent dans le sillage de la poussière. Le *Lagerkommandant* sourit. Albert sourit aussi en le regardant. Il vit la stupéfaction du SS. Il en éprouva une telle gêne que ce petit incident ne put jamais se faire oublier. Mais où donc était son tort, sinon de se tenir pour un homme ? » (David Rousset, *Les Jours de notre mort*, Paris, La Découverte, 1998, p. 626).

vérité, ceux du « dehors » de ceux du « dedans ». Il y a les hommes à visage d'un côté, de l'autre ceux qui n'en ont plus qu'une ombre. Ou qui n'ont plus rien. La société concentrationnaire repose sur un homme dépouillé de son identité, noyé sous la rubrique d'une typologie qui ordonne dans une simplicité déconcertante le monde vu par les yeux des nazis : le triangle rouge marqué d'un F des prisonniers politiques français, le triangle vert des droit-commun, les triangles de différentes couleurs, nuancés parfois d'un autre sigle, des juifs, des témoins de Jéhovah, des tsiganes, des homosexuels, etc. Des matricules affectés à chaque détenu poursuivent une œuvre nécessaire d'identification, en remplacement du visage qui ne remplit plus ce rôle, chiffres tatoués parfois sur l'avant-bras gauche comme à Auschwitz. D'autres signes de reconnaissance se substituent à l'identité personnelle révélée par le visage. Celui-ci gommé, dénié, glisse peu à peu dans l'anonymat de sa maigreur. Le signalement prime sur le visage. « *Häftling* : j'ai appris que je suis un *Häftling*, dit Primo Levi, mon nom est 174 517 ; nous avons été baptisés ainsi (...) Ce n'est qu'en "montrant le numéro" qu'on a droit au pain et à la soupe. Il nous a fallu bien des jours et bon nombre de gifles et de coups de poing pour nous habituer à montrer rapidement notre numéro afin de ne pas ralentir les opérations de distribution de vivres ; il nous a fallu des semaines pour en reconnaître le son en allemand[6]. » Privation du nom, privation du visage : les deux opérations nécessaires à la liquidation symbolique de l'individu et à son nouvel usage purement fonctionnel, en attendant la mort. Il ne reste qu'un corps à numéroter. Quand on supprime ce qui fait la condition de l'homme, son visage, son nom, son histoire, il ne reste en effet que le volume du corps. Et l'on sait quel usage en produira l'administration des camps.

Parfois même, la défiguration des hommes est telle que le déporté ignore le visage de l'homme ou des hommes avec qui il partage sa minuscule paillasse. « J'ignore qui est mon voisin,

---

6. *Si c'est un homme, op. cit.*, p. 31-32.

écrit Primo Levi ; je ne suis même pas sûr que ce soit toujours la même personne, car je ne l'ai jamais vu de face sinon l'espace de quelques instants dans le tumulte du réveil, si bien que je connais beaucoup mieux son dos et ses pieds que son visage[7]. » Les deux hommes ne travaillent pas dans le même Kommando, le soir, après l'extinction des feux, il arrive et s'enroule dans les couvertures, dormant aussitôt, ne laissant à Primo Levi qu'un maigre espace lui donnant l'impression de dormir sur une voie de chemin de fer.

Au camp, le déporté, s'il veut rester en vie jour après jour, doit renchérir sur la nécessité de se rendre absent, de combattre l'infinitésimal en lui qui le désigne à l'attention des bourreaux. Il dénude davantage son visage dans l'uniforme physique de l'absence, il se fabrique une blancheur plus grande encore, sans regard, hâve. Il faut effacer toute saillie du visage, tout signe instaurant un supplément de sens où se percevrait une identité personnelle. « Personne, dit Robert Antelme, n'avait, par le visage, à exprimer rien au SS qui aurait pu être le commencement d'un dialogue et qui aurait pu susciter sur le visage du SS quelque chose d'autre que cette négation permanente et la même pour tous. Ainsi, comme il était non seulement inutile, mais plutôt dangereux malgré lui, dans nos rapports avec les SS, on en était venus à faire soi-même un effort de négation de son propre visage, parfaitement accordé à celui du SS[8]. » Effacer son visage, brouiller ses traits pour se fondre dans la masse sans figure des autres, anonyme parmi les anonymes, sans mémoire, sans relief d'être. Il faut se confondre à la grisaille, être sans épaisseur, sans substance, pour ne pas susciter l'envie de battre, d'humilier, de punir ou de tuer.

Il arrive cependant que certains composent leur visage à l'intention des SS. Ils veulent montrer leur bonne volonté, leur aptitude à collaborer si la chose était possible, ils renchérissent sur la discipline pour prouver qu'ils ont déjà pris la place que

---

7. *Ibid.*, p. 63.
8. Robert Antelme, *L'Espèce humaine*, Paris, Éditions de la Cité universelle, 1947 (rééd. Gallimard, 1957), p. 57.

l'on attend d'eux, combien ils sont déjà défigurés et prêts à endosser le visage des bourreaux, même s'ils ne font que les singer comme leurs mimiques l'indiquent. Robert Antelme montre la ritualité très élaborée de ces situations. Il s'agit de désigner les futurs kapos chargés de surveiller une équipe. Un groupe de postulants se tient un peu à l'écart. Les SS inspectent les bâtiments. Servilement, les regards des futurs kapos cherchent ceux des SS, il ne faut pas seulement montrer sa bonne volonté, il faut l'afficher, la dire avec excès. Affirmer ainsi son insignifiance, sa veulerie, s'abaisser rituellement aux yeux des SS pour s'attirer leurs bonnes grâces. « Ils tiennent un sourire prêt pour la rencontre de leurs yeux avec ceux des SS... On suit la gymnastique forcenée de ces yeux, cette offensive de l'intrigue par la mimique du visage [9]... » C'est en montrant qu'ils ont perdu plus que les autres leur propre visage qu'ils acceptent non seulement de n'être plus rien, mais encore d'endosser par procuration celui des SS, que les futurs kapos donnent les signes de leur allégeance. Ils ont définitivement perdu la face mais, ils acceptent d'en revêtir une de rechange. Ils consentent à faire de l'outrage l'essence même de leur vie. Dès lors, ce ne sont plus eux qui décident de leur visage. Ils quémandent sur celui des SS les orientations qu'ils doivent aussitôt épouser. « Un copain n'est pas en place, le petit SS rouquin l'engueule. Un des futurs kapos s'approche du copain et en le bousculant lui fait prendre sa place. Le copain réagit en levant le coude de côté. Le futur kapo jette un regard au petit SS. Les autres futurs kapos sont suspendus. La situation est décisive. Le petit SS engueule violemment le copain. Le futur kapo est kapo [10]. » La seule outrance du visage qu'un déporté peut se permettre est celle qui l'éloigne de sa situation de déporté pour le rapprocher de celle de SS dont il brigue d'être le simulacre. C'est celle qui le rend ressemblant au SS, à la manière d'une caricature.

---

9. *Ibid*, p. 36.
10. *Ibid*, p. 37.

Ce qui reste d'identité dans le visage contient un danger. À chaque instant il faut s'astreindre à donner les signes de son absence, de sa blancheur, s'effacer rituellement avant de l'être réellement. « Il faut être lisse, terne, déjà inerte, dit Robert Antelme. Chacun porte ses yeux comme un danger. » Le visage, s'il demeure, même résiduellement, appelle la mort. Rien ne doit susciter l'attention. Il faut ressembler aux autres dans la même absence de visage, la même infinie discrétion. De cette égalité qui ne se fait que dans le dénuement de soi, le décollement du visage, la faim, et l'usure au travail sont les meilleurs alliés. « On se transforme, la figure et le corps vont à la dérive, les beaux et les laids se confondent. Dans trois mois, nous serons encore différents mais on distinguera encore moins les uns des autres. Et cependant, chacun continuera à entretenir l'idée de sa singularité, vaguement [11]. » Le visage, peu à peu, est laminé. Le déporté devient méconnaissable, dénué de soi-même. La nudité du visage est celle de la signification : peu à peu le sens se retire. Sur la face de chacun il y a le fantôme d'un visage disparu, une trace de quelque chose qui manque, une poussière d'être dont la mort est en sursis.

Robert Antelme raconte la lente défiguration de Jacques, l'étudiant en médecine : « [Sa] figure (…) n'est plus la même que celle que l'on a connue lorsque nous sommes arrivés ici. Elle est creuse et coupée par deux larges rides et par un nez pointu comme celui des morts. Personne ne sait là-bas, chez lui, quelle étrangeté pouvait receler cette figure. Là-bas, on regarde toujours la même photographie qui n'est plus de per-sonne. Les copains disent : "Ils ne peuvent pas savoir", et ils songent aux innocents de là-bas avec leurs visages inchangés qui demeurent dans un monde d'abondance et de solidité, avec des peines achevées qui semblent elles-mêmes un luxe inouï [12]. » Jacques, l'étudiant en médecine, glisse progressive-ment dans l'innommable. Déjà la blancheur de son visage, sa patiente défiguration laissent apparaître la mort. Ultime refuge

---

11. *Ibid.*, p. 92.
12. *Ibid.*, p. 92.

de l'insensé. Le dénuement qui gagne lentement son visage symbolise l'effacement graduel de sa présence. Il n'y a plus en lui de ressources, d'espoir. Il lâche prise peu à peu. Jacques est le même et l'autre, devenu inconnaissable, car il est privé d'être. Privé d'autres aussi, prêts à le reconnaître : les « copains » dont Robert Antelme parle sans cesse ne suffisent plus à le retenir. Il lui faudrait les autres, là-bas, ceux du « monde d'abondance et de solidité », les siens, pour vivifier son visage, le faire renaître des cendres qui l'envahissent. Comment être sans l'autre ? Si l'autre manque, comment ne pas devenir soi-même un autre ? Alors le visage de Jacques s'absente chaque jour davantage. Au point que nul ne peut plus l'identifier.

Et Robert Antelme lui-même ressent ce vertige, la tentation irrésistible de ne plus lutter, de se laisser aller, d'abandonner en soi toute parcelle de sens porteuse encore d'espoir. Céder à l'usure, à l'extrême fatigue, à l'horreur. « J'aurai une autre figure que maintenant. La figure que l'on a lorsqu'on n'a plus envie. [Le copain] ne pourra plus rien pour moi et je tomberai [13]. » La proximité des copains, leur solidité et leur amitié ne compensent plus la violence mortifère du camp, les forces de destruction deviennent supérieures à celles de l'espoir. La désagrégation du visage est une marque qui ne trompe pas, elle est le signe d'un cheminement vers la mort que même la reconnaissance de l'autre ne peut plus arrêter. Cicatrice d'un visage dépouillé, les clignotements de plus en plus ténus d'un souffle qui s'amaigrit de son épaisseur de chair pour ne plus laisser enfin que la dureté anonyme des os. On peut avoir la mort sur le visage. Une figure humaine en lambeaux, sans rien en elle de reconnaissable. Peut-être parce que nulle part ailleurs que dans les camps la mort fut à ce point sans visage. « Déjà, mon corps n'est plus mon corps, dit Primo Levi. J'ai le ventre enflé, les membres desséchés, le visage bouffi le matin et creusé le soir ; chez certains la peau est devenue jaune, chez d'autres

---

13. *Ibid.*, p. 224.

grise ; quand nous restons trois ou quatre jours sans nous voir, nous avons du mal à nous reconnaître [14]. »

Au revier, Robert Antelme est à la recherche d'un copain, K., un instituteur. Il regarde dans la baraque tous ces hommes allongés dans leur lit, la tête immobile, aux arêtes aiguës et aux formes creuses, ménageant des ombres sur leur visage. Il en reconnaît quelques-uns qu'il salue. Mais il ne voit pas K. Il demande à l'infirmier qui lui dit qu'il vient de passer devant lui, sans le reconnaître. Étonné, Robert Antelme se retourne et aperçoit un inconnu. « Il avait un long nez, des creux à la place des joues, des yeux bleus à peu près éteints et un pli de la bouche et sa bouche a gardé le même pli. » Il n'y a plus dans la face défigurée de K. la place de l'autre, il est trop tard. Robert Antelme ne peut le croire. Il s'adresse à un malade près de lui, c'est bien K. qui est là, dans la faillite de son visage. Dans la stupeur, il scrute des traces d'identité. Sur cette face en déroute, il n'y a déjà plus personne, les derniers cristaux de sens ont disparu, il ne reste rien d'identifiable. Une sorte de coma du visage redouble une imminence de la mort. « Je ne reconnaissais rien, j'ai fixé alors le nez, on devrait pouvoir reconnaître un nez. Je me suis accroché à ce nez, mais il n'indiquait rien. Je ne pouvais rien trouver… Je me suis éloigné de son lit. Plusieurs fois je me suis retourné, j'espérais chaque fois que la figure que je connaissais m'apparaîtrait, mais je ne retrouvais même pas le nez. Toujours rien que la tête pendante et la bouche entrouverte de personne… Cela était arrivé en huit jours [15]. »

« L'idée de sa singularité, vaguement… » Un visage intérieur se pressent encore, englué dans la mémoire, les yeux des autres, la vie résiste tant qu'il demeure, mais ne pas lâcher prise est un effort de tout instant. Par la grâce d'un morceau de miroir trouvé à Buchenwald par René, et depuis précieusement conservé, le visage est accessible. Dans le camp il n'y a pas de miroir, rien pour se reconnaître, hormis le regard des

---

14. *Si c'est un homme, op. cit.*, p. 45.
15. *L'Espèce humaine, op. cit.*, p. 178-180.

autres : celui des copains surtout, mais précaire, sans épaisseur durable, à cause de la dureté du travail, de la peur, des risques de mourir qui pèsent sur chaque moment.

Ce sentiment du visage oscille entre deux images, celle que donnent les bourreaux, écrasante et massive, et celle donnée par les copains, ténue et fragile, douloureuse. Selon que les forces de la vie chez le déporté dominent celles de la mort, ou l'inverse, selon qu'il résiste à l'écrasement ou lui cède, ce sentiment persiste ou disparaît. Mais avec ce dérisoire morceau de miroir, un monde est restitué, l'allégeance au regard de l'autre se resserre d'un cran. Et quand René le sort de sa poche, les copains de chambrée l'entourent, le harcèlent. Il faut attendre son tour, malgré une impatience grandissante, et le tenir enfin quelques minutes entre les mains avant de le céder à un autre qui le réclame déjà [16]. Devant le miroir le déporté vit une sorte de jaillissement de sens, la résurgence d'une identité qu'il découvre soudain n'avoir jamais cessé d'être. Face à son image revenue de l'absence, se ravive le regard de ceux qui lui sont le plus familiers, ceux qu'il aime et auxquels il ne cesse de penser. Le miroir épouse les traits du visage intérieur, un visage plein, nourri encore symboliquement de la mémoire des proches. Un instant le déporté échappe à son corps, à la maigreur, à la faim, il retrouve sa mémoire. Une épiphanie de soi. L'identité renaît de ses cendres. À l'homme défiguré, il reste encore le sourire du visage intérieur. Cela, nul bourreau ne peut l'atteindre. Mais il faut avoir pour le distinguer des yeux que la mort n'altère pas encore. Parce qu'il donne une voie au sacré, le miroir devient une arme inappréciable dans le quotidien du camp. Il enseigne à l'homme la permanence de son visage. Il indique également que le sens du sacré en l'homme a pour origine le visage.

Pour Primo Levi, lors de l'été 1944, la demande du jeune Jean Samuel de lui donner une leçon d'italien aboutit à une restitution symbolique du visage. Primo Levi commence à réciter « Le chant d'Ulysse » de *La Divine Comédie* de Dante.

---

16. *Ibid.*, p. 57-58.

Et l'illumination se produit. Dante, bien des siècles auparavant, leur parle de ce qu'ils vivent aujourd'hui : « Considérez votre semence : / Vous ne fûtes pas faits pour vivre comme des bêtes, / mais pour suivre vertu et connaissance. » Les deux hommes communient autour du texte de Dante au point d'oublier un instant l'horreur. Avec la mémoire d'un autre temps, ce lien à travers l'histoire avec un homme mort des siècles auparavant, revient la jubilation du sens. « Je retiens Pikolo, écrit-il : il est absolument nécessaire et urgent qu'il écoute, qu'il comprenne ce *come altrui piacque* avant qu'il ne soit trop tard ; demain, lui ou moi nous pouvons être morts, ou ne plus jamais nous revoir ; il faut que je lui dise, que je lui parle du Moyen Âge, de cet anachronisme si humain, si nécessaire et pourtant si inattendu, et d'autre chose encore, de quelque chose de gigantesque que je viens d'entrevoir à l'instant seulement avec une fulgurante intuition, et qui contient peut-être l'explication de notre destin, de notre présence ici aujourd'hui [17]. »

INDICIBLE

En 1961, on découvre enfouies près des fours crématoires d'Auschwitz des notes désagrégées par le temps, écrites par Zelman Lewental, juif polonais contraint de travailler dans les chambres à gaz. Seuls quelques fragments de phrases sont encore lisibles : « Ce qui se passait exactement, aucun être humain ne peut se le représenter… Seul l'un de nous, de notre petit groupe, de notre cercle étroit, pourra le faire connaître, si par hasard quelqu'un survit [18]. » Au sortir de l'horreur, il y a chez nombre de survivants une ivresse de dire, la fièvre d'un témoignage qui viendrait briser par sa seule force la chape de plomb du silence ayant pesé des années sur l'ignoble. Avec le sentiment que le fait de dénoncer bouleversera le monde. L'expérience des camps de la mort a appelé chez les rescapés

---

17. *Si c'est un homme, op. cit.*, p. 151.
18. Cité dans H. Langbein, *Hommes et femmes à Auschwitz*, Paris, Gallimard, coll. « 10-18 », 1975.

cet impératif du dire qui ne tolérait aucun délai. « Il y a deux ans, durant les premiers jours qui ont suivi notre retour, nous avons été, tous je pense, en proie à un véritable délire. Nous voulions parler, être entendus enfin, écrit Robert Antelme. Et dès les premiers jours cependant il nous paraissait impossible de combler la distance que nous découvrions entre le langage dont nous disposions et cette expérience que, pour la plupart, nous étions encore en train de poursuivre dans notre corps. Comment nous résigner à ne pas tenter d'expliquer comment nous en étions venus là ? Nous y étions encore. Et cependant c'était impossible. À peine commencions-nous à raconter, que nous suffoquions [19]. »

Primo Levi commence à écrire *Si c'est un homme* à l'intérieur même du camp. « Le besoin de raconter était en nous si pressant que ce livre, j'avais commencé à l'écrire là-bas, dans ce laboratoire allemand, au milieu du gel, de la guerre et des regards indiscrets, et tout en sachant bien que je ne pourrais pas conserver ces notes griffonnées à la dérobée, qu'il me faudrait les jeter aussitôt car elles m'auraient coûté la vie si on les avait trouvées sur moi [20]. » Fred Sedel, après vingt-deux mois de camp, écrit qu'à son retour il parlait des heures sans parvenir à s'arrêter. « Je débitais d'un ton monocorde les phrases successives de ce séjour aux enfers, mon besoin de parler était irrépressible et Myriam écoutait sans m'interrompre. Cette même scène se répétait jour après jour pendant des semaines et des mois [21]. »

Dyonis Mascolo se souvient de la rage de parole de Robert Antelme dans la voiture qui le ramenait de Dachau à Paris. « Il n'a pas cessé, tout au long, de parler, raconter, raconter... Il se sentait menacé de mort et il voulait peut-être en dire le plus possible avant de mourir. Jour et nuit, il n'a pas cessé de parler. Peut-être quelques heures de somnolence [22]. » Fièvre de parole

---

19. *L'Espèce humaine, op. cit.*, p. 9.
20. *Si c'est un homme, op. cit.*, p. 188.
21. Fred Sedel, *Habiter les ténèbres*, Paris, Métailié, 1990, p. 200.
22. Dans Robert Antelme, *Textes inédits*, Paris, Gallimard, 1996, p. 264.

pour conjurer le silence, combler l'abîme de sens mais sans jamais y parvenir tout en se laissant toujours plus entraîner par le vide.

Un monde sépare celui qui parle encore dans la douleur et celui qui pourrait l'entendre, un univers de différence difficilement franchissable comme celui qui oppose l'eau et le feu, avoir été touché par l'horreur et n'en avoir rien connu dans sa chair. La parole brûlante se heurte à l'opacité, à l'inattention d'un autre dont la bonne volonté ne suffit pas pour concevoir l'inimaginable. Primo Levi raconte un rêve, dont il dit, ailleurs, que de nombreux déportés l'ont fait sous une forme proche. Sa sœur, des amis et d'autres personnes qu'il ne connaît pas sont tous là à écouter son récit. « J'évoque en détail notre faim, le contrôle des poux, le kapo qui m'a frappé sur le nez et m'a ensuite envoyé me laver parce que je saignais. C'est une jouissance intense, physique, inexprimable d'être chez moi, entouré de personnes amies, et d'avoir tant de choses à raconter : mais c'est peine perdue, je m'aperçois que mes auditeurs ne me suivent pas. Ils sont même complètement indifférents : ils parlent confusément d'autre chose entre eux, comme si je n'étais pas là. Ma sœur me regarde, se lève et s'en va sans un mot [23]. » La parole se dissout dans l'indifférence, dans son impossibilité d'être entendue.

Le silence assourdissant qui enveloppe le théâtre de l'événement et sa mémoire est une confrontation à l'indicible, à la rétorsion de la parole qui s'anéantit en soi dans un silence qui n'est que la forme extrême du cri. « On peut brûler les enfants sans que la nuit remue, écrit Antelme. Elle est immobile autour de nous, qui sommes enfermés dans l'église. Les étoiles sont calmes aussi, au-dessus de nous. Mais ce calme, cette immobilité ne sont ni l'essence ni le symbole d'une vérité préférable. Ils sont le scandale de l'indifférence dernière. Plus que tout autre cette nuit-là était effrayante [24]. » Silence métaphysique de la nuit, mais aussi des hommes. L'expérience des camps est

---

23. *Si c'est un homme*, op. cit., p. 76.
24. *L'Espèce humaine*, op. cit., p. 116.

impensable, elle est destructrice de la langue et du sens qui la soutenait et qu'elle pouvait formuler, il ne reste que le vide, l'abîme insondable du sens qui frappe l'homme de mutisme devant une telle étendue d'horreur. « L'abîme qu'ont ouvert entre nous les événements ne saurait être mesuré, écrit Gerschom Scholem. Car, en vérité, il est impossible de se rendre compte de ce qui est arrivé. Le caractère incompréhensible tient à l'essence même du phénomène : impossible de le comprendre parfaitement, c'est-à-dire de l'intégrer à notre conscience. » Maurice Blanchot, qui cite ce texte, poursuit : « Impossible donc de l'oublier, impossible de s'en souvenir. Impossible aussi qu'on en parle, d'en parler – et finalement, comme il n'y a rien à dire que cet événement incompréhensible, c'est la parole seule qui doit le porter sans le dire [25]. »

Le langage confronté aux limites ultimes du pensable, convoqué à dire la Shoah, ne possède plus les mots adéquats pour témoigner. Il faudrait des mots porteurs de toute l'horreur du monde, chargé d'une virulence de sens qui ne laisserait personne intact. Même les mots les plus durs sont encore en deçà et disent une réalité à la mesure de l'homme, dans les marges de son entendement, quand il faut aller au-delà, se dépouiller de toute illusion, se déprendre de toute raison, briser le langage pour l'ouvrir à des significations terribles et neuves. Et cela même pour l'élémentaire de la vie quotidienne des camps. « Nous disons "faim", nous disons "fatigue", "peur" et "douleur", nous disons "hiver", et en disant cela nous disons autre chose, des choses que ne peuvent exprimer les mots libres, créés par et pour des hommes libres qui vivent dans leurs maisons et connaissent la joie et la peine. Si les Lager avaient duré plus longtemps, ils auraient donné le jour à un langage d'une âpreté nouvelle. Celui qui nous manque pour expliquer ce que c'est que peiner tout le jour dans le vent, à une température au-dessous de zéro, avec, pour tous vêtements, une chemise, des caleçons, une veste, et un pantalon de toile, et dans

---

25. Maurice Blanchot, *L'Entretien infini*, Paris, Gallimard, 1969, p. 200.

le corps la faiblesse et la faim, et la conscience que la fin est proche[26]. »

La volonté de témoignage sur l'horreur confronte au mutisme, par impuissance du langage à rendre compte d'une monstruosité ayant ravagé l'existence et débordé la capacité signifiante des mots. Épreuve de l'indicible qu'il faut néanmoins dire pour conjurer l'oubli, dans l'espoir d'affranchir l'histoire de la répétition de tels moments. Aux confins de l'existence, le langage se dérobe. Mais le silence forcé se fait brasier, tant brûlent le désir de dire et la volonté de s'arracher à l'impuissance pour renouer avec l'expérience du sens. Impossibilité de dire ou de se taire, écartèlement entre deux nécessités également puissantes, douleur d'une tension que rien n'apaise. Telle est l'autre expérience de la Shoah, de forcer les témoins encore vivants à une épreuve torturante qui met le langage en échec et les bouleverse à nouveau. Écartèlement tragique car il est sans issue et contraint à vivre dans le déchirement. Le silence se nourrit de l'impuissance du sens. S'il était possible de témoigner sur le fil tranquille du langage et de la pensée, la part du silence serait la même que celle qui régit l'existence ordinaire des hommes, elle ne serait pas l'abîme qui la creuse et la démantèle.

L'abîme ne sépare pas seulement celui qui l'a tragiquement vécu, de l'absolu d'horreur de l'événement qu'aucune signification ne saurait combler, elle coupe aussi radicalement celui qui en a une connaissance détachée et celui qui a vécu l'ignoble dans sa chair et manque à trouver les mots pour témoigner. Comme si les uns et les autres, réunis peut-être autour de la même table, vivaient pourtant dans deux dimensions séparées de la réalité, employaient un langage différent, deux fragments du vase brisé de la confiance du monde. « Inimaginable, écrit Robert Antelme, c'est le mot qui ne divise pas, qui ne restreint pas. C'est le mot le plus commode. Se promener avec ce mot en bouclier, le mot du vide, et le pas

---

26. *Si c'est un homme*, *op. cit.*, p. 132.

s'assure, se raffermit, la conscience se reprend[27]. » Face à une réalité qui dépasse l'entendement, tout en étant une création délibérée de l'homme, les phrases se brisent comme des coquilles de noix et balbutient une dérision de sens qui montre une direction en se voilant les yeux, non par abomination du voir, mais parce que pour nommer cette abomination le langage manque encore.

Et puis, avec le temps qui passe et les hommes qui meurent, une autre épreuve surgit qui emporte même la bonne volonté, celle pour les survivants de témoigner face à des générations qui n'ont pas connu l'horreur sous leurs murs ou dans leur chair et écoutent avec compassion mais sans pouvoir tout à fait comprendre. Autre combat à l'intérieur du silence afin de poursuivre malgré tout le témoignage pour que l'histoire ne se répète pas. La distance et les difficultés actuelles brouillent l'événement. Primo Levi note avec tristesse comment la communication devient difficile au fil du temps. « L'expérience dont nous sommes dépositaires, nous, les survivants des Lager nazis, est étrangère aux nouvelles générations de l'Occident, et elle le devient de plus en plus au fil des années. Pour les jeunes des années 1950 et 1960, c'étaient les affaires de leurs pères, on en parlait en famille, les souvenirs conservaient encore la fraîcheur des choses vues. » Les générations contemporaines sont loin des événements, elles sont submergées par d'autres soucis qui les frappent au quotidien. « Il nous est de plus en plus difficile de parler avec les jeunes. Cela nous apparaît comme un devoir, et, en même temps, comme un risque : le risque de leur apparaître comme anachroniques, de ne pas être écoutés. Il faut que nous le soyons : au-delà de nos expériences individuelles, nous avons été collectivement les témoins d'un événement essentiel et imprévu, essentiel parce que, justement, imprévu, que personne n'avait prévu... C'est arrivé, cela peut donc arriver de nouveau : tel est le noyau de ce que nous avons à dire[28]. »

---

27. *L'Espèce humaine*, op. cit., p. 302.
28. *Les Naufragés et les rescapés*, op. cit., p. 196.

Le pire dans l'expérience de l'indicible est de rencontrer un jour l'oubli ou l'indifférence, formes radicales de disqualification du sens. Primo Levi raconte ainsi une expérience accablante dans une classe où un élève demande à l'écrivain pourquoi personne ne s'est échappé d'Auschwitz. Primo Levi explique. L'élève, peu convaincu, fait un plan au tableau en lui demandant d'indiquer l'emplacement des gardiens, la présence des barbelés, etc., et lui expose de quelle manière il était possible de s'échapper. Comme Primo Levi est toujours aussi dubitatif, l'élève lui dit, avec aplomb : « Si cela devait vous arriver une autre fois, faites comme je vous l'ai dit, vous verrez que ça réussira[29]. »

DAVID LE BRETON
Université Marc Bloch, Strasbourg II

---

29. *Ibid.*, p. 154.

Littérature, science et savoir à Auschwitz

« Que nous le voulions ou non, nous sommes des témoins et nous en portons le poids. » C'est ce que m'écrivait Primo Levi dans l'une de ses premières lettres après nos retrouvailles, en avril 1946. C'est donc en tant que témoin que je vais essayer de montrer ce qu'ont apporté, à Auschwitz, savoir et littérature.

Mon expérience, ma vie au camp, ma survie sont singulières comme celles de tous mes camarades : elles dépendent – si peu en vérité – de notre volonté, mais surtout des hasards et des chances, le plus souvent ignorés, sans lesquels aucun de nous ne serait revenu. Ce témoignage risque d'être mal interprété. Les journées et les nuits à Auschwitz étaient terribles : la faim, la soif, la promiscuité, les coups, la mort qui rôdait à chaque instant, la perte d'identité, la déchéance physique, l'avenir réduit à l'instant présent. Relisez Primo et vous verrez que la culture, à Auschwitz, ne représentait qu'une infime parenthèse pour un très petit nombre de déportés.

J'ai fait mes études de pharmacie de 1940 à 1943 à Toulouse ; la vie estudiantine en ces années de guerre était inexistante, ce qui m'a laissé tout loisir pour préparer, parallèlement à la pharmacie, une licence de science (certificats de botanique, mathématiques générales et chimie générale), les deux derniers m'ont été très utiles à Auschwitz. J'ai été arrêté dans un petit village du Lot-et-Garonne par la Gestapo d'Agen le 2 mars 1944, sans aucun doute suite à une dénonciation pour faits de Résistance de mes oncles. Prison d'Agen, puis de Toulouse,

71

enfin Drancy. Nous sommes partis de Drancy le 27 mars 1944 par le convoi n° 70 en direction de l'Est, ignorant tout du sort qui nous attendait. Du groupe familial de six hommes dont je faisais partie, mon père, mon jeune frère Pierrot à peine âgé de dix-sept ans, mes trois oncles, je retournai seul, libéré le 11 avril 1945 à Buchenwald. Les deux femmes du groupe, ma mère et une cousine, sont rentrées toutes deux.

Permettez-moi ici d'évoquer la mémoire des miens et celle du million de juifs, tsiganes, résistants, homosexuels assassinés en Haute-Silésie. Des 76 000 juifs déportés de Drancy, de mars 1942 à juillet 1944, seuls 2 250 sont rentrés en 1945, quelques centaines survivent aujourd'hui.

Je ne vous décrirai ni notre voyage de trois jours en wagon à bestiaux, ni notre stupéfaction à l'arrivée, la sélection par Mengele de plus de la moitié des 1 050 déportés de notre convoi directement envoyés à la chambre à gaz, notre dépouillement de toutes nos affaires personnelles, y compris de notre nom et notre identité, son remplacement par ce numéro 176 397 tatoué sur mon bras, qui me rappelle chaque jour ces quatorze mois d'horreur, mais aussi d'espoir en l'homme.

La nuit même de mon arrivée à Monowitz, j'ai connu ma première chance (mais ce n'est que bien plus tard que je m'en suis rendu compte) : le jeune secrétaire, déporté français, m'a demandé mon métier ; il m'a conseillé de m'inscrire non comme étudiant en pharmacie, mais comme chimiste. Ce n'est qu'après de longues semaines de travail harassant au *Holzplatz*, à porter à quinze ou vingt d'immenses troncs d'arbres, Kommando où personne ne survivait plus de deux à trois mois, que j'ai pu enfin entrer au Kommando 98, celui de chimie.

Les mathématiques ont été pour moi, et quelques rares camarades, d'un grand secours. J'ai rencontré par hasard un garçon de mon âge, qui se rappelait le problème de l'examen d'entrée à Centrale de 1943. Il en a retrouvé l'énoncé et nous avons fini par le résoudre, sans papier ni crayon. Peu après, j'ai fait la connaissance de Jacques Feldbau, un jeune mathématicien strasbourgeois, élève de Cartan, devenu infirmier au K.B. (*Krankenbau*, l'infirmerie), grâce au professeur Waitz qui le

sauva d'une mort certaine dans le terrible Kommando de transport, où sa taille et sa force l'avaient conduit. Jacques, âgé
de trente ans, champion universitaire de natation, auteur d'un
théorème sur les structures fibrées de la sphère signé du nom
de Jacques Laboureur en avril 1942, était un homme exceptionnel. Quand je n'étais pas trop fatigué, j'allais le voir à
l'infirmerie où il m'enseignait. Il mit par écrit une cinquantaine
de pages sur la topologie, sujet quasi inconnu à cette époque.
J'ai emmené ce précieux cahier jusqu'à Buchenwald, où il fut
brûlé avec mes pauvres haillons ; j'ajoute que cet écrit ne fut
réalisable que parce que l'infirmerie disposait de feuilles de
température et de crayons. Nous réussîmes même, en nous pri-
vant sur nos maigres rations, à faire acheter, par un ouvrier
allemand, un ouvrage imprimé à Leipzig sur les équations aux
dérivées partielles du second degré. La première nuit de notre
« marche de la mort » en janvier 1945, nous fîmes quarante-
deux kilomètres à pied, par moins vingt-cinq degrés, à peine
habillés, chaussés de galoches en bois, sur vingt centimètres de
neige, nous tenant par les bras, cinq par cinq, pour ne pas
lâcher le misérable convoi : quitter la colonne signifiait une
balle dans la nuque par les SS qui nous encadraient.

Jamais aucun de nous n'oubliera le claquement sinistre de
ces coups de revolver dans la nuit claire et froide, jamais personne ne connaîtra la limite des possibilités humaines : faire
soixante-sept kilomètres à pied, en moins de deux jours, avec
un repos de quatre heures, squelettiques, affamés, sans avenir,
semble inexplicable. Jacques était à mes côtés, toute la nuit il
m'expliqua le grand théorème de Fermat, énoncé en 1640 et
très partiellement démontré trois siècles plus tard. Sa solution
définitive a été énoncée à Princeton par le mathématicien
anglais Andy Wiles, en 1995. Nous fûmes hélas séparés le
lendemain matin et j'appris les circonstances de sa mort à
Ganacker, en Bavière, à peine trois semaines avant la Libération, plus de quarante ans après ces événements, par le récit
de Pierre Frances-Rousseau, *Intact aux yeux du monde*, publié
en 1987.

Je dois beaucoup à cette occupation intellectuelle qui m'a

permis d'oublier un peu la faim, l'anxiété du lendemain, les vexations, les coups. Jamais je n'ai retrouvé l'ouverture d'esprit que j'avais à Monowitz et qui m'a permis d'atteindre un niveau de mathématiques qui me paraît aujourd'hui inaccessible. À mon retour à Strasbourg, j'ai rencontré les collègues de Jacques, les professeurs Ehresmann et Lichnerowitz, qui étaient prêts à faire effectuer des fouilles à Monowitz, si je pensais que Jacques avait pu enterrer des documents précieux.

Ce sont aussi les mathématiques qui ont créé un lien privilégié avec un homme de cinquante-six ans qui aurait largement pu être mon père, Raymond Berr, P-DG de Kuhlmann, déporté avec son épouse et sa plus jeune fille dans mon convoi. Aucun des trois ne survécut. Pendant quelques semaines, je lui proposais chaque matin un petit problème de calcul différentiel, qu'il essayait de résoudre dans le labo où les chimistes de l'IG Farben l'avaient isolé de notre Kommando. Il disparut un jour de septembre 1944 et ce n'est qu'à l'occasion d'une soirée consacrée par Tsvetan Todorov à Primo Levi que j'ai retrouvé sa petite-fille, puis, le lendemain, le reste de sa famille (c'était en 1989, je crois). Quelle émotion et quelle joie pour moi et pour tous les siens. C'est là que j'appris quel homme extraordinaire j'avais eu la chance de côtoyer : vous savez bien qu'à Auschwitz, on ne se confiait guère, c'était trop douloureux. Je voudrais simplement ajouter qu'un prix Raymond Berr a été créé et que l'un de ses lauréats se trouve dans la salle, cher monsieur Jean-Marie Lehn, le cercle se referme après tant d'années.

Enfin, j'en viens à mon ami Primo que j'ai rencontré au printemps 1944 dans ce Kommando 98. Comme lui, j'ai passé l'examen devant le docteur Pannwitz, sans succès évidemment. Comme lui, j'ai porté, pendant des journées qui n'en finissaient pas, des sacs de soixante à soixante-dix kilogrammes de chlorure de magnésium ou de bêta naphtylamine, comme lui j'ai vu notre kapo tuer à coups de barre de fer notre camarade pharmacien marseillais, Crémieux, qui ne pouvait plus se relever, sous les applaudissements du SS qui nous surveillait : image gravée au plus profond de ma mémoire.

74

J'ai vraiment fait la connaissance de Primo un jour de survol allié, en mai 1944. Nous nous sommes retrouvés seuls tous les deux, dans un petit abri du chantier de la Buna, n'ayant pas droit, évidemment, au bunker réservé aux Allemands. Pendant un long moment nous avons parlé de sujets inhabituels au camp : de nos familles, nos mères, nos maisons, nos études, nos goûts communs. C'était une belle journée de printemps sans kapos, sans SS, sans *Meister* allemand à l'horizon, moment extraordinaire de répit, dans la lutte acharnée de tous les instants pour la survie. Aujourd'hui encore, je revis cette scène lumineuse avec grande émotion.

Entre-temps, je suis devenu Pikolo, par hasard, comme souvent. Notre kapo a demandé un matin si quelqu'un savait laver et repasser, comprenant et parlant l'allemand (c'était aussi un grand avantage au camp) ; j'ai levé la main. Mis à l'épreuve, j'ai réussi après de nombreux essais à faire des plis de pantalon corrects et suis donc devenu, pour quelques mois, son Pikolo. Une des charges (ou plutôt des privilèges) me permettait de choisir mon accompagnateur pour la corvée de soupe. Il devait être agréé par le kapo. J'ai donc demandé un jour à Primo de venir avec moi et de profiter de l'occasion pour me donner ma première leçon d'italien. Et ma proposition et son choix du « Chant d'Ulysse » sont demeurés pour tous deux une énigme. Sans doute connaissez-vous cet épisode ; permettez-moi d'en lire un passage.

« – J'y suis, attention Pikolo, ouvre grands tes oreilles et ton esprit, j'ai besoin que tu comprennes : "Considérez quelle est votre origine : vous n'avez pas été faits pour vivre comme brutes, mais pour ensuivre et science et vertu."

« Et c'est comme si moi aussi j'entendais ces paroles pour la première fois : comme une sonnerie de trompettes, comme la voix de Dieu. L'espace d'un instant, j'ai oublié qui je suis et où je suis.

« Pikolo me prie de répéter. Il est bon, Pikolo, il s'est rendu compte qu'il est en train de me faire du bien. À moins que, peut-être, il n'y ait autre chose : peut-être que, malgré la traduction plate et le commentaire sommaire et hâtif, il a reçu le message, il a senti que ces paroles le concernent, qu'elles concernent tous les hommes qui souffrent, et nous en particulier ; qu'elles nous concernent nous deux, qui osons nous arrêter à ces choses-là avec les bâtons de la corvée de soupe sur les épaules [1]. »

Et un peu plus loin :

« Je retiens Pikolo : il est absolument nécessaire et urgent qu'il écoute, qu'il comprenne ce *come altrui piacque* avant qu'il ne soit trop tard ; demain, lui ou moi, nous pouvons être morts, ou ne plus jamais nous revoir ; il faut que je lui dise, que je lui parle du Moyen Âge, de cet anachronisme si humain, si nécessaire et pourtant si inattendu, et d'autre chose encore, de quelque chose de gigantesque que je viens d'entrevoir à l'instant seulement, en une fulgurante intuition, et qui contient peut-être l'explication de notre destin, de notre présence ici aujourd'hui [2]... »

Dans *Les Naufragés et les rescapés. Quarante ans après Auschwitz*, Primo nous fait part de ses réflexions sur les inconvénients et les avantages de la culture à Auschwitz. Je cite :

« Quant à moi, la culture m'a été utile : pas toujours, parfois, peut-être, par des voies souterraines et imprévues, mais elle m'a servi et m'a peut-être sauvé. Je relis après quarante ans, dans *Si c'est un homme*, le chapitre intitulé "Le chant d'Ulysse" : c'est un des rares épisodes dont j'ai pu vérifier l'authenticité (c'est une opération qui rassure : après un certain temps, je l'ai dit au chapitre premier, on peut douter de sa propre mémoire), parce que mon interlocuteur compte parmi les rares personnages du livre qui ont survécu. Nous sommes demeurés amis, nous nous sommes rencontrés plusieurs fois et ses souvenirs coïncident avec les miens : il se rappelle cette conversation, mais, pour ainsi dire, sans accents, ou avec des

---

1. *Si c'est un homme*, Paris, Julliard, 1987, p. 149.
2. *Ibid.*, p. 151.

accents placés ailleurs. Lui, alors, ne s'intéressait pas à Dante, ce qui l'intéressait c'était moi, dans mon effort naïf et présomptueux pour lui transmettre Dante, ma langue et mes confuses réminiscences scolaires dans une demi-heure de temps et avec les bâtons de la marmite de soupe sur les épaules.

« Eh bien, là où j'ai écrit : "Je donnerais la soupe d'aujourd'hui pour pouvoir faire la jonction entre *non ne avevo alcuna* et la fin", je ne mentais pas et je n'exagérais pas non plus. J'aurais vraiment donné du pain et de la soupe, autant dire du sang, pour arracher au néant ces souvenirs qu'aujourd'hui, avec le support infaillible du papier imprimé, je puis rafraîchir quand je le veux et gratuitement, et qui, pour cette raison, me semblent de peu de valeur.

« En ce temps et en ce lieu, ils en avaient beaucoup. Ils me permettaient de rétablir un lien avec le passé, en le sauvant de l'oubli et en fortifiant mon identité. Ils me convainquaient que mon esprit, bien que pris dans la tenaille des nécessités quotidiennes, n'avait pas cessé de fonctionner. Ils me promouvaient à mes yeux et à ceux de mon interlocuteur. Ils m'accordaient des vacances éphémères, mais non hébétées – source de liberté et de différence : bref, une façon de me retrouver moi-même[3]. »

Ceux qui ont lu *Fahrenheit 451* de Ray Bradbury ont pu se représenter ce que signifierait cette hypothèse : être contraints de vivre dans un monde sans livres, et quelle valeur y prendrait la mémoire des livres. Pour moi, le Lager a été aussi cela ; avant et après « Ulysse », je me souviens d'avoir obsédé mes camarades italiens afin qu'ils m'aident à récupérer tel ou tel lambeau de mon monde d'hier, sans en tirer grand-chose et même en lisant dans leurs yeux l'ennui et le soupçon : qu'est-ce qu'il cherche, celui-là, avec Leopardi et le nombre

---

3. *Les Naufragés et les rescapés*, Paris, Gallimard, coll. « Arcades », 1989, p. 136-137.

d'Avogadro ? Est-ce que la faim n'est pas en train de le rendre fou ?

J'aimerais enfin vous lire quelques lignes extraites d'une de ses lettres du 24 mai 1946 :

« À bien y regarder, l'amitié qui nous lie est quelque chose d'étonnant et d'unique. Nous nous sommes connus dans des circonstances particulières, à peu près dans la condition la plus misérable où on pourrait jeter un homme, nous nous sommes trouvés associés dans la lutte contre la *Vernichtung* (je traduis, l'anéantissement), non seulement matérielle mais surtout spirituelle par le Lager ; nous avons été sauvés par le hasard, par deux processus extrêmement improbables, et nous sommes retrouvés au-delà de tout espoir. Avec ça, nous ne savons pratiquement rien l'un de l'autre, ce qui rend particulièrement amusant et émouvant de s'écrire et de se lire.

« Comme il serait plutôt gênant et inconfortable de te décrire *per extenso* qui est Monsieur Primo Levi, je t'envoie trois poésies et l'un des contes que j'ai écrits, en échantillon de moi-même. Ce n'est pas des meilleurs, mais je t'envoie celui-ci parce qu'il est question de toi. Je l'ai écrit quand j'étais loin de soupçonner que tu étais en vie et je n'y ai changé aucun mot : je te demande pardon des inexactitudes et de tout ce qui pourrait, de quelque façon, te choquer. »

Et en post-scriptum : « Tu serais bien gentil de me signaler mes fautes de français. » Note typique de la simplicité et de l'humilité de Primo.

Je voudrais conclure par une question posée à mon épouse par Laurent, le plus jeune de nos petits-fils (huit ans) : « Pourquoi Papi est-il revenu, lui ? » Question lancinante pour nous tous, sans réponse et toujours présente. Jouets entre les mains des tout-puissants, nous avons essayé, le plus souvent inconsciemment, d'échapper au sort commun, sans stratégie particulière.

Seuls comptaient le hasard et la chance et surtout les amitiés fidèles dans les moments de désespoir, amitiés précieuses, amitiés sans commune mesure avec celles du monde normal. C'est ce message d'optimisme, de foi en l'homme que j'aimerais transmettre à Laurent, aux miens et si possible à vous tous qui m'avez prêté attention.

JEAN SAMUEL
Compagnon de Primo Levi

II

Science, texte et langage

L'usage littéraire de la métaphore scientifique
chez Primo Levi

Avec un tel titre, on se doutera que j'évoquerai en priorité *Le Système périodique*. Dans ce livre qui devait consacrer Primo Levi comme écrivain aux États-Unis où Philip Roth et Saul Bellow le saluèrent, Primo renouait avec un projet littéraire, le premier qu'il ait eu, le premier qui ait marqué sa vocation d'écrivain : le roman du carbone, dont quelques esquisses figurent à la fin du livre, dans le chapitre précisément intitulé « Carbone » et qui non seulement clôt le livre, mais ferme la boucle, puisque est décrit l'acte même d'écrire et d'écrire un mot *questo* qui est dans le titre de son premier livre : *Se questo è un uomo*.

Les écrivains qui exercent un métier ayant trait à la science, exacte ou appliquée, ne sont pas rares ; particulièrement en Italie : ingénieurs (Gadda, Paolo Barbaro), médecins (Giuseppe Bonaviri, Mario Tobino), mathématicien (Sinisgalli). Et tant d'autres. Architectes, agronomes, physiciens.

Mais le cas de Primo Levi est singulier, parce qu'il n'a cessé de mettre en rapport, dans des interviews, dans des textes théoriques et critiques et dans ses livres, son activité de chimiste et son activité d'écrivain. D'une manière tantôt directe et franche, et tantôt oblique et métaphorique.

Dans ses récits directement autobiographiques, *Si c'est un homme, La Trêve, Les Naufragés et les rescapés*, il pose le problème, en plusieurs endroits, de la rationalité et de la clarté. De l'exigence de clarté qu'implique pour lui le rapport à la littérature. Une célèbre polémique l'opposa, non sans malentendus à ce propos, à l'écrivain et critique Giorgio Manganelli. Il ne faut pas caricaturer l'idée que Levi se faisait d'une littérature « claire ». Car, lui, précisément, plus que tout autre, savait les limites de la littérature, l'opacité fondamentale de la réalité et les difficultés que rencontrent les mots pour en rendre compte.

Primo Levi écrivait : « À mon avis, on ne devrait pas écrire d'une manière obscure, parce qu'un écrit a d'autant plus de valeur et d'autant plus d'espoir de diffusion et de pérennité qu'il est mieux compris et qu'il se prête moins à des interprétations équivoques. » Il ajoute toutefois, en recourant à la psychanalyse, c'est-à-dire à la présence d'un inconscient, « d'un frère muet et sans visage, qui pourtant est coresponsable de nos actions et donc aussi de nos pages ». Mais, même en imaginant un « lecteur parfait », on ne pourra donc jamais parvenir à cette transparence. Cela ne signifie pas pour autant que « le chaos de la page écrite soit le meilleur symbole du chaos ultime auquel nous sommes voués ».

Il ne faut donc pas simplifier la pensée de Primo Levi qui savait parfaitement que cette univocité ne pouvait exister. Il le dit dans la nouvelle *Décodage* de *Lilith* : « Tout homme qui écrit, même si c'est sur les murs, écrit dans un code qui n'appartient qu'à lui, et que les autres ne connaissent pas ; et même tout homme qui parle. Communiquer clairement, exprimer, s'exprimer et se rendre explicite est le fait d'un petit nombre : quelques-uns pourraient et ne veulent pas, d'autres voudraient et ne savent pas, la plupart ne veulent ni ne savent. »

Du reste, dans *La Recherche des racines*, Primo Levi, pour présenter le poète Celan, écrivait : « Écrire est une façon de transmettre : que dire si le message est chiffré et que personne n'en connaît la clé ? On peut répondre que transmettre ce message donné, et, de cette façon spécifique, était nécessaire à l'auteur, même s'il devait être inutile au reste du monde. »

Comme tous les anciens détenus, il était hanté par l'angoisse de n'être pas entendu. Il le dit à la fin de *La Trêve*, il le dit dans ses poèmes et surtout il l'a vécu à travers les vicissitudes de son manuscrit qui dut surmonter tant d'obstacles, d'abord pour être lu, puis pour être édité, puis pour rencontrer un large public, pour être véritablement diffusé, pour acquérir un statut non seulement de crédibilité de témoignage, mais de valeur littéraire. Le chemin avait été long, parce que la littérature n'impose pas immédiatement sa voix.

Or curieusement, lui-même, Primo Levi fit de la littérature des usages divers, puisque son œuvre ne comporte pas uniquement des témoignages et des essais sur la Shoah, mais contient aussi des ouvrages poétiques, métaphoriques et fantastiques.

Lorsqu'il écrit *Le Système périodique*, Primo Levi revient donc sur son premier projet du roman du carbone, mais surtout décide de raconter sa vie avec pour fil conducteur le tableau de Mendeleïev. Il n'utilise pas les éléments chimiques d'une façon uniforme. Certains éléments qui donnent leur titre aux chapitres figurent effectivement dans le récit qui suit et apparaissent comme tels, le plus souvent, comme par exemple pour la description d'une expérience (c'est le cas de l'hydrogène). D'autres, comme le plomb, sont un simple prétexte pour une nouvelle ; d'autres encore comme le carbone, le zinc ou le fer sont convoqués à titre symbolique, l'écrivain retenant un aspect de l'élément qui permet d'évoquer un événement, une rencontre ou un épisode de sa vie particulièrement marquants.

Mais l'essentiel du livre tient dans sa réflexion sur le pouvoir et les limites de l'écriture. C'est dans le chapitre intitulé « Chrome » que Primo Levi analyse, à partir d'un travail qu'il fit sur la décomposition de la peinture, après la guerre, donc après sa détention et alors qu'il se trouvait dans un état de profond découragement, le lien entre la chimie et la littérature. Il raconte comment cela coïncida avec sa rencontre de celle qui allait devenir sa femme. Il écrit :

« Mon écriture même devint une aventure différente, non plus l'itinéraire douloureux d'un convalescent, non plus le fait de quêter la compassion et des visages amis, mais une construction lucide qui désormais ne serait plus solitaire : une œuvre de chimiste qui pèse et divise, mesure et juge sur des preuves certaines, et s'emploie à répondre aux pourquoi. À côté du soulagement libérateur qui est propre au rescapé qui raconte, j'éprouvais à écrire un plaisir maintenant complexe, intense et nouveau, semblable à celui que j'avais éprouvé dans mes études à pénétrer l'ordre solennel du calcul différentiel. Il était exaltant de chercher et de trouver, ou de créer, le mot juste, c'est-à-dire évalué, bref, fort ; puiser les choses dans le souvenir et les décrire avec la plus grande rigueur et le moins d'obstacles. Paradoxalement, mon bagage de souvenirs atroces devenait une richesse, une semence. J'avais l'impression de pousser comme une plante [1]. »

C'est-à-dire que Levi retrouve alors son optimisme d'étudiant, quand il avait décidé de faire des études pour comprendre la matière, la *hylê*, comme il la nomme étymologiquement à plusieurs reprises au cours du livre, notamment dans le chapitre « Zinc », où il compare son émotion à celle d'un adolescent lors de la barmitsvah : « L'heure est au rendez-vous avec la Matière, la grande antagoniste de l'Esprit : la Hylê [2]. » Cette matière est aussi un ennemi, parce qu'elle est précisément le contraire de l'humanité, de la spiritualité, elle est privée d'âme.

Il raconte, dans le chapitre intitulé « Hydrogène », comment il avait avec son métier de chimiste un rapport quasi mystique : « Pour moi la chimie représentait une nuée indéfinie de puissances futures, qui enveloppait mon avenir dans de noires volutes déchirées de lueurs enflammées, semblables à celles que cachait le mont Sinaï [3]. » Il veut, dit-il plus loin dans le même chapitre, trouver un raccourci pour tout comprendre et, en faisant devant son ami Enrico une expérience d'électrolyse, son bonheur vient du fait que ce qui se produit sous leurs yeux est résumé dans une formule qui est exacte, qui est la reproduction même de la réalité.

---

1. *Il sistema periodico*, dans *Opere, op. cit.*, t. I.
2. *Ibid.*
3. *Ibid.*

Mais précisément la littérature va démentir cet optimisme. Parce qu'il y a une réalité qui va se dérober à cette transcription transparente. Cette réalité, c'est bien entendu non pas le Lager lui-même, mais ce qui a rendu possible la Shoah, non pas l'événement même de la mort, mais la souffrance devant la mort. L'un des plus beaux chapitres du livre, le « Fer », où il évoque son amitié pour Sandro qui lui donna le goût de l'alpinisme et qui mourut victime des émissaires de la république de Salò, se termine sur cette triste constatation : « Aujourd'hui, je sais que c'est une entreprise sans espoir que de revêtir un homme de mots, de le faire vivre dans une page écrite : un homme comme Sandro en l'occurrence. Ce n'était pas un homme que l'on pouvait raconter ou pour lequel on pouvait dresser un monument, lui qui riait des monuments : il tenait tout entier dans l'action et quand ses actions sont terminées, il ne reste rien ; rien que des paroles, justement [4]. »

Mais le chapitre que cette thèse pessimiste achève dit, au fond, le contraire. Car Primo Levi y raconte qu'il avait le sentiment en tant que chimiste et en tant que juif d'avoir affaire à une matière d'une « passivité sournoise ». Il vient de perdre sa foi en la capacité rationnelle de l'homme, au moment même où surgissent les lois raciales. C'est Sandro qui va lui faire comprendre sa naïveté positiviste. « Sandro fut stupéfait quand je tentais de lui expliquer quelques-unes des idées qu'à cette époque je cultivais confusément. Que la noblesse de l'Homme, acquise en cent siècles de preuves et d'erreurs, avait consisté à se rendre maître de la matière, et que je m'étais inscrit en chimie parce que je voulais me maintenir fidèle à cette noblesse. Que vaincre la matière est la comprendre, et comprendre la matière est nécessaire pour comprendre l'univers et nous-mêmes : et que donc le système périodique de Mendeleïev, que justement, ces semaines-là, nous apprenions laborieusement à élucider, était une poésie, plus élevée

---

4. *Ibid.*

et plus solennelle que toutes les poésies dirigées au lycée : à bien réfléchir, il avait même des rimes[5] ! »

Or Sandro, dans la montagne, lui apprend à regarder le monde. Et c'est probablement dans ce chapitre que se dessine le plus nettement la contradiction de Primo Levi, au moment où, désireux de certitudes, seraient-elles scientifiques et non pas politiques et humaines, il voit toutes les idées de certitude l'abandonner dans la mort même de son ami.

Il le dit nettement dans le chapitre suivant, « Potassium » : « Un clou s'enfonce ou ne s'enfonce pas. Une corde résiste ou craque : c'était aussi des sources de certitude. La chimie, pour moi, avait cessé d'en être une. Elle conduisait au cœur de la matière, et la Matière était notre alliée, précisément parce que l'Esprit, cher au fascisme, était notre ennemi[6]. »

Dans le même chapitre, il raconte comment celui qu'il appelle l'Assistant, un astrophysicien qui lui donne du travail malgré l'interdit fasciste, soutient que la physique même n'atteint que des « futilités marginales » : « Elle s'assignait la tâche de donner une norme à l'univers des apparences, alors que la vérité, la réalité, l'intime essence des choses et de l'homme résident ailleurs, cachées derrière un voile, ou sept voiles. » Il précise un peu plus loin ce qu'est la Réalité : « Les Allemands détruisaient Belgrade, mettaient en pièces la résistance grecque, envahissaient la Crète par les airs : c'était cela le Vrai, c'était cela la Réalité. Il n'y avait pas d'échappatoire, en tout cas pas pour moi[7]. »

Il s'ensuit un relativisme qui va colorer non seulement son livre, mais tout son rapport au monde. Curieusement, Primo Levi a deux références littéraires récurrentes dans *Le Système périodique*, celles de deux idéalistes, Astolphe du *Roland furieux* et Achab de *Moby Dick*. Un fou tenté de quitter la terre pour perdre la raison dans la lune et un obstiné qui ne renonce pas à chasser sa proie, fût-ce au prix de sa vie.

---

5. *Ibid.*
6. *Ibid.*
7. *Ibid.*

Le dernier chapitre est l'aveu d'un échec. Il résume son livre comme « la microhistoire d'un métier et de ses défaites », le « métier de revêtir les faits avec des mots défaillants par sa propre essence ».

Et l'écriture ? Réduite à un minuscule jeu gigantesque jamais décrit.

Chimiste, Levi avait en la rationalité une certaine foi. Il estimait que les instruments de la raison n'étaient pas contradictoires avec la faculté poétique ni avec l'intention polémique.

L'expérience de la captivité n'a jamais légitimé Primo Levi à ses propres yeux comme écrivain. Il a répondu à une pulsion intérieure irrésistible : témoigner. Il a parfois plaisanté sur ce deuxième métier que lui avait offert Auschwitz : chimiste devenu écrivain. À vrai dire, quoi qu'il en dise, il est certain que Levi était déjà écrivain avant Auschwitz. Il avait déjà un rapport profondément poétique et littéraire au monde. « Le moment venu, quand j'ai eu besoin d'écrire ce livre [*Si c'est un homme*], quand j'ai vraiment eu un besoin pathologique de l'écrire, j'ai trouvé en moi tout un "programme". C'était cette littérature que j'avais étudiée plus ou moins involontairement, ce Dante que j'avais dû lire au collège, les classiques italiens et ainsi de suite [8]. »

Primo Levi rappelle que son point de vue n'a pu devenir universel que parce qu'il est fondé sur une expérience étroitement circonscrite. « Je n'ai pas compris la vérité ou la réalité. J'ai simplement reconstruit un fragment, un petit fragment du monde. Dans un laboratoire d'usine, c'est déjà une grande victoire. » Même s'il a dit et redit qu'il n'avait dû sa survie qu'à sa formation de chimiste (il a travaillé comme tel dans le camp), que son témoignage était partiel et partial (« La plupart du temps, à l'instant même où il s'apprête à écrire, l'auteur choisit une part de lui-même, celle qu'il considère comme la meilleure. Dans mes livres, je me suis tour à tour représenté comme courageux ou lâche, comme prudent ou imprévoyant ; mais toujours, je crois comme un homme équilibré. [...] Je le

---

8. *Questo è un nomo*, dans *Opere, op. cit.*, t. I.

suis assez peu. Je traverse de longues périodes de déséqui-libre dues, peut-être, à mon expérience du camp de concentra-tion. J'ai trop de mal à affronter les difficultés. Et cela, je ne l'ai jamais écrit »), il a une parole totalement légitime et universelle.

Cette universalité, il s'en défie, de même qu'il met en cause sa propre légitimité. Il ne se sent jamais exempt de culpabi-lité (ne fût-ce que pour avoir accepté, précisément, de tra-vailler pour l'usine chimique qui utilisait la force de travail des déportés et donc d'avoir « pactisé » avec l'ennemi pour survivre).

On sait ses thèses sur la « zone grise », c'est-à-dire la zone de soumission inerte au pouvoir destructeur. Primo Levi est un grand écrivain, justement parce qu'il établit les limites de la littérature en matière de transparence et de jugement. La litté-rature n'est pas, ne peut pas, ne doit pas être instrumentalisée pour juger, mais au contraire doit servir de raison critique qui limite son arrogance, son autorité dans un domaine où pourtant il semblerait que l'auteur, par son expérience de victime, pour-rait définitivement juger et condamner.

RENÉ DE CECCATY
Écrivain et traducteur

Primo Levi et les métiers de science

Il y a un bonheur spécial pour nous, physiciens ou chimistes, à suivre les enquêtes du *Système périodique* – ou de *La Clé à molette*. À imaginer ces tonnes de pellicules photo qui se couvrent de mystérieuses taches blanches et deviennent inutilisables ; à voir le modeste héros lutter dans un milieu hostile, désespérer, et finalement trouver le brin du fil d'Ariane. Le brin qui, bien suivi, va tout résoudre. Chacun de nous a vécu des enquêtes de ce genre, qu'il s'agisse de procédés industriels ou d'un fait scientifique, du comportement inattendu de tel spécimen dans telle situation. L'esprit est également tendu dans les deux cas – qu'il s'agisse d'un client mécontent ou de la dure concurrence entre des chercheurs anxieux, s'épiant d'un bout à l'autre de la planète.

Mais, dans des histoires comme celle de la peinture qui se transforme en foie de veau, nous trouvons aussi des leçons. Et d'abord sur le fonctionnement industriel – par exemple sur les *traditions inébranlables* d'une firme : « Depuis vingt ans nous faisons cette peinture en ajoutant un moment l'additif X, et (parfois) plus personne ne sait pourquoi. En tout cas, personne n'ose remettre en cause le procédé. »

Je visitais, il y a quelques années, une vaste usine où s'élaborent les pellicules photographiques (hélas en couleur) de notre temps. Il s'agit de déposer toute une série de couches successives, dont chacune captera une forme de lumière, et (ou) la fixera par une migration savante vers un récepteur chimique.

Le film défile à grande vitesse dans une longue série de bains. L'ensemble de l'opération ne tiendrait pas dans cette pièce. Et le tout est terriblement compliqué. Notre petit groupe de visiteurs, prié d'émettre des commentaires sur le procédé, réagit assez rapidement en proposant des solutions modifiées pour telle ou telle étape de la cascade. On nous répondit ainsi qu'il était hors de question de modifier l'étape 12, même si la modification s'avérait effectivement bénéfique, car ce changement remettrait en cause toute la suite de la séquence. Et nous sentions bien que cette tradition inébranlable était justifiée d'un point de vue immédiat. Mais qu'à long terme elle signifiait une faiblesse redoutable. Qu'un de ces jours, une jeune firme asiatique, cherchant à percer sur ce marché, repenserait tout le procédé et injecterait (parmi d'autres) les modifications auxquelles nous pensions. Bref, qu'un jour, peut-être prochain, la tradition mènerait à une catastrophe.

Il y a aussi, dans *La Clé à molette* ou dans *Le Système périodique*, une admirable « perception de l'angoisse ». Lanza qui arrive le soir, sur son vélo, pour mener toute la nuit une délicate réaction de synthèse sur des volumes importants. Il faut injecter, avec mille précautions, des produits successifs, en maintenant des conditions exigeantes de température, de pression, de fluidité... Telle erreur peut conduire à un bloc de pierre qu'il faudra extraire catastrophiquement au marteau-piqueur. Telle autre finira par une fuite d'un gaz toxique, telle autre par une explosion.

Lanza, lui, mène méthodiquement son affaire, il connaît admirablement son réacteur, et tout va bien, jusqu'à un moment proche de l'aurore, où les signaux de pression deviennent aberrants. Tout s'égare, et les contre-mesures sont sans effet. Minute de vérité : Lanza sait qu'il peut y laisser sa vie – et qu'il a encore le temps de s'enfuir. Mais il traverse son angoisse, il réfléchit, et il trouve enfin la parade. Le voilà au petit matin, qui repart sans fanfare. Bien des ingénieurs chimistes ont fini par me raconter (dans un moment de détente ou de lassitude) des histoires tendues de ce genre.

Primo Levi est un extraordinaire illustrateur des vertus : du courage, de la patience, et aussi du *sens de l'observation*. Dans l'histoire des « anchois », une production de peinture est paralysée par un défaut insaisissable ; après des mois d'inquiétude, le héros repère cette femme de ménage et son chiffon d'où s'envolent des fils imperceptibles de coton, responsables de tout.

J'ai passé beaucoup de temps, il y a quelques années, avec des lycéens et avec leurs maîtres pour trouver quelques moyens de faire renaître le goût de l'observation chez les jeunes – par exemple par des balades botaniques, géologiques : une chasse aux fossiles vaut souvent mieux qu'un long discours. Je crois qu'il est bon de savoir repérer tel insecte dans une forêt, de savoir le prendre (sans dommage), le rapporter et le dessiner sous la loupe, en grand détail. Tout ce que Primo Levi a écrit sur les prodiges de la main me va droit au cœur.

Je me suis fait, sans le connaître, une certaine idée de lui en tant qu'homme. Je l'imagine peu bavard, et doué de ce talent important qui est de savoir écouter – comme il écoute Faussone dans les solitudes de la Russie. J'aurais infiniment aimé le rencontrer. Chacun de nous a, me semble-t-il, un cercle des amis de l'au-delà, des amis qu'il n'a pas connus, mais dont il se sent extraordinairement proche. Dans mon petit cercle, il y aurait un historien de passion, Michelet. Il y aurait aussi un grand théoricien de notre temps, Richard Feynman, que je n'ai jamais vu, mais qui m'a ouvert les yeux, par certains textes, quand j'avais vingt et un ans. Et il y aurait des conteurs comme Jean Giono, habitant les Alpes du Sud, où j'ai grandi pendant la guerre. Avec Primo, autre conteur, nous aurions parlé au coin d'un feu et échangé des histoires. Comme celle (que je tiens d'un collègue anglais) de cette fabrique de détergents – quelque part au sud de l'Angleterre – dont les produits, tout à coup, deviennent irréguliers et imprévisibles. Après des mois d'enquête, on tombe sur une découverte stupéfiante : la qualité du surfactant est mauvaise quand il est fabriqué un jour de pleine lune ! À notre époque, où prolifèrent les sectes et la foi dans le « paranormal », vous imaginez ce que cette observation aurait pu susciter dans le public. En fait, le mécanisme était simple. L'usine est construite non loin de la mer. Elle pompe l'eau nécessaire à ses fabrications dans des puits, qui sont un peu connectés avec le rivage, et qui se chargent en sel au moment des grandes marées... Je crois que Primo aurait su faire quelque chose avec cette histoire.

Je lui aurais peut-être parlé aussi des explosions dans les silos – comme nous en avons eu assez récemment en Normandie – avec des conséquences souvent dramatiques. Mêmes accidents avec des ateliers où l'on stocke des poudres pharmaceutiques : la production est arrêtée, on vide soigneusement et on nettoie la chambre de stockage. Six mois plus tard, la production va reprendre, on ouvre les vannes – et l'atelier, vidé, explose. Le mécanisme, ici encore, est maintenant assez bien compris. Première remarque : les traces de poudres ultrafines qui subsistent sont présentes à de faibles concentrations, de l'ordre du gramme par litre. Mais ce sont précisément ces concentrations faibles (d'hydrogène ou d'autres produits combustibles) que notre maître utilisait au lycée avec de l'air pour faire des mélanges *tonnants* : le système est dangereux. Et l'explosion démarre par un mécanisme assez curieux. Notre poudre a été transportée par un souffle d'air dans des tubes. Or, chaque fois qu'un grain cogne la paroi du tube, il se charge électriquement – comme nos semelles de caoutchouc frottant sur une moquette. Quand nous touchons une porte après avoir marché sur la moquette, une étincelle se déclenche. C'est la même étincelle qui fait exploser les silos.

Avec Primo, j'aurais aussi aimé parler de certaines différences entre nous. Lui, quand il veut exprimer un élément difficile de son art, il représente dans son livre la formule chimique d'une molécule – un assemblage d'atomes qui reste assez abstrait. Il faut beaucoup de culture pour voir ce qu'il y a de spécial dans cet assemblage : soit la difficulté qu'il y a eu à le faire, soit les potentialités étonnantes qu'il recèle, lorsqu'il sera mis en face d'autres objets chimiques, ou d'un objet infiniment plus complexe comme notre poumon ou nos reins. Un chimiste de synthèse est très proche, dans son art, d'un

94

sculpteur. Mais sa statue n'est compréhensible qu'après des années d'étude.

Pour nous, physiciens de la matière condensée, la tâche est un peu plus facile : nous pouvons parfois résumer un phénomène compliqué par un dessin, par une image simple et accessible à tous. La recherche d'une bonne image peut prendre des années – comme pour Primo, la recherche d'un mot juste. Mais nous communiquons, par l'image, plus facilement qu'un chimiste.

Globalement, nous sommes dans le même camp, celui des constructions laborieuses, patientes. Nous envions les hommes dont les créations sont plus accessibles : un air de musique, un parfum. Mais ceci nous force d'autant plus à parler de nos métiers. Primo, lui, a réussi un extraordinaire témoignage. Puissent nos enfants le lire et faire vivre sa flamme.

PIERRE-GILLES DE GENNES
Collège de France

Le fantastique de Primo Levi

La première trace de l'activité littéraire de Primo Levi n'a pas trait à l'expérience concentrationnaire. Il s'agit de la nouvelle « Les Mnémagogues », qui inaugure les *Histoires naturelles* [1]. La rédaction – 1946, selon les mots de l'auteur – en est antérieure à la première version de *Si c'est un homme*, qu'on trouve dans l'édition De Silva de 1947. Le contenu en aurait même été conçu avant la guerre. Il serait oiseux de spéculer sur ce qu'aurait pu devenir l'œuvre de Primo Levi dans un déroulement historique différent. Mais il faut bien constater la présence d'un certain fantastique dès le début. Les éditeurs, néanmoins, en ont peu voulu. Les responsables de collection – dont Italo Calvino – ont été réticents. Les traducteurs ont été peu sollicités et les critiques ont souvent observé à cet égard un silence pudique bien en contraste avec l'admiration unanime suscitée par les autres textes. Levi lui-même, enfin, a souvent ressenti le besoin de se justifier au sujet de cette partie de son œuvre. Le fantastique de Primo Levi a du mal à assurer sa place.

Revenons aux « Mnémagogues ». Je rappelle que c'est le récit d'une visite de courtoisie faite par le jeune médecin Morandi au docteur Montesanto, vieillissant, compagnon d'études de son père, et auquel il succède comme médecin de village. Lors de cette visite, dissipée la gêne initiale due à

---

1. Primo Levi, *Histoires naturelles*, trad. fr. d'André Maugé, Paris, Gallimard, 1994.

l'obsession du vieux docteur de s'absorber dans la vision de son propre passé, Montesanto décide de communiquer à son jeune collègue ce qu'il considère comme la découverte de sa vie, donnant sens à son existence. Le docteur Montesanto a réussi à synthétiser chimiquement et à stabiliser des conglomérats très particuliers d'odeurs qui servent de stimulants à sa mémoire. Une madeleine synthétique de haute précision, en quelque sorte. Montesanto a également décidé de vivre exclusivement dans le passé. Il a consacré sa science, son présent et sa vie entière à l'art de ressusciter le passé. Lui-même précise que l'humanité ne s'en trouvera probablement pas beaucoup mieux. C'est déjà une critique où la voix du jeune Primo Levi se fait entendre. Le noyau de la nouvelle est constitué par la longue explication de sa découverte au jeune Morandi et par la série initiatique de caractérisations olfactives qu'il lui fait subir. Le jeune docteur se révèle un flaireur de classe. Mais l'initiation s'interrompt au moment où un mélange particulièrement sensuel d'odeurs et de parfums, émanant d'un flacon que Morandi avait attrapé au hasard et à l'insu presque de son interlocuteur, risque de découvrir la vie intime du docteur Montesanto, l'amour perdu. En même temps, le jeune Morandi éprouve lui-même le besoin de s'arracher au vertige de l'introspection, au philtre qui risque de l'aspirer dans cette vie vécue à rebours. Il se précipite au-dehors et se dépense, en grimpant la colline voisine, en une série d'activités physiques compensatoires. Il décide de raconter l'histoire à son ami et de ne jamais devenir comme le docteur Montesanto.

Ce récit appelle plusieurs remarques. La facture narrative est celle d'un récit bref de la tradition romantique. Le modèle pourrait être Luigi Pirandello ou Luigi Capuana pour le mélange de réalité et de fantastique, le goût pour la vie des âmes au-delà de la mort et pour la communication ultrasensorielle. On pense aussi à Guido Gozzano – turinais comme Levi – pour le culte de l'artifice et la fascination exercée par le passé. Levi aurait-il lu *À rebours* de Joris-Karl Huysmans, bible de la littérature décadente ? Des Esseintes y explore l'univers des sensations olfactives à l'aide d'espèces végétales cultivées en serre, afin d'évoquer les pays exotiques, mieux qu'en les visitant. C'est le même Des Esseintes qui, comme le voyageur baudelairien, décide de ne pas partir « réellement », puisque l'odeur de la gare lui suffit pour évoquer la sensation du départ. Un Levi bien inséré dans les *topoi* du décadentisme se profile dans ces pages.

Récit paradoxal, décidément : que fait donc cet *Ottocentismo*, ce goût *decadentista*, en effet, sous la plume d'un Primo Levi ? Pour le lecteur de 1966, le décadentisme, le passé écrasant le présent, un modèle de vie doublement vécue par procuration – les odeurs synthétiques et le transport dans le passé –, peuvent paraître assez éloignés des intérêts de l'ingénieur-chimiste-*Häftling* que nous connaissons bien. Nous lisons dans « Les Mnémagogues » les signes d'une vocation littéraire trempée aux goûts de l'époque, mais également le refus de les suivre. Le « contenu » que représente Montesanto est rejeté. Ce rejet est effectué une première fois par le jeune apprenti écrivain de la Duco-Montecatini au moment de la première rédaction des « Mnémagogues » et sanctionné par l'écrivain confirmé qu'est Primo Levi, en 1966, au moment d'accueillir cette nouvelle dans les *Histoires naturelles*. Morandi ne sera pas comme Montesanto. C'est que « Les Mnémagogues » illustrent aussi d'une autre façon les origines d'un projet littéraire.

L'histoire des « Mnémagogues » est, en d'autres mots, une parabole autobiographique, soulignant les contradictions où le jeune Primo Levi se débat. C'est un règlement de comptes avec le passé. Levi y proscrit l'obsession du passé alors qu'il se trouve, en même temps, installé par l'histoire dans une condition qui lui impose tout le poids du passé. « Les Mnémagogues », ou du bon emploi du passé. Celui qui vient de rejeter l'asservissement au passé et aux vains souvenirs souligne son geste de refus par le récit de cet épisode, fait à son ami : « Voilà, cher Giovanni, ce que je ne veux pas devenir ». Et du coup la nouvelle assume également des traits de « roman de formation » : l'épreuve est initiatique, le candidat a triomphé, le chant de Circé est repoussé, un nouveau départ s'annonce. Alors que les « suscitateurs de mémoire » du docteur Montesanto occupent entièrement le vieux médecin, le jeune Morandi fait fonctionner « muscles, poumons et cœur » en grimpant la colline. Et il souligne la solennité de la décision prise devant la bifurcation que la vie lui propose. Morandi-Levi déclare qu'il est beau d'« avoir vingt-quatre ans » et qu'à la chaleur du soleil tonifiant il se sent *lavato a nuovo*. Laissez les morts ensevelir les morts.

Il est difficile de ne pas lire ce document inaugural de la carrière d'écrivain de Primo Levi comme un texte symbole. Le premier jet de *Si c'est un homme*, les quatorze feuilles intitulées « Histoire de dix jours », comme nous le signale Marco Belpoliti, sont signées de la main de Primo Levi « février 1946 ». De là à la version finale, c'est une réflexion sur le juste emploi de la mémoire qui va guider l'écriture. Dans ce contemporain capital des « Mnémagogues » qu'est *Si c'est un homme*, mais aussi dans la reprise ultérieure des *Naufragés et des rescapés*, nous lisons non seulement le récit des souvenirs du camp mais également une vraie théorie du bon emploi de la mémoire. Celle qui était volontairement bannie du camp, parce que la moindre émotion risquait de devenir fatale, celle dont le prisonnier s'étudiait à éliminer les effets – souvenons-nous de l'image de l'aquarium pour exprimer l'étanchéité des parois –, est présentée dans « Les Mnémagogues » sous les traits d'une chimie-fiction, sous son aspect sinistre de dévoreuse de vie. Cette mémoire-là a vraiment besoin d'être exorcisée et Levi s'y applique par le biais d'un projet de nouvelle datant d'avant la guerre. L'immobilité, la vétusté de tout ce qui a trait à Montesanto est recherchée par l'auteur : la plaquette en cuivre sur sa maison, la façade décrépie, les lézards en fuite, les paperasses jaunies entassées, le fil de toile d'araignée pendant du plafond, le liquide dans les flacons au verre corrodé à cause de l'inemploi. Le bureau de Montesanto n'est pas le laboratoire d'un nouveau Faust d'où une science sinistre risque de s'évader pour répandre de nouveaux fléaux sur l'humanité. Le contraire est vrai : c'est un trou, où il ne se passe rien et d'où la vie a disparu. C'est l'antre d'un vieux sorcier qui a laissé sa mémoire engloutir et consumer sa vie. Et cette mémoire-là, pour Levi, doit être exorcisée par le récit.

Au moment où le prisonnier Levi met le pied, pour la première fois, dans le laboratoire de chimie du docteur Pannwitz, l'odeur en est immédiatement perçue comme celle qui régnait également au labo d'université à Turin. Les pages qui décrivent cette sensation sont parmi les plus fortes de *Si c'est un homme*. Au lieu d'être meurtrière pour la vie, comme les découvertes de Montesanto, l'odeur du labo du camp sera salvatrice. Est-ce un hasard, alors, si, parmi les souvenirs olfactifs, l'un des plus forts est précisément celui qui ramène Montesanto au milieu de la terreur de sa classe primaire au moment de l'épreuve de dictée, quand l'estomac se retourne dans l'attente d'être interrogé ? Le lecteur de *Si c'est un homme* ne peut rester insensible à l'analogie avec l'angoisse existentielle entourant l'examen de chimie qui ouvrira les portes salvatrices du laboratoire de Pannwitz. Mais au-delà des sensations olfactives, ce qui est véritablement en jeu ici, je crois, est la réflexion sur la gestion, la bonne gestion, de la mémoire et du temps. Et c'est à ce double titre que la nouvelle des « Mnémagogues », qui risquerait de passer comme un innocent « divertissement de science-fiction », récit de l'une ou l'autre « expérience inquiétante » – ce sont les termes de Calvino, en tant que conseiller littéraire d'Einaudi –, apparaît comme un avant-texte de *Si c'est un homme*. Sans affirmer que cette petite nouvelle contienne en puissance toute la prudente et pénible gestion de la mémoire dans *Si c'est un homme*, elle met bien en lumière, à mon avis, la place des récits brefs, fantastiques pour la plupart, dans le projet littéraire de l'écrivain Primo Levi. Le fantastique n'y est pas un simple « supplément » ; mais s'il existe, il existe en dépendance.

Comme Levi a dit lui-même, en jouant sur le sens des mots « possible » et « naturel », ces prétendues *Histoires naturelles* sont parfois plus « possibles » que d'autres, s'inscrivent dans un développement « naturel » en puissance, *in posse*, « en marge de la (vraie) histoire naturelle[2] ». La « découverte » par Montesanto des vertus des mnémagogues ne fait que développer, en marge et au-delà du naturel, dans le territoire annexe du fantastique fictionnel, une caractéristique du fonctionnement de notre système nerveux.

Pourquoi, en fin de compte, cette nouvelle peut-elle être considérée comme « fantastique » ? Dans la fiction fantastique, un changement important est introduit par rapport aux croyances, au savoir, souvent scientifique, qui constituent la vision du monde du lecteur, son horizon d'attente. Le lecteur peut admettre qu'une personne, comme le docteur Montesanto, finisse par se réfugier dans son passé, sans pour autant la déclarer malade mental. C'est parfois un remède pour parer aux coups du présent. Le lecteur assimile ; tout au plus reste-t-il une impression d'étrangeté. Quand Montesanto déclare qu'il n'accepterait jamais qu'un souvenir, ne fût-ce qu'un seul, puisse se perdre, et qu'il a mis en œuvre tous les moyens – un journal, une dédicace dans un livre, une fleur séchée, une mèche de cheveux, des photos – pour qu'aucun souvenir ne soit détruit, cette impression d'étrangeté se fortifie : le docteur Montesanto frôle la frontière de la normalité, risque de changer de catégorie dans la perception du lecteur. Mais l'âge, l'isolement, la curiosité intellectuelle pardonnent beaucoup. Au moment, cependant, où, au bout de la série des expériences olfactives, un flacon est présenté dont émane une sensation, à la fois, de « peau soignée », de « blanc de céruse », et d'« été », le doute s'installe. La conservation à long terme d'odeurs aussi complexes par voie de synthèse chimique paraît peu probable. Mais, même si elle pouvait être réalisée, ce qui compte ici est la croissance « fantastique » inscrite dans la série des expériences. La construction de la série présuppose que la limite puisse être franchie. Dans un des essais d'*Una pietra sopra*, Calvino souligne l'importance, pour le fantastique, d'un « ordre intérieur », d'une « cristallisation d'images ».

---

2. Primo Levi, *Conversazioni e interviste, 1963-1987*, Turin, Einaudi, 1997, p. 106.

« Les Mnémagogues » possèdent un haut degré de cristallisation. Le fantastique ne doit pas faire crouler l'édifice de notre savoir, il suffit d'une petite entorse, mais bien construite et portée à terme avec méthode.

Mais le fantastique a également besoin d'être mis en perspective. Les souvenirs olfactivement synthétisés ne suffisent pas à eux seuls. Il faut qu'ils aboutissent, pour se faire comprendre, à la vision du monde du docteur Montesanto. Sans une claire explication de celle-ci, le fantastique, pour Levi, deviendrait pur jeu intellectuel en vase clos. Donc, le laboratoire du docteur Montesanto devient allégorie. Il signifie l'implosion du temps, l'introversion de l'individu, une perspective sur le temps qui élimine les autres et l'avenir, la représentation grotesque d'une idiosyncrasie arbitraire et inutile. L'acide phénique, auquel d'autres substances ont été ajoutées pour rendre la sensation « spécifique pour moi » – entendez inutile à autrui –, n'est pas de l'acide phénique tout court, comme le signale correctement le jeune Morandi, c'est, au contraire et à la fois, l'atmosphère des nuits de garde passées à l'hôpital, une chanson à la mode, l'enthousiasme pour Blaise Pascal, une certaine langueur printanière, une compagne d'université devenue grand-mère entre-temps. La découverte chimique de Montesanto – ou s'agit-il plutôt d'une alchimie des émotions ? – n'est pas une découverte qui ouvre un avenir, c'est un irréversible retour en arrière. À l'opposé, nous trouvons l'exaltation de l'activité physique orientée vers l'avenir, incarnée par le jeune Morandi et mise en relief par sa brusque fuite. Son projet à lui reste indéterminé, entièrement ouvert, mais nourri par la plus puissante source d'énergie de notre univers, soulignée à deux reprises, la chaleur solaire. Le lecteur est frappé par l'aspect rituel de la conclusion du récit : « Puis il s'étendit dans l'herbe, les yeux clos, à contempler la lueur rouge du soleil à travers ses paupières[3]. » C'est le moment de l'ablution purificatrice. Le fantastique a pu indiquer la vision du monde à l'intérieur de laquelle il fonctionne.

---

3. *Histoires naturelles*, *op. cit.*, p. 20.

Retenons ces deux éléments : le changement par rapport aux attentes « réalistes » du lecteur – souvent l'une ou l'autre découverte pseudo-scientifique – et la mise en perspective de la nouvelle situation ainsi créée par rapport à un système de valeurs. Avec ces deux éléments en main, il suffit à l'auteur de varier le point de chute chronologique de sa nouvelle pour créer une gamme infinie de récits virtuels. L'invention fantastique de Primo Levi sillonnera autour de cet axe.

Quelques récits de découverte traitent de la découverte elle-même et de la période – quelques jours, semaines ou mois – pendant laquelle ses effets se font sentir. Le *Mimeto* en est un bon exemple. La machine existe, développée par les laboratoires de la NATCA, elle entre dans un réseau de distribution, les clients s'annoncent, le service d'après-vente fait son devoir, l'inoubliable Simpson fait des heures supplémentaires. Tout baigne dans une atmosphère de rassurante routine commerciale qu'on associerait aujourd'hui à l'usage et à l'entretien des machines à photocopier. La nouvelle date de 1964, époque où l'invention de la photocopieuse par les laboratoires Xerox, qui date de 1950, commençait à se répandre en Europe. Une spirale d'applications s'ensuit. Applications – également – de la matrice du récit fantastique par l'ingénieur Levi au rythme des heures libres et des sollicitations du quotidien *Il Giorno* qui ne tardent pas à arriver au lauréat du Campiello. Le cas du *Mimeto* est intéressant parce qu'il est à l'origine d'une série de nouvelles. L'existence d'une série ne reflète pas uniquement la circonstance externe de la demande périodique des journaux. La sérialité est inscrite dans le noyau même de la nouvelle, qui permet des applications étalées dans le temps, répondant à une progression dramatique. Sans vouloir jouer sur les mots, il s'agit ici véritablement d'un duplicateur à nouvelles, tout comme « Le Versificateur » produisait des poèmes en série. L'ironie de Levi n'a pas pu rester insensible au crescendo délirant de la donnée du récit. Une croissante inquiétude suit la série, reflétée par le brave Simpson. Simpson lui-même est rassurant parce qu'il a une déontologie. Celle-ci est technique et morale. Elle met la société à l'abri de certains expérimentateurs trop hardis, duplicateurs du dimanche aux velléités pseudo-divines. En plus, la consonance anglo-saxonne de son nom le situe quand même à une certaine distance de sécurité du lecteur moyen du *Giorno*. Quand apparaît Gilberto, aux consonances clairement italiennes, l'inquiétude, toujours mitigée, certes, par l'ironie et par le cocasse des événements mis en scène, commence néanmoins à s'installer plus près de chez soi. L'existence d'une série de nouvelles, à partir d'une même découverte, matérialise l'effet de vague temporelle le long de laquelle les événements-exemples, illustrations ou symptômes, comme on veut, sont construits.

Il est fort instructif de suivre dans les deux nouvelles en question – *L'Ordre à bon marché* et *Quelques applications du Mimeto* – la gestion du système de valeurs. C'est le narrateur lui-même qui achète le duplicateur dans la première nouvelle. Il se lance dans ses heures libres dans une série de duplications, où il passe de la simple photocopie à des clonages d'insectes et de petits reptiles. L'ironie est toujours là comme valve stylistique de sécurité afin de tenir le niveau de réalité sous contrôle. Quand, après six jours d'expériences ininterrompues, faisant parfois entendre un langage proche de la Genèse, le narrateur-duplicateur conclut que « le septième jour il se reposa ». L'ironie citationnelle prévient tout risque de dérapage de la situation vers le monde réel. Mais c'est encore Simpson qui remet les montres à l'heure en limitant, par une série de clauses contractuelles, les secteurs d'emploi du duplicateur. Du coup il s'expose aux vifs reproches du narrateur, lui faisant grief de ses « stupides scrupules de moraliste ». L'apprenti créateur a beau être en désaccord avec le « moraliste » Simpson, il respectera néanmoins le contrat et ne peut que regretter le manque de sens commercial du vendeur. Le danger potentiel pour la société est écarté par l'impératif catégorique de la loi et du contrat. Je ne suis pas sûr qu'une clause de protection dans un contrat enlèverait toute inquiétude à un lecteur de nouvelles d'aujourd'hui.

Dans la nouvelle des *Quelques applications du Mimeto*, le narrateur reste identique. Sa position morale est toujours la même : respectueux de la loi, il vient de purger une légère peine de prison « pour son travail de pionnier ». À sa sortie de San Vittore, il constate que son ami Gilberto, bricoleur de génie, a pu mettre la main sur un duplicateur. Le ton d'*understatement* est présent dans toute la nouvelle. Tout est décrit dans un même registre de légèreté, d'aventure surprenante mais sans suites graves : le clonage de l'épouse de Gilberto, les complications bureaucratiques qui s'ensuivent, le passage de la douane lors d'un voyage en Espagne. C'est toujours la même ironie ambiante qui fait baisser la tension. Mais, entre-temps, mine de rien, les vérités sont dites, dans la bouche du narrateur qui, comme le brave Simpson, fait figure d'instance morale du récit : « C'est tout Gilberto, un homme dangereux, un petit Prométhée nuisible : il est ingénieux et irresponsable, orgueilleux et sot. C'est un enfant du siècle, comme je l'ai dit plus haut, c'est même plus : un symbole de notre siècle. J'ai toujours pensé qu'il serait capable, à l'occasion, de construire une bombe atomique et de la faire tomber sur Milan *pour voir quel effet cela fait*[4]. » Le choix du ton est ingénieux du point de vue rhétorique. Ce n'est pas un moraliste qui parle, il n'en a pas le ton. Aussi veut-on bien l'écouter. Son message n'en est pas moins alarmant. Nous sommes en 1964-1966, au lendemain de la crise de Berlin, au début de la guerre du Viêtnam, au moment de la première bombe atomique chinoise, des essais nucléaires et de la guerre froide. Le duplicateur est un redoutable engin de prolifération. Le danger d'un époux reproduisant son épouse est sans doute moins à craindre que la prolifération par duplication des armes nucléaires. N'oublions pas que *Docteur Folamour* de Stanley Kubrick est également de 1964. Bref, on voit à l'œuvre un narrateur qui, malgré son ton badin, dispense un message politico-moral destiné à son époque. C'est Max Milner, qui dans son bel ouvrage sur la fantasmagorie[5], montre que le récit fantastique ou de science-fiction parle

---

4. *Histoires naturelles*, op. cit., p. 89.
5. Max Milner, *La Fantasmagorie. Essai sur l'optique fantastique*, Paris, PUF, 1982.

moins de l'avenir de ses lecteurs que de leurs désirs et angoisses actuels. C'est au niveau du système de valeurs, de l'optique – socio-, politico-morale – donnée au récit que se situe le nœud de la nouvelle fantastique de Primo Levi. En cela l'auteur s'intègre à une tradition littéraire du fantastique, de la science-fiction, plus particulièrement, qu'il a lui-même adoptée progressivement comme modèle de littérature.

Le choix du modèle littéraire est essentiel pour l'écrivain autodidacte qu'est Primo Levi. Certes, le métier d'ingénieur chimiste ne prédispose ni plus ni moins qu'un autre à l'activité littéraire. Primo Levi n'est pas le seul centaure en littérature. Plus important me semble le fait que sa maturation et sa formation d'écrivain ont été traumatisantes. La nouvelle des « Mnémagogues », conçue avant la déportation, nous donne un accès très incomplet à ses racines dans le domaine littéraire. Quels qu'aient pu être ses modèles, ils ont été bouleversés après l'expérience de la déportation. À ce moment-là, pour écrire *Si c'est un homme*, Primo Levi ne disposait d'aucun modèle. Ce texte conserve, par ailleurs, des traces de cette composition laborieuse en dehors des sentiers battus. Témoignage, ébauches de fiction et essai s'y côtoient. L'absence de modèle, précisément, l'a fait devenir modèle à son tour. C'est cet aspect-là, par exemple, qui avait frappé Philip Roth[6]. Vraisemblablement, la rupture a dû être importante entre cette nouvelle matrice littéraire et ce qu'il avait bien pu concevoir auparavant. Primo Levi se reconnaît peu de « pères » en littérature. En lisant ses essais et ses interviews, que de rejets ! *Les Misérables*, grand roman, mais... Quand Einaudi lui propose de réfléchir sur ses « nourriciers », dans le cadre d'un projet éditorial destiné aux écoles – projet qui aboutira plus tard à *La Recherche des racines* –, Levi est tout de suite d'accord, mais fournit un texte qui ne correspond pas du tout à l'idée de l'éditeur. Il faudra changer de collection pour accueillir son anthologie personnelle. Telle que nous la connaissons, *La Recherche des racines* est, en effet, l'un des autoportraits

---

6. *Conversazioni*, op. cit., p. 84-98.

culturels et intellectuels les plus originaux qui aient été formulés. Parmi ses sources, si on limite le champ à la littérature, les auteurs de science-fiction occupent une place de choix. Cette place n'est pas celle que les histoires littéraires généralement leur accordent, dans lesquelles la science-fiction est répertoriée le plus souvent sous l'étiquette de « littérature populaire », parfois à côté de la bande dessinée. Là aussi, Primo Levi remet les valeurs établies en question. Les grandes inventions romanesques d'un Wells, d'un Huxley, d'un Asimov, d'un Clarke, d'un Verne aussi – mais dans une moindre mesure, parce que faisant déjà trop partie de l'histoire – lui ont ouvert une voie peu traditionnelle vers la littérature.

Où se situe Primo Levi par rapport au fantastique ? Dans le compte rendu d'un livre de son ami et « âme sœur » – « moderne minotaure[7] » – Roberto Vacca, datant de 1976, Levi écrit : « Quant à ton éclectisme, qui te permet de sauter des textes d'électronique aux romans policiers et à la science-fiction, je ne trouve rien à redire, au contraire, je te l'envie : je pense qu'il est bon d'avoir plusieurs cordes à son arc et je n'ai jamais cru aux genres littéraires[8]. » C'est une profession de foi littéraire qui adhère au mélange des genres. La science-fiction, qui se situe entre l'essai scientifique, le récit fondateur et le roman, est un genre hybride. Primo Levi ne partage pas non plus le culte du chef-d'œuvre absolu. Le souci principal de son projet littéraire est de communiquer. En cela, son choix pour la science-fiction correspond à l'idée, typique du genre, du récit destiné à l'intellectuel moyen. Le propre de la littérature pour lui ne peut être une question formelle. C'est de transmission ou de mise en question de savoirs qu'il s'agit. Il rejette, par exemple, la science-fiction de Dürrenmatt parce que l'auteur suisse n'aurait pas maîtrisé suffisamment la physique. C'est parce qu'il s'y connaît en physique, au contraire, qu'il

---

7. Primo Levi, *Opere*, éd. par M. Belpoliti, 2 vol., Turin, Einaudi, 1997, t. I, p. 1152.
8. *Ibid.*, t. I, p. 1198.

admire Asimov. Il en arrive à louer la science-fiction de Vacca pour sa « vraisemblance ». Dans une interview de 1979, à une question posée à propos du caractère fictionnel de *La Clé à molette*, Levi répond : « Existe-t-il une frontière nette entre celui qui raconte et exige d'être cru à la lettre, et celui, comme Boccace, qui raconte des nouvelles pour d'autres raisons, dans un autre but que documentaire, soit pour le plaisir, pour édification… ? Voilà des questions que je n'ai pas encore résolues [9]. » L'idée formulée ici est en contraste avec les poétiques dominantes de son temps, qui se désintéressent d'une littérature « fonctionnelle », porteuse de message. La notion de littérature que Levi propose est celle où les questions de genre et de forme ne viennent pas en premier lieu. Ce qui prime, c'est la fonction de l'écriture en interaction avec le lecteur, et peut-être même avant tout l'effet visé par cette écriture sur le lecteur.

Les questions que Levi se pose à propos de la littérature semblent très éloignées de celles qui animent le débat littéraire de l'époque, au risque de paraître naïves à certains. Dans le contexte de la crise de l'énergie, dans un article de 1974 d'à peine une demi-page, Levi parle au pluriel – « nous autres, écrivains de science-fiction [10] » –, se faisant le porteparole de la corporation. Sur un ton solennel il s'excuse au nom des autres d'avoir exagéré, dans leurs prédictions, la nature des catastrophes à venir – « titanesques, tragiquement glorieuses ». Alors que leurs précurseurs utopistes avaient complètement raté leurs prévisions radieuses de l'an 2000, eux, au moins, ceux de la nouvelle science-fiction, avaient prédit, sinon la nature exacte de la fin, du moins sa possibilité – « fin mesquine, sordide, prosaïque comme la faillite d'un commerce [11] ». Et Levi de conclure : « Il ne nous reste, à nous prophètes-technographes, qu'à faire amende honorable ; à nos maîtres, aux technocrates de tous les pays, incombe la tâche

---

9. *Conversazioni*, op. cit., p. 183.
10. *Opere*, op. cit., t. I, p. 1183.
11. *Ibid.*

urgente de freiner la course folle vers le profit immédiat, d'utiliser le patrimoine colossal de connaissances accumulées ces dernières décennies pour faire don à l'humanité d'un destin moins précaire et moins douloureux [12]. » Texte curieux. Ce n'est pas le langage habituel de Primo Levi, même dans les occasions publiques. Le registre déclamatoire est certainement voulu. On dirait le moraliste Simpson dont la plume s'emballe. Levi a sans doute conscience du fait que ce texte sent la citation, le discours solennel, le langage pompeux d'antan. L'impression recherchée est celle d'un discours sérieux d'une autre époque. Certes, ces phrases ne constituent pas une nouvelle poétique de la science-fiction ; elles éclairent bien cependant la place de la science-fiction dans la notion de littérature que Levi avait élaborée, une littérature, en d'autres mots, qui agit. Ailleurs, il désignera ces récits comme des « contes moraux » déguisés constituant dans leur ensemble une « allégorie moderne [13] ».

Allégorie et moralité présupposent un sens, un message, explicite ou relayé par la parabole ou par le langage métaphorique. Au fond, cela voudrait dire que le choix décisif à faire, dans le cas de Primo Levi, était celui du langage de l'imaginaire ou non. L'autre voie aurait pu être celle de la philosophie. Pour lui, le travail sur les formes de discours n'en est pas moins articulé. Aux deux extrêmes de l'axe du dosage entre expression immédiate ou documentaire, d'une part, et imaginaire, de l'autre, nous trouvons *Si c'est un homme* et *Les Naufragés et les rescapés* d'un côté, le fantastique/science-fiction de l'autre. Dans le cas du discours imaginaire, le point de référence reste toujours le sens, l'efficacité et la portée du message. Ce paramètre vaut tant pour lui-même que pour les autres. Le rapport conflictuel avec Franz Kafka est formulé en ces termes : « Kafka n'interprète pas, n'explique pas... Moi, j'explique... Kafka est une taupe... il se déplace sous

---

12. *Ibid.*
13. *Conversazioni, op. cit.*, p. 150 et 104.

terre[14]... » Néanmoins, il le traduit. Et qui plus est, nous trouvons, exceptionnellement, dans l'ensemble des nouvelles de Primo Levi des textes « kafkaïens », où la part de parabole abstraite domine et où manque l'élaboration du message. Dans le récit, « In una notte[15] », paru pour la première fois dans le supplément littéraire de *La Stampa*, une foule de petites créatures, violentes et pilleuses, fabuleuses ou réelles, vandalisent une locomotive échouée en forêt. Aucune « explication » n'est fournie, la précipitation de l'événement remplit tout le récit, qui reste muet sur le sens qu'il voulait se donner. Mais c'est l'exception à la règle.

Le message dans les récits fantastiques choisit généralement entre deux registres, l'euphorie ou la dysphorie. Ici, un paradis terrestre, une utopie, là un enfer, une dystopie, provoqués tous les deux par la science ou la technologie. Tout cela est bien conforme à la tradition de la science-fiction. La vision du monde d'un Wells, par exemple, est fondamentalement pessimiste. L'humanité y est livrée aux manipulateurs à la Moreau, se croyant Dieu, ou destinée à l'hiver planétaire comme dans *La Machine à explorer le temps*. *Le Meilleur des mondes* de Huxley (1932), est également considéré comme le modèle de l'utopie négative. Le monde de l'an « 632 après Ford » y succombe sous le poids écrasant de la société de consommation. À l'opposé, Arthur C. Clarke – également signalé dans *La Recherche des racines* – et Isaac Asimov représentent le courant utopiste.

La dystopie prend plusieurs visages. Considérons « Versamine », qui me paraît significatif. C'est le récit de la découverte d'une préparation pharmaceutique qui change la douleur en plaisir. Le contexte historique est celui des expériences sur le système nerveux sous l'Allemagne nazie[16]. Sous l'effet de la versamine, un chien perd son naturel, se transforme en « contre-chien », ignore les petites chiennes et préfère les

---

14. *Ibid.*, p. 207.
15. Dans *Opere, op. cit.*, t. I, p. 1289.
16. Voir aussi « Papillon angélique », *Histoires naturelles, op. cit.*, p. 52.

poules et les chattes. Il commence même à dissimuler. L'homme aussi, par l'action de la drogue, voit sa volonté supprimée et finit par s'autodétruire. Ce sera la fin de Kleber lui-même, l'inventeur. Le récit est situé dans une ville allemande aux environs de 1955. C'est un vieil aide chimiste de l'université, Dybowski, qui le raconte à un ancien professeur, de passage après douze années d'absence. Celui-ci, Jakob Dessauer, a quitté l'institut de pharmacie au début de la guerre, mais le récit reste très réservé sur son histoire personnelle et sur les raisons de son éloignement – déportation tardive ou exil volontaire. Silence pudique aussi du vieux Dybowski sur l'histoire récente de son pays : « Je ne gênais personne : ni les Russes, ni les Américains, ni les autres, ceux d'avant [17]. » Ce que l'on sait, c'est que Dessauer a souffert beaucoup et que l'idée de supprimer la douleur a de quoi le séduire. C'est lui qui donne au récit son sens, récit qui ne fait, dans ce cas-ci, que frôler la science-fiction [18].

« Versamine » est une vraie parabole. Les effets de la préparation ne sont pas restés confinés au laboratoire du docteur Kleber, la versamine a contaminé une société et une génération entières. Dessauer retrouve sa ville – ville allemande générique, restée anonyme –, complètement dénaturée : « Presque intacte dans les édifices, mais bouleversée intérieurement, travaillée par en dessous comme une île de glace flottante, pleine d'une fausse joie de vivre, sensuelle sans passion, bruyante sans gaieté, sceptique, inerte, perdue. La capitale de la névrose : nouvelle seulement en cela, pour le reste vétuste, ou plutôt hors du temps, aussi pétrifiée que Gomorrhe. Le théâtre le mieux fait pour l'histoire embrouillée que le vieil homme était en train de démêler [19]. » Ville symbole donc, observée

---

17. *Ibid.*, p. 97.

18. La versamine dans le récit est un des dérivés du benzol, utilisés dans la fabrication des colorants et dans l'industrie pharmaceutique, et que Primo Levi, à ce titre, devait bien connaître. Les benzodiazépines commençaient à être répandues comme agents sédatifs et hypnotiques à partir de 1960.

19. *Histoires naturelles*, *op. cit.*, p. 101.

dans la réalité et dont le portrait correspond à la dénaturation profonde que la versamine, dans la fiction, fait subir à tous les êtres vivants, hommes et animaux.

Le thème profond ici est la perversion, symbolisée par la versamine. C'est que, pour Dessauer-Levi, malgré la tentation que présentent les grands « renversements », certaines choses doivent rester à leur place. La douleur est parmi celles-là. Le récit n'essaie pas de nous dire, bien entendu, que la douleur est bonne en soi, qu'il ne faudrait pas tenter de la diminuer. Il ne s'agit pas de cela : la douleur est un signal d'alarme. Elle est « notre gardienne » et garantit autre chose : « C'est souvent une gardienne stupide, parce qu'elle est inflexible, qu'elle est fidèle à la consigne avec une obstination maniaque, et qu'elle n'est jamais lasse, alors que toutes les autres sensations se lassent, s'usent, et particulièrement les sensations agréables. Mais elle, on ne peut pas la supprimer, la faire taire, parce qu'elle ne fait qu'un avec la vie, qu'elle en est la gardienne[20]. » Par cette théorie de la douleur, Primo Levi se rattache directement à la théorie aristotélicienne du sens objectif de la douleur[21]. Appliquée à l'Allemagne sous le nazisme, la découverte de Kleber – *Wunderkleber* – et ses effets pervertisseurs se lisent comme une métaphore de la dépravation du régime. Et qui mieux que les sorcières de *Macbeth* pourrait conclure l'histoire de l'apprenti sorcier Kleber. *Fair is foul and foul is fair / Hover through the fog and filthy air* rendent bien l'atmosphère dénaturée que Dessauer a trouvée dans sa ville – nouvelle Gomorrhe – et résument la portée globale de la dystopie.

Plus proche de la vraie science-fiction se trouve cet autre exemple de dystopie formé par un couple de récits, appartenant à *Vice de forme* : *Recuenco, la Nourrice* et *Recuenco, le Rafter*. C'est la parabole, en deux volets, du monde coupé en deux, celui de la famine et celui de la surconsommation.

---

20. *Histoires naturelles, op. cit.*, p. 108.
21. Voir par exemple Max Scheler, *Le Sens de la souffrance*, Paris, Aubier, *s. d.*

Les bénéficiaires affamés et les donateurs bureaucrates ne communiquent plus entre eux. Leurs univers respectifs sont devenus imperméables et n'interagissent que par une technologie devenue ambivalente, qui nourrit et tue en même temps. Pour refléter cette rupture, Levi a recours à la scission en deux d'une même matière narrative : nous lisons en effet deux récits distincts. Le village brésilien, où une famine a été détectée, est immédiatement secouru par une instance de « coopération » internationale, du type ONU/UNHCR. Cinquante tonnes de nourriture synthétique, spécialement produite à grande échelle pour faire face aux famines où qu'elles surgissent, sont livrées par d'énormes Hovercraft qui en assurent le transport et la distribution automatique. La manne céleste s'appelle FOD, déformation bien lisible de *food*. Six énormes trompes déversent sur les bénéficiaires ce liquide laiteux de substitution qui, par malheur, déborde du fossé et finit par inonder le village où il est épanché. C'est la reprise cauchemardesque de la corne d'abondance de la fable. Et le pays de cocagne, dont le fleuve central est littéralement rempli de « lait céleste », devient ici le village Recuenco. Par la force des jets de *fod*, femmes, enfants et animaux se noient, alors que les habitants plus solides ont de quoi manger pour un an. L'ambivalence foncière du bien et du mal font que la survie du plus fort est obtenue ici dans une lutte contre la « bien-faisance ». Levi ne cache pas le sens de sa dystopie, parodie très décryptable d'une aide au développement mal conçue, organisée au sein d'un gouvernement mondial de technocrates, plus bureaucratique que jamais et amplement décrit dans les classiques de la science-fiction.

Le fantastique euphorique est certainement moins fréquent. Prolongeant le mythe franciscain, l'utopie prend souvent la forme, dans ce cas, d'un monde paradisiaque, peuplé d'habitants qui parlent aux animaux et aux arbres. Les barrières entre espèces semblent avoir disparu, ce qui permet à une de ces créatures, la douce mais ferme Clotilde dans la nouvelle « La Révolte », de découvrir le complot ourdi par les « masses » végétales. Le passage des frontières entre espèces est effectué en douceur, par approches délicates, ce qui

113

augmente la vraisemblance du récit et le démarque de la fable animale bien connue. La nouvelle « Dysphylaxie[22] » ouvre une perspective sur un monde où les espèces humaines, animales et végétales en sont arrivées à se féconder librement entre elles pour le plus grand épanouissement corporel et émotionnel de tous les participants. Souriant et rose, tel est l'avenir, où une sélection vraiment « naturelle » aboutit à une abondance de vie au-delà des espèces connues et des couples admis en société. La société environnante, surprise tout au plus, s'adapte ou se tait devant le nouvel ordre des choses. Rien de catastrophique ne survient dans ce qui est une véritable *cata-strophe* biologique, au sens étymologique de bouleversement. Une perspective de confiance dans la nature et dans le potentiel qu'elle abrite, prédomine. En même temps un système se dessine, où « Versamine » s'oppose à « Dysphylaxie », par exemple. Le signal « naturel » de la douleur marque une limite infranchissable, alors que l'accouplement avec un arbre, par affinité élective, n'est pas proscrit *a priori*. Un ordre naturel supérieur existe en vertu duquel la versamine est mauvaise et la dysphylaxie acceptable. L'anomalie consisterait précisément à se tourner contre cet ordre-là. Une hiérarchie de valeurs s'établit, en conséquence, où l'ordre moral et social est rendu dépendant d'un ordre biologique, nouvelle instance normative. La « fécondité délirante » est devenue le thème d'une série de nouvelles dont le nombre à lui seul atteste la centralité dans l'ensemble. Ce sera encore le sujet de l'histoire que le centaure Trachi raconte à son interlocuteur, compréhensif et bienveillant, dans la « Quaestio de Centauris[23] », hymne à la fertilité généralisée.

Les mécanismes de la vie sont plus « intelligents » qu'on ne croit. Le cercle se ferme à nouveau, après « Les Mnémagogues ». Le vieux docteur Montesanto inventait en laboratoire une vie qu'il n'avait jamais vécue. Kleber finit par inventer

---

22. Dans *Opere*, *op. cit.*, t. II, p. 93-99.
23. Dans *Histoires naturelles*, *op. cit.*, p. 144.

la contre-vie, l'autre face de la nature. Faisons plutôt confiance à la vie, semble vouloir dire Levi. Son compte rendu de 1982 du film de Jean-Jacques Annaud, *La Guerre du feu*, adapté du roman de Rosny aîné (1911), est significatif. Il critique le cinéaste pour avoir représenté nos premiers ancêtres comme des brutes. Le titre du compte rendu est significatif : « Ce n'étaient pas des animaux, nos premiers ancêtres [24]. » Son commentaire du film en deux mots : « Que d'occasions manquées ! » Le regard jeté sur ce document cinématographique de paléo-fiction illustre les options que Primo Levi considérait probablement comme définitives. Il reproche en somme au cinéaste de sous-estimer l'homme, l'évolution parcourue et les progrès accomplis. La confiance que Levi met en l'homme n'est donc pas l'affaire de l'avenir seulement, elle s'étend, rétrospectivement, aux origines de l'espèce humaine. C'est avec difficulté, c'est vrai, que l'homme a maîtrisé le feu, et après moult erreurs – « essais et erreurs intelligents » cependant, comme il le précise. En contraste avec la version d'Annaud, Levi accueille un fragment du roman de Rosny dans *La Recherche des racines*. L'homme, Naoh, y cherche à pactiser avec les mammouths à travers un langage à la fois verbal et gestuel. Il s'agit d'un rapport qui n'est pas fondé sur la domination ou la volonté de suppression, mais sur différentes formes d'entente, de collaboration, de communication, de symbiose. Le langage naissant n'est pas exclusivement dénotatif, il ne repose pas nécessairement sur l'échange entre un mot et une chose, à posséder, à manger ou à échanger à nouveau. La métaphore économique est partielle et limitée. Selon toute probabilité, ce langage est également intonation, caresse, muscle, soupir, grimace, étreinte. Il est en tout cas en prise directe avec la vie. Il est multiple et épouse la nature en s'y instruisant au lieu de la dominer. C'est sans doute le langage que parlent aussi Clotilde et Trachi. Il est symbole de ce trop-plein de vie,

---

24. Dans *La Stampa*, 1982 ; repris dans *Opere, op. cit.*, t. II, p. 1168.

de ce potentiel illimité de vie à quoi font référence les nombreuses nouvelles zoo-fictionnelles. Elles formulent, à l'aide du genre fantastique, de la science-fiction, la philosophie de la science de Primo Levi.

WALTER GEERTS
Université d'Anvers

La poésie peut-elle se concilier avec l'informatique ? Divagations sur Levi et les « machines »

L'argument choisi – qui rappelle le titre d'une intervention de Primo Levi publiée en janvier 1985 dans la revue *Genius* – pourrait avoir un petit air inconsciemment ludique, puisqu'au fond, à bien y regarder, il ne s'agit que d'une question rhétorique qui renferme en elle-même sa propre réponse... Celle-ci est négative, évidemment ! Et sous tous ses aspects : de l'hypothèse d'un emploi créateur de l'ordinateur à son utilisation pour d'éventuelles analyses du texte littéraire, jusqu'au mépris de cet instrument à la fois philologique et antiphilologique. Par après, toutefois, lorsqu'il s'embarquera concrètement dans le monde de l'informatique, Levi proposera des réponses plus nuancées : tantôt claires et nettes dans le rejet ; tantôt, au contraire, très ouvertes ; tantôt enfin plus articulées sur un arrière-fond de curiosité. Cela dépend du type de regard que l'écrivain choisit d'adopter selon qu'il se tourne vers l'actualité scientifique et/ou technique ; cette dernière séparation [1] vient chez lui du fait qu'il s'est toujours perçu non comme un

---

1. « La chimie est l'art de séparer, de peser et de distinguer : trois exercices également utiles à qui se propose de décrire des faits réels ou imaginaires. Sans compter l'immense trésor de métaphores que l'écrivain trouve dans la chimie d'aujourd'hui et d'hier [...]. Quand un lecteur s'étonne qu'un chimiste comme moi ait choisi le chemin de l'écriture, je me sens autorisé à lui répondre que j'écris justement parce que je suis chimiste : chez moi, il y a eu largement osmose entre l'ancien métier et le nouveau » (« Ex-chimiste », *Le Métier des autres*, trad. fr. de Martine Schruoffeneger, Paris, Gallimard, coll. « Folio/Essais », 1996, p. 27-28).

scientifique mais comme un technicien, et qu'il affirmait vivre en tant que technicien non seulement l'expérience de la chimie, mais aussi celle de l'écriture – ces distinctions apparaissent clairement dans le *Dialogue* avec Tullio Regge et dans « Ex-chimiste ». En somme, le lecteur se trouve face à un dire et à un non-dire, une affirmation et une volte-face, qui l'incitent à y retrouver l'attitude de jeu et de défi déjà mentionnée. Cet argument peut *apparaître* futile ; utilisons-le, néanmoins, pour ensuite l'approfondir et vérifier ainsi combien il peut refléter toute une expérience d'écrivain.

S'il est vrai que Levi ne rencontre le problème, au sens strict, que dans les dernières années de sa vie – quand un ordinateur, un Apple Macintosch, entre dans sa routine quotidienne –, il s'était déjà posé, d'un point de vue éthique et esthétique, la question de l'ordinateur vu comme un instrument aux réelles potentialités de science-fiction dans le « récit assez léger[2] » du « Versificateur », paru dans *Il Mondo* le 17 mai 1960 et repris par la suite dans *Histoires naturelles*, sous forme de version théâtrale et radiophonique proposée par la Compagnie de prose de la RAI en 1965.

Pour reconstruire l'histoire externe de ce rapport, regardons tout d'abord les dates.

C'est en 1984 que l'ordinateur semble être entré dans la maison de Levi ; c'est ce qui ressort de ses déclarations, retrouvées plus particulièrement dans des articles, des interviews et dans le *Dialogue* avec Tullio Regge de juin 1984 (le volume se trouve en librairie l'hiver de la même année, précédé d'une anticipation dans *La Stampa* du 14 décembre 1984, intitulée « Se domani morissero le stelle », « Si les étoiles venaient à mourir demain ») ; ce texte ne connaîtra ni interventions ultérieures de l'auteur, ni simples « retouches minimales » de

---

2. C'est ainsi qu'il le définira lui-même en plaisantant, dans « Le Scribe », *Le Métier des autres*, *op. cit.*, p. 319.

l'éditeur « pour adapter la spontanéité du discours à la forme écrite », ni aucune des remises à jour successives pourtant demandées par Ferrero à Regge [3] et à Levi). Toutefois, lorsqu'on confronte plus précisément ces différentes déclarations, un léger problème de date survient. Dans le *Dialogue*, Levi rappelle précisément la rencontre, avec un fait imprévu : j'ai lu le livre de Pozzoli « *Scrivere con il computer* ("Écrire avec un ordinateur") qui m'a fait l'effet du clairon sonnant la diane à la caserne. Certes, on peut très bien vivre sans ordinateur, mais je me suis rendu compte qu'on vit alors en marge de la société active et que ce fossé se creusera de plus en plus. Les Grecs disaient d'un individu inculte : "Il ne sait ni lire ni nager" ; aujourd'hui, il faudrait ajouter : "ni utiliser un traitement de textes". Je me suis donc acheté un traitement de textes, non sans tergiversations toutefois [4]. »

Se situant dans les dates du *Dialogue*, l'acquisition serait donc antérieure à juin 1984, date à laquelle non seulement la possession (« je me suis acheté ») mais aussi l'usage (« maintenant j'écris ») sont donnés pour acquis. C'est une indication de toute évidence plus précise et véridique que celle que suggère « Le Scribe », paru dans *La Stampa*, le 15 novembre 1984, sous le titre très significatif (et qui invite à une relecture) de *Personal Golem* ; l'indication de dates y est très nette et par là même « déconcertante » :

« Il y a deux mois, en septembre 1984, je me suis acheté un ordinateur, à savoir un appareil à écrire qui va à la ligne automatiquement et permet d'insérer, d'effacer, de changer instantanément des mots ou des phrases entières ; qui permet, en somme, d'arriver d'une traite à un document achevé, propre,

---

3. Primo Levi et Tullio Regge, *Dialogue*, trad. fr. de Thierry Baud, Paris, Eshel, 1991 ; pour la traduction française de l'introduction, Paris, 10/18, 1994, ici p. 12.
4. *Ibid.*, p. 89-90. Le volume cité : Claudio Pozzoli, *Scrivere con il computer*, Milan, Mondadori, 1984, p. 232 ; republié dans les poches Bompiani en 1986 avec un sous-titre explicitement racoleur : « Instructions pour l'usage de l'ordinateur destinées aux écrivains, journalistes, enseignants, étudiants, traducteurs et aux professions libérales ».

exempt de ratures et de corrections. Je ne suis certes pas le premier écrivain à avoir décidé de franchir le pas. Un an plus tôt, j'aurais fait figure d'audacieux ou de snob ; mais plus aujourd'hui, tant les progrès de l'électronique s'accélèrent[5]. »

Une déclaration riche d'enseignements, comme cette dernière expression où Levi semble à la fois presque s'excuser de cet usage et suggérer toute une gamme d'autres sensations sur lesquelles nous reviendrons.

Arrêtons-nous maintenant sur une autre particularité de Levi : son habitude mentale de souvent réutiliser, d'un écrit à l'autre, ses propres points d'ancrage, proches ou lointains, principalement dans le champ éthique, mais aussi dans d'autres. Il s'agit de pouvoir préparer de riches catalogues de variantes. Il s'agit tantôt de variantes minimes, qui font surface avec une certaine continuité dans un article, un récit, une interview. D'autres fois, les corrections offrent de curieuses solutions, comme dans l'exemple vraiment singulier du « Scribe ». Rédigé à la première personne, ce texte montre, lorsqu'on le confronte avec le *Dialogue*, plusieurs retouches évidentes, de type « couper-coller » de l'ordinateur ; cela permet d'affirmer que le *Dialogue* peut être considéré comme l'*Ur-Text* du « Scribe ». Mais quand Levi affronte la nouvelle machine et rappelle le problème de l'incompréhensibilité de la littérature qui y est jointe (en l'occurrence, « Le Scribe » se montrera un texte particulièrement enrichissant du point de vue de la réflexion linguistique), la transformation s'avère considérable parce que Levi introduit une variante que nous pourrions définir de type « narratif », dans la mesure où il propose au lecteur un nouveau personnage. Ainsi, dans le *Dialogue*, c'était Levi lui-même qui jouait le rôle de celui qui comprenait

---

5. *Le Métier des autres*, *op. cit.*, p. 315. L'affirmation revient à propos de « l'effet ciseaux » : « Pour cela le Macintosch est un merveilleux instrument : parce qu'il supprime tout sans pitié, il ne reste aucune trace des ratures » (Roberto di Caro, « Le nécessaire et le superflu », in *Primo Levi. Conversations et entretiens*, textes présentés par Marco Belpoliti, Paris, Laffont, 1997, p. 197). Ce dernier aspect est particulièrement envisagé dans l'intervention « Poésie et ordinateur ».

« plusieurs choses fondamentales », parmi lesquelles, « en premier lieu, qu'il est indispensable précisément de surmonter son désir humaniste de *comprendre* "ce qu'il y a dedans" : n'utilisons-nous pas quotidiennement le téléphone depuis bientôt un siècle, la télévision depuis trente ans, sans savoir comment ça marche ? Est-ce que nous savons comment fonctionnent nos reins et notre foie, que nous utilisons depuis toujours ? [...] Deuxièmement, j'ai compris qu'il est insensé de prétendre maîtriser l'engin en puisant dans les manuels ; outre que le langage en est rebutant (ces petits génies ont inventé des machines prodigieuses mais ils ne se sont pas souciés de créer simultanément un langage souple et expressif), cela équivaudrait à vouloir apprendre à nager en lisant une méthode, sans mettre le pied dans l'eau et même, me dit mon fils biophysicien, sans avoir la moindre idée de ce qu'est l'eau[6]. »

Dans « Le Scribe », les « avertissements rassurants » – qui, à y bien regarder, ne sont pas aussi éloignés de l'attitude que Levi décrira dans les phrases de conclusion du *Dialogo di un poeta e di un medico* (« Dialogue d'un poète et d'un médecin ») : « Sa main, comme animée par une volonté propre, fit une boulette de la prescription et la jeta dans la rigole qui longeait la rue[7] » – sont de fait repris avec les mêmes mots, les mêmes expressions, mais ceux-ci sont mis cette fois dans la bouche d'un autre personnage, « un jeune ami », substitut de lui-même et du fils (et il est possible que Levi opère sur le jeune garçon en question un transfert affectueux du fils lui-même, dans un joyeux échange des rôles) :

« De prime abord, cette ignorance m'humiliait profondément ; *un jeune homme* est arrivé à la rescousse, qui *m'a*

---

6. *Dialogue*, *op. cit.*, p. 90-91 (je souligne).
7. Dans *Lilìt*, *op. cit.*, t. II, p. 116 (N.d.T. : ce texte ne figure pas dans la traduction française de *Lilith*, Paris, Liana Levi, 1987). Et toujours à propos des manuels, l'ironie ne manque pas, au détour d'un jeu de mots, dans « Le Versificateur » (*Histoires naturelles*, *op. cit.*, p. 37) : « N'ayez pas peur. Il est très robuste, *foolproof*, dit le prospectus original en américain : "résistant à la folie"... (*un peu gêné : il s'est aperçu de sa gaffe*)... soit dit sans vous offenser, mais vous me comprenez. »

paternellement servi de guide et m'a dit : – Tu appartiens à cette austère génération d'humanistes qui prétendent encore connaître le monde dans lequel ils vivent. Cette prétention est devenue absurde : laisse faire l'habitude, et ton malaise disparaîtra. Écoute : sais-tu par hasard, ou imagines-tu savoir, comment fonctionnent le téléphone ou la télévision ? Et pourtant tu t'en sers tous les jours. D'ailleurs, en dehors de quelques spécialistes, combien de gens savent comment fonctionnent leur cœur et leurs reins ? [...] Mais là encore, *mon jeune ami* est intervenu, qui m'a fait observer que vouloir apprendre à se servir d'un ordinateur en lisant des manuels est aussi insensé que de vouloir apprendre à nager en lisant un traité, sans entrer dans l'eau ; ou plutôt, m'a-t-il précisé, sans même savoir ce qu'est l'eau, mais en en ayant seulement vaguement entendu parler[8]. »

Dans toutes ces déclarations que Levi distribue au fil des pages, on perçoit toujours le même enthousiasme juvénile, presque enfantin : son approche est essentiellement ludique, comme lorsqu'il se consacre au dessin ou aux échecs. Il dédiera d'ailleurs deux poésies à ces derniers, les jours qui ont immédiatement suivi ou précédé l'achat de l'ordinateur ; la première, datée, en bas de page, du 9 mai 1984, dénonce encore explicitement une activité manuelle propre au jeu :

> *Tout est terminé à présent*
> *L'intelligence et la haine se sont éteintes.*
> *Une grande main nous a balayés,*
> *Faibles et forts, sages, prudents et fous,*
> *Blancs ou noirs, pêle-mêle, inanimés.*
> *Puis elle nous a versés, comme pluie de cailloux,*
> *Dans l'obscurité du coffret de bois,*
> *Dont elle a rabattu le couvercle[9],*

8. « Le Scribe », *op. cit.*, p. 316-317.

9. « Échecs », *À une heure incertaine*, trad. de Louis Bonalumi, Paris, Gallimard, 1997, p. 94-95.

tandis que la seconde, datée du 23 juin 1984, se trouve indirectement associée au « tic-tac » de la montre [10].

Tout en abandonnant ici les implications que risque d'introduire la référence au jeu d'échecs, cette « austère métaphore de la vie et de la lutte pour la vie [11] », « un jeu sérieux [qui] n'admet aucune tractation, ni confusion, ni contrebande [12] », soulignons quand même que « les vertus de l'échiquier sont la raison, la mémoire et la capacité d'invention », celles « de tout homme pensant », et que, dès lors, elles demanderont à être revisitées et rappelées quand on reviendra à la compatibilité entre poésie et ordinateur. Considérons maintenant la curieuse attitude de Levi, presque une demande d'excuse, que l'on doit peut-être rapporter à sa lucidité d'enfant. Une attitude qui va de pair avec un sens et un goût de la découverte et, comme il arrive dans la psychologie de la lucidité « infantile », avec le désir de rassurer les autres et de leur apprendre quelque chose.

« Je m'empresse d'ajouter deux précisions. Premièrement, celui qui veut ou doit écrire peut très bien continuer à le faire avec son stylo à bille ou sa machine à écrire : mon *gadget* est un luxe, il est divertissant et même enthousiasmant, mais superflu. Deuxièmement, pour rassurer les hésitants et les profanes : j'étais moi-même, je suis encore, un profane au moment où j'écris sur cet écran. Je n'ai que de très vagues idées sur ce qui se passe derrière l'écran [13]. »

Levi tend donc ici à privilégier l'usage instrumental de l'ordinateur, simple substitut de la machine à écrire ou d'une plume qui tant « pèse [...] à la main [14] », même si d'autres

---

10. « Échecs », II, v. 14 (*ibid.*, p. 97).

11. « L'irritabilité des joueurs d'échecs », dans *Le Métier des autres, op. cit.*, p. 195.

12. « Échecs », *op. cit.*, II, v. 11-12.

13. Les instruments d'écriture, plume et stylo à bille, reviendront aussi dans les poésies : « L'œuvre », v. 2 (« Qu'à la main la plume me pèse ! ») et « Un métier », v. 1 (« Il te suffit d'attendre, le stylo-bille en arrêt »), *À une heure incertaine, op. cit.*, p. 78 et 86.

14. *Dialogue, op. cit.*, p. 90 : « maintenant j'écris exclusivement avec ceci ».

réflexions ne manquent pas à ce propos. De façon plus générale, Levi est partagé, devant l'ordinateur, entre curiosité,
nécessité et défi de comprendre ; *a fortiori* lorsqu'il se trouve
devant les explications du manuel qui incarnent à ses yeux
une conception de l'écriture radicalement opposée à la sienne.
On connaît bien les nombreuses dérivations de son propre style
d'écriture – essais et surtout romans – à partir de sa pratique
quotidienne de technicien. Une revendication orgueilleuse,
dans la mesure où elle se place sur la double richesse

a) de la profondeur sémantique :

« Je me trouve plus riche que d'autres collègues écrivains
parce que pour moi, des termes comme "clair", "obscur",
"lourd", "léger", ou même "bleu" recouvrent une gamme de
significations à la fois plus étendue et plus concrète. Pour moi,
le bleu n'est pas seulement la couleur du ciel, j'en ai cinq ou
six à ma disposition [15]… »

b) et de la linéarité expressive, marquée par le renvoi répété
indiquant quel

« modèle littéraire […] ni Pétrarque ni Goethe, mais le petit
rapport de fin de semaine, celui qu'on rédige à l'usine ou au
laboratoire, qui doit être clair et concis, et qui ne laisse que très
peu de place à ce que l'on appelle "la belle écriture". Je ne sais
pas si ce programme et ce projet se répercutent dans ce que
j'écris, mais telle est en tout cas mon intention [16]. »

Cette opinion revient encore plus clairement dans les expressions qui touchent à son expérience avec l'ordinateur, quand
il ajoute, après avoir encore une fois rapproché son modèle

---

15. *Ibid.*, p. 85.
16. Dina Luce, « Il suono e la mente », dans *Conversations et entretiens, op. cit.*,
p. 40. Voir aussi d'autres rappels dans le *Dialogue* : « Parfois, forçant un peu le
paradoxe, j'ai écrit que mon modèle d'écriture était le petit rapport de fin de
semaine, et d'une certaine manière, c'est vrai » (*op. cit.*, p. 58).

d'écriture du « rapport » que l'on fait, à la fin de la semaine dans une usine, « clair, essentiel, compréhensible par tous » :

« Présenter au lecteur une "relation" qu'il ne puisse comprendre, me semblerait la dernière des impolitesses. [...] Je pense qu'il est juste de lui transmettre la plus grande quantité possible d'information et de sentiment [17]. »

C'est justement le manuel technique de l'ordinateur qui fournit à Levi les contre-exemples de communication : non tant en raison « de la terminologie employée [18] » qu'à cause de « l'indéchiffrabilité » des pseudo-explications, particulièrement angoissantes pour celui qui s'est plutôt habitué « à peser ses mots » avant de les utiliser [19], à « ne jamais se fier aux mots approximatifs », à en approfondir la « portée » et l'« aire linguistique ».

Arrivé là, à cinq ou six mois de distance du début de l'apprentissage, Levi confie au « Scribe » une traduction didactique de la peur où résonne à nouveau une mise en garde :

« L'ordinateur m'est parvenu avec un assortiment de manuels que je me suis mis en devoir d'étudier avant de toucher aux commandes : je me suis senti perdu. Ils me semblaient

---

17. « Lo scrittore non scrittore », *Opere, op. cit.*, t. I, p. 1206. Levi confirme dans *Fugue de mort*, à propos de Paul Celan (*La Recherche des racines*, trad. fr. de Marilène Raiola avec la collaboration de Joël Gayraud, Paris, Mille et une nuits, 1999, p. 205) : « J'éprouve une certaine méfiance à l'égard de celui qui n'est que le poète de quelques-uns, ou de lui-même. Écrire signifie transmettre : à quoi bon si le message est chiffré et que personne n'en connaît la clé ? » Levi consacre encore une intervention spécifique à l'argument dans *De l'écriture obscure* (dans *Le Métier des autres, op. cit.*, p. 68), où revient l'exemple négatif d'Ezra Pound, « qui a peut-être été un grand poète, mais qui pour être sûr de n'être pas compris allait parfois jusqu'à écrire en chinois, et je suis convaincu que l'obscurité de sa poésie a la même origine que son culte du surhomme, qui le conduisit d'abord au fascisme puis à l'auto-exclusion : l'un et l'autre étaient enracinés dans son mépris du lecteur » (p. 73). Parmi les exceptions, Levi admet la façon d'écrire de Queneau, « exactement opposée à la mienne », mais qu'il aimerait à son tour posséder à ce niveau « s'il en était capable » (« La Cosmogonie de Queneau », *Le Métier des autres*, p. 200).

18. *Dialogue, op. cit.*, p. 63.

19. *Ibid.*, p. 60.

n'être écrits en italien qu'en apparence, en réalité dans une langue inconnue ; bien plus, dans une langue narquoise et maligne où des termes aussi connus qu'"ouvrir", "fermer", "sortir" étaient employés dans un sens inhabituel. Il y a bien un glossaire qui tente d'en donner la définition, mais en procédant à l'inverse des dictionnaires courants. Ceux-ci définissent des termes abstrus en recourant à des termes familiers ; celui-là prétend donner un sens nouveau à des termes faussement familiers en recourant à des termes abscons, et l'effet est désastreux. Que n'a-t-on inventé, pour ces nouvelles choses, une terminologie résolument neuve [20] ! »

Cette affirmation renvoie idéalement à ce que Levi a exprimé dans sa nouvelle « L'aria congestionata [21] » (« L'air congestionné »), à propos de l'italien, cette langue si « riche et noble », mais aussi « tout à la fois, rigide et imperméable, rétive à accueillir des termes nouveaux pour ces choses

---

20. « Le Scribe », *op. cit.*, p. 316.

21. « L'aria congestionata », *L'altrui mestiere*, *op. cit.*, p. 663 (N.d.T. : texte non repris dans la traduction française du *Métier des autres*). À propos de la terminologie, voir ce qu'écrit Claudio Marazzini dans la rubrique « Parlare e scrivere » de *Famiglia Cristiana*, année LXIX, n° 43, 31 octobre 1999, p. 137, sous le titre « Computer o calcolatore ? direi PC ! » (« Ordinateur ou calculateur ? je dirais PC ! ») : « Domenico Salzanetta de Rome m'écrit une très gentille lettre me parlant de ma proposition de graphie italienne pour ordinateur *(compiuter)* et de la proposition du philologue Arrigo Castellani, défenseur de cette orthographe. Le lecteur me demande en substance pourquoi les autres mots italiens comme *calcolatore* ou *elaboratore* ne sont pas suffisants. On peut certes dire et écrire calculateur (électronique), élaborateur (électronique), tout comme il n'est pas interdit de faire usage de l'ancienne expression anthropomorphique *cerveau* électronique. Le fait est que, dans la plupart des cas, l'usage préfère *computer*, emprunt intégral, plus rapide, plus diffusé, plus commun, spécialement dans le cas des *élaborateurs* domestiques ou portables. Il arrive aussi que la brièveté favorise la diffusion du sigle, le simple PC, qui désigne le personal computer. *Calculateur* est devenu obsolète, probablement parce que le développement du computer tend à cacher sa nature de machine qui calcule, pour nous le montrer plutôt comme un ami, un jeu, un collaborateur doté, comme on dit, d'un "entregent amical". Ainsi oublions-nous que le terme anglais *computer* vient du latin *computare*, peut-être à travers le français *computer*. » N'oublions pas aussi que, dans « Azote » (*Le Système périodique*, *op. cit.*), Levi dessine un petit tableau sarcastique du propriétaire obèse de l'usine de cosmétiques qui se singularise par sa manie de déformer les mots et les noms.

nouvelles » qui, suite aux progrès de la science et de la technique effectués depuis plus d'un siècle, attendent d'être « baptisées ou homologuées » avec des expressions et des termes à l'enseigne de ces « fantaisies simplificatrices » capables de « condenser des concepts complexes en un seul mot puisé dans le langage commun ».

Une mise en garde et une suggestion particulièrement significatives sur le plan éthique, parce que le problème de la compréhension et de la (non) communication linguistique, que Levi rencontre ici en petit, dans une utilisation domestique, a toujours constitué pour lui une des faces du danger de l'inhumain, justement accentué par son « attachement » à la machine. Et cela indique encore une fois comment l'œuvre de Levi est parcourue et sous-tendue par des fils qui la serrent plus ou moins visiblement et la rendent plus compacte : qu'il s'agisse du monde du Lager ou de celui de la société d'après-guerre, de la créativité ou des simples inventions industrielles. La « Babel permanente » du « mélange des langues » comme « élément fondamental du mode de vie » dans le Lager[22] – dans lequel les hommes pouvaient ou périr en cédant à l'incompréhension, ou survivre par leur force d'espoir en la compréhension – représente en réalité la demande d'un comportement victime ou défensif à chaque instant et même toujours, vu que le mot est un instrument propre à l'homme. Il s'agit donc d'une réalité qui peut aussi faire mourir physiquement ou psychologiquement, puisque le désordre linguistique et l'option pour un parler obscur ou, pis encore, ambigu, appartiennent à la déshumanité. Une « éclipse de parole », comprise comme une parole-valeur pleine de sens, est donc une éclipse de personne, comme on le lit dans *Décodage* :

« Je pensais aussi à l'ambiguïté intrinsèque des messages que chacun de nous laisse derrière soi, de la naissance à la

---

22. *Si c'est un homme, op. cit.*, p. 39 ; et la confusion des langues est aussi rappelée plus avant, à la p. 78, à propos de la « tour du Carbure », appelée justement « tour de Babel ».

mort, et à notre totale incapacité à reconstruire une personne à travers eux [23]. »

C'est en somme une éclipse d'humanité [24] en tant qu'éclipse

___

23. Ce récit se lit dans la section « Indicatif présent » de *Lilith*, trad. fr. de Martine Schruoffeneger, Paris, Liana Levi, 1987, p. 208-215. Et l'affirmation n'est pas dépourvue d'une composante pessimiste ; le texte se conclut, en effet, par : « Communiquer clairement, exprimer, s'exprimer et se rendre explicite, est le fait d'un petit nombre : quelques-uns pourraient et ne le veulent pas, d'autres voudraient et ne savent pas, la plupart ne veulent ni ne savent » (p. 215). Là se lisent les préoccupations de Levi en matière de communication ; ce dont témoigne Gabriella Poli : « Il exigeait de nous un jugement motivé, dans le cadre de nos propres compétences. Sa question qui me touchait le plus était : "J'ai été clair ?", "Je me suis fait comprendre ?" Il n'aurait jamais remis au lecteur quelque chose d'obscur, d'incompréhensible, ou pire, d'ambigu » (« La memoria come impegno e lotta », dans *Primo Levi : la dignità dell'uomo*, Assise, Cittadella 1995, p. 26). C'est ce qui explique également l'avertissement mis dans la bouche de Faussone : « Vous devez raconter les choses de façon qu'on les comprenne, sans ça c'est plus du jeu. Ou alors est-ce que ça ne serait pas que vous êtes déjà de l'autre côté, avec ceux qui écrivent, et que celui qui lit doit se débrouiller, surtout que maintenant il a déjà acheté le livre ? » (*La Clé à molette*, trad. fr. de Roland Stragliati, Paris, Julliard, 1980, p. 218). Et toujours dans *La Clé à molette*, on peut lire les paragraphes conclusifs de « Tirésias » (p. 66) sur la dualité d'esprit (du chimiste et de l'écrivain) et sur la difficulté de les faire coexister dans l'écriture où le privilège de l'écrivain « est justement de pouvoir demeurer dans l'imprécis et dans le vague, de dire et de ne pas dire » ; et surtout « d'inventer impunément en négligeant toute prudence ». Dans ce contexte, il faut aussi rappeler « De l'écriture obscure » (*Le Métier des autres*, *op. cit.*, p. 68-77). En tant que critique, Levi reprochait à son ami Vacca ses récits de science-fiction et ses essais peu accessibles en raison de leurs « excès de technicismes, et par ailleurs [de] leurs décalques du slang et de l'américain parlé », révélant « une certaine dose d'exhibitionnisme innocent » (« L'ingegnere-filologo e i suoi sogni proibiti », « L'ingénieur-philologue et ses rêves défendus », *Opere*, *op. cit.*, t. I, p. 1152-1154).

24. « De la communication manquée ou déficiente, tous ne souffraient pas dans la même mesure. Ne pas en souffrir, accepter l'éclipse de la parole, était un symptôme funeste : il signalait l'approche de l'indifférence définitive » (*Les Naufragés et les rescapés, op. cit.*, p. 100). Et dans « Lo scrittore non scrittore », conférence donnée à l'Association culturelle italienne, le 19 novembre 1976, il ne manquait pas de rappeler le « but, lui-même ; écrire clair pour chercher le contact avec le public. C'est peu rentable ou utile d'écrire et de ne pas communiquer. […] L'écriture sert à communiquer, à transmettre des informations ou des sentiments. Si elle n'est pas compréhensible, elle est inutile, c'est un cri dans le désert et ce cri peut être utile pour qui écrit, non pour qui lit. Donc, la plus grande clarté et, seconde règle, le plus petit encombrement : c'est-à-dire être compact, dense. Le superflu, lui aussi, porte préjudice à la communication parce qu'il fatigue et ennuie » (p. 1204).

de communication, et donc de rapports interpersonnels réciproquement enrichissants.

Si la rencontre avec l'ordinateur se joue dans la sphère de l'imprévu, elle doit également se colleter, du fait de ces manuels, à toute une stratégie de déstabilisation, finissant ainsi par alimenter une volonté de défi, somme toute liée au choc initial (et c'est Levi lui-même qui recourt, dans « Le Scribe », à l'expression « premier contact [25] »). Il s'agit donc d'un moment de vide créatif qu'il nomme lui même « épuisement des réservoirs » ; il déclare par ailleurs qu'il rédige des poésies « sans trop y croire [26] ». C'est donc une période pendant laquelle il recherche une « nouvelle voie, que ce soit un thème ou un langage », pendant laquelle il se replonge dans des travaux interrompus comme *Les Naufragés et les rescapés*. Et c'est probablement lors d'une telle propension à l'attente – qui signifie aussi une certaine disponibilité du temps – que la rencontre avec l'ordinateur « peut assumer ces formes particulières, parce que, comme il le rappelle, au début, cela n'a pas été sans peine [27] », et ce en raison de deux sentiments convergents : non seulement l'ignorance totale de la terminologie employée (que l'on vient de rappeler), associée à l'indéchiffrabilité des manuels ; mais aussi, principalement peut-être, la peur, très partagée aujourd'hui par quiconque travaille avec un tel instrument, de perdre des données ou des textes écrits, même si l'on prend progressivement conscience (ce qui ne va pas sans d'autres soucis) qu'une telle éventualité a été prévue et s'avère techniquement minime.

À ce propos, Levi recourt au superlatif (« *j'étais terrifié à l'idée* que le texte écrit finisse effacé par quelque fausse manœuvre [28] »), qui s'ajoute à ce qu'il décrira, dans « Le

---

25. « Le Scribe », *op. cit.*, p. 316.

26. « À la muse » (5 septembre 1982) : « Pourquoi me visites-tu si rarement ? [...] ; Et je perçois là-dessous, / Là où germent mes idées, / Une boursouflure qui n'y était pas auparavant, / Livide et endolorie. / Il est difficile qu'elle contienne des vers » (v. 6 et 10-14, *Altre poesie*, dans *Opere*, *op. cit.*, t. II, p. 605). (N.d.T. : ce poème n'est pas repris dans la traduction française parue chez Gallimard.)

27. *Dialogue*, *op. cit.*, p. 90.

28. *Ibid.*, p. 90.

Scribe », comme un comble « d'angoisse : l'angoisse de l'inconnu, que je n'avais plus éprouvée depuis plusieurs années [29] ».

Un tel sentiment, en vérité – et ceci rappelle la persistante circularité de situations et de renvois thématiques propres à la création de Levi –, il l'avait déjà précédemment objectivé sous d'autres formes, dans un récit au titre suggestif : « La fugitive », où « une poésie digne d'être lue et retenue, […] un don du destin [qui] arrive à quelques rares personnes, en dehors de toute règle et de toute volonté, et à ces quelques rares personnes, même, cela n'arrive que rarement dans la vie », tente à plusieurs reprises de fuir pour « se détacher » de son auteur, et finit par s'autodétruire dans le déchiquètement du papier, provoquant dans le poème une gamme de sentiments en *climax* qui passent de « l'ennuyeux » au « plein de colère », le tout cadencé par une description psychologique tellement fine du défaut de mémoire qu'on y reconnaîtrait volontiers une expérience personnelle :

« Il cherchait à se remémorer sinon la totalité de la composition, du moins ce premier vers, cette illumination première, mais il n'y parvint pas. […] Il sentit dans sa bouche un goût métallique, écœurant : le goût de la frustration, du jamais plus [30]. »

C'est un aspect qui nous est également révélé par une photographie que Mario Monge prend de Levi en juin 1984 [31] – c'est-à-dire à peu de jours ou de semaines de l'acquisition,

---

29. « Le Scribe », *op. cit.*, p. 316.

30. « La fugitive », *Lilith*, *op. cit.*, p. 136 ; et voici la conclusion : « Pascal passa le dimanche suivant à tenter, avec de moins en moins d'espoir, de reconstruire la poésie. À partir de ce jour-là, il n'éprouva plus ni sifflements ni frissons ; il s'efforça plusieurs fois au cours de sa vie de se remémorer le texte perdu. Il en écrivit même, à intervalles de plus en plus espacés, d'autres versions, de plus en plus pauvres, languides, exténuées. »

31. Cette couverture a été choisie par Belpoliti pour *Conversations et entretiens* ; dans la « Note aux textes », il y a toutefois une contradiction dans les dates : après avoir écrit « Une photographie de Mario Monge prise en juin 1984 », il note au moment de la transcription : « SOLDAT 25/6/86 ».

comme nous l'avons déjà rappelé – tandis que l'écrivain observe sur l'écran de son ordinateur les vers d'une poésie, « Soldat », inachevée dans la mesure où – explique Belpoliti – elle se poursuit « sur l'écran suivant », et restée de fait en partie inédite (ce qui est photographié) et en partie perdue (le reste, qui n'apparaît pas sur l'écran).

Au-delà du problème de fond de l'attitude « humaniste » de Levi face à l'outil mécanique, l'usage de l'ordinateur entraîne aussi une réflexion sur son incidence effective sur la modalité de l'écriture. Il s'agit d'une voie d'investigation qui, malheureusement, ne peut pas aller très loin pour une raison très simple : à cette date, alors que l'usage de l'ordinateur était devenu habituel, la période créative – et la vie même – de Primo Levi touchent à leur terme. Le point de départ est l'expérience – que je crois commune à nous tous et, sans conteste, digne d'analyse [32] – de l'incidence objective de l'ordinateur sur la modalité de l'écriture : incidence moins technique que substantielle, sur le rapport entre la pensée et une écriture qui s'objective différemment selon que l'on utilise la plume (le Bic ou le stylo), la machine à écrire ou l'ordinateur. Vu qu'il s'agit d'une expérience encore à ses débuts, Levi se pose uniquement le problème sous sa forme potentielle ou intuitive :

« Il n'est pas exclu que cet outil exerce une subtile influence sur le style. Il fut un temps où l'obligation de graver chaque caractère incitait à la concision, au style « lapidaire ». Peu à peu ce fastidieux labeur a diminué et, aujourd'hui, il est quasiment nul : on peut assembler, corriger, retoucher, couper, insérer du texte avec une facilité dérisoire. Or je crains que

---

32. Voir par exemple *Lingua Letteratura Computer* de Mario Ricciardi, Bollati Boringhieri, Turin, 1996, et en particulier les interventions de Domenico Fiormonte, « Il computer e la scrittura : limiti e forme di un influsso » et de Giulio Lughi, « Browsing e controllo del testo : intorno agli ipertesti narrativi ». Le volume comporte également une riche bibliographie.

cette facilité n'incite en contrepartie à la prolixité. Il faudra que je me garde de ce travers[33]. »

Ce n'est qu'une hypothèse, vu l'attitude d'apprenti impliquée par la date du *Dialogue* et soulignée par le protagoniste lui-même :

« Je suis encore un néophyte : il me reste quantité de choses à assimiler, mais déjà, il m'en coûterait de revenir à la machine à écrire, sans parler du stylo, des ciseaux et de la colle[34]. »

Mais elle se vérifie et se précise quelque six mois plus tard :

« L'aisance avec laquelle on efface, corrige, ajoute et remplace, facilite le passage de l'esprit au papier. Peut-être le facilite-t-elle même trop ; l'absence de barrière (il est moins fatigant d'écrire sur l'écran que sur d'autres supports) peut conduire à la prolixité et nuire à la prégnance, mais l'inverse est également vrai : la rature est instantanée et ne laisse aucune cicatrice sur le papier ; tailler dans le vif est une opération très facile et indolore[35]. »

Un problème irrésolu, en somme, comme on l'a déjà rappelé, aussi parce que ce qui naît à l'ordinateur, ce ne sont que les dernières poésies, quelques-uns des articles ensuite rassemblés dans *Le Métier des autres* et dans *Nouvelles et essais* et *Les Naufragés et les rescapés*. Et aussi parce que l'outil semble

---

33. *Dialogue, op. cit.*, p. 91.
34. *Ibid.*, p. 91.
35. « Poésie et ordinateur. La poésie peut-elle se concilier avec l'informatique ? », *Primo Levi. Conversations et entretiens, op. cit.*, p. 78-79. Et dans l'entretien accordé à Di Caro (« Le nécessaire et le superflu »), à la question : « La différence est-elle grande entre écrire un livre à l'ordinateur et l'écrire à la machine ? », il répond : « Elle est plus grande qu'entre écrire à la main et employer un ordinateur. Lorsqu'on se sert de la plume, il est facile de prendre les ciseaux et la colle pour insérer des passages, modifier ou ajuster le texte. Avec l'ordinateur, c'est encore plus facile, tout se fait sur l'écran. Si l'on tape à la machine, en revanche, la peine que représente l'enlèvement de la page ou la prise du fluide correcteur pour effacer, fait que, souvent, on renonce, par inertie ou paresse, à corriger une phrase ou un passage. Je ne crois pas qu'un philologue puisse établir qu'un texte soit écrit à la plume, à la machine ou à l'ordinateur » (p. 196-197).

se proposer plutôt dans la perspective de la découverte, suggé-rant une attitude qui ressemble – selon ses paroles – à celle du drogué : il connaît les dangers mais ne peut s'en détacher, tombant dans la dépendance :

« Il y a ensuite un autre danger : mon outil (machine) ne fait pas qu'écrire, il dessine. Depuis la quatrième élémentaire, je ne dessinais plus, et je m'amuse de façon indécente à créer sur le petit écran des formes qui me semblent belles et nouvelles, et dépassent de beaucoup mes capacités manuelles ; et puis je peux les "mettre en mémoire", les imprimer. C'est tellement fascinant que j'y perds de nombreuses heures : au lieu d'écrire, je joue et je m'amuse comme un enfant [36]. »

Ce qui ne va pas sans conséquences créatives, en vérité, puisqu'il dessinera lui-même, avec son Macintosch, la couver-ture du *Métier des autres*.

Malgré l'enthousiasme communicatif de ces lignes, on ne peut cependant s'empêcher de penser à d'autres « vices de forme » : à « Wilmy » dans *Histoires naturelles*, par exemple, ainsi qu'aux deux répliques, de type question-réponse, du « Versificateur » :

« Pourriez-vous vous en passer ? Non, n'est-ce pas ? C'est un instrument de travail comme un autre, comme le télé-phone, comme la machine à ronéotyper. […] Je possède le Versificateur depuis deux ans. Je ne peux prétendre l'avoir déjà amorti, mais il m'est devenu indispensable [37]. »

Ce sont des expressions annonçant celles que Levi, vingt-cinq ans plus tard, s'attribuera à lui-même dans « Le joueur caché » :

---

36. *Dialogue*, *op. cit.*, p. 91. Pour une définition plus précise de l'expression « vice de forme », qui sert de titre à tout un recueil, voir les pages célèbres du récit « Agent d'affaires » (*Histoires naturelles*, *op. cit.*, p. 281-303, et plus particuliè-rement p. 301).

37. « Le Versificateur », *op. cit.*, p. 31 et 51.

« C'est presque devenu une partie de mon corps, comme les chaussures, les lunettes ou les prothèses dentaires ; pour écrire et pour archiver, il m'est indispensable [...] ; j'ai cédé à la tentation[38]. »

Ainsi décrite, l'attitude, plutôt commune, trouve un appui dans les paroles de son interlocuteur, Tullio Regge, à propos de la possession analogue « [d'un] tout petit ordinateur, le plus petit et le moins cher. Je ne m'en sers pas pour la recherche, sinon occasionnellement. J'ai de la peine à me libérer de son emprise ; c'est une drogue. Il est le parfait jouet pour adultes, bien meilleur que le train électrique, officiellement offert aux enfants mais, en pratique, monopole des parents. Selon moi, l'ordinateur finira par se répandre comme le feu dans la prairie et changera la face du monde, celle du monde industrialisé, à tout le moins. Il n'est pas possible d'y résister[39]. »

Et cet autre avis de Regge – que nous savons aujourd'hui non suivi – ne décrit pas une situation très différente de celle de la perte des défenses immunitaires de l'intellect[40], dessinée par Levi dans « Dysphylaxie ». Voici ce que dit le physicien :

---

38. « Le joueur caché », *Le Fabricant de miroirs*, trad. fr. d'Alain Maugé, Paris, Liana Levi, 1989, p. 179. Des idées analogues reviennent dans la « Conversation avec Alberto Gozzi » (in *Primo Levi*, éd. Marco Belpoliti, « Riga », 13, Marcos y Marcos, 1997, p. 91) : « *Primo Levi, quel est l'aspect de votre table de travail ?* C'est un bureau à deux faces : côté nord, il y a une face archaïque, classique, avec une machine à écrire, des tiroirs et tout un matériel d'écriture ; côté sud, il y a un ordinateur, qui est mon idole du moment, devant laquelle je me prosterne ; il m'a corrompu, c'est avec lui que j'écris actuellement et que je suis en tractations. Difficile d'en sortir lorsqu'on y est entré. [...] une des finalités de l'ordinateur, c'est de tout mémoriser pour que rien ne soit perdu. »

39. *Dialogue, op. cit.*, p. 92.

40. Dans *Lilith, op. cit.* Voici ce qu'il écrit : « Quant à l'histoire de l'hyposthéone, même les enfants la connaissent : c'était une substance indestructible, mais on s'en était rendu compte trop tard ; elle passait des excréments à l'égout, puis de l'égout à la mer, et de la mer aux poissons et aux oiseaux ; elle volait dans les airs, retombait avec la pluie, s'infiltrait dans le lait, dans le pain et dans le vin. Maintenant, le monde en était plein, et toutes les défenses de l'organisme étaient tombées. C'était comme si la nature vivante avait perdu sa défiance : plus aucune greffe n'était rejetée, mais tous les vaccins et les sérums avaient perdu leur pouvoir, et les anciens fléaux, la variole, la rage et le choléra, avaient refait surface » (p. 110).

« À ceux qui me demandent comment doser l'ordinateur pour les enfants, je conseillerais d'éviter les jeux préprogrammés, qui sont une insulte à l'intelligence et entraînent une déplorable dépendance. En revanche, je regarde comme un passionnant défi intellectuel la programmation et la maîtrise de la machine qui en découle. L'ordinateur a le pouvoir d'amplifier les possibilités humaines, aussi bien positivement que négativement[41]. »

D'un côté, il y a donc un comportement « légitimé » par la volonté du toujours nouveau, la curiosité, le « plaisir » « d'apprendre à faire des choses nouvelles à soixante-cinq ans[42] », l'ardeur de savoir, d'« examiner de près », la « découverte », déclarée spéculaire dans la figure de Pline l'Ancien et chez Galilée[43]. Une attitude par ailleurs décrite plus en détail par Primo Levi parlant de Rabelais[44] « mon maître » :

« Pourquoi Rabelais nous est-il proche ? Il ne nous ressemble guère pourtant, il est riche de ces vertus qui manquent le plus à l'homme d'aujourd'hui, si triste, empêtré dans ses obligations et dans sa fatigue. Il nous est proche comme l'est un modèle, par son esprit de curiosité allègre, par son scepticisme indulgent, par sa foi dans l'avenir de l'homme ; et aussi par sa façon d'écrire, si rétive aux conventions et aux règles. »

---

41. *Dialogue*, *op. cit.*, p. 92.

42. *Ibid.*, p. 91.

43. Les citations viennent de « Pline », v. 3, 5, dans *À une heure incertaine*, *op. cit.*, p. 46 ; pour Galilée, voir *Sidereus nuncius*, *ibid.*, p. 91, où ne manque pas l'autre dualité chère à Levi, intellect/manualité : « Cette lunette, je l'ai moi-même fabriquée / Moi, homme docte et cependant aux mains habiles » (v. 11-12).

44. « François Rabelais », *Le Métier des autres*, *op. cit.*, p. 34. Voir aussi à ce propos les déclarations faites à Claudio Toscani : « J'aime Rabelais et je le lis souvent, mais ce n'est qu'à de rares moments que je me sens capable d'écrire à sa manière admirable. Je crois que mes seules pages vaguement rabelaisiennes sont celles dédiées au Centaure, dans les *Histoires naturelles*. Rabelais me plaît comme un ami, qui n'est pas nécessairement un modèle, mais qui peut stimuler par contraste, ou être l'occasion d'une vacance de l'esprit. Je l'ai appelé "mon maître" par ironie » (*La voce e il testo*, Milan, IPL, 1985, p. 126). Voir également l'ample choix de Rabelais dans *La Recherche des racines* (« Mieux de rires que de larmes écrire », p. 85-94).

De l'autre côté, il y a la rapidité à « affronter l'inattendu », parce que si « l'élan vers la recherche s'arrête, l'ennui s'installe [45] ».

Les affirmations citées introduisent ensuite à un second aspect : celui de la vérification de l'humanisme à la lumière des inventions de la science et de ses innovations techniques. Ces deux disciplines ont déjà, par ailleurs, été déclarées parentes : le goût pour la « grande découverte, celle qui te coupe le souffle » et pour l'« émotion (qu'elle soit esthétique ou poétique) » de quand « le chaos donnait lieu à l'ordre, l'indistinct au compréhensible », rappelle en effet que « créer ou reconnaître une symétrie, mettre les choses à leur place » est une « aventure mentale commune au poète et au scientifique [46] ». Ce n'est pas pour rien que la vérification vise surtout le danger des « vices de forme » qui peuvent intervenir quand la science abjure sa propre neutralité et, avec elle, sa propre conscience éthique [47].

C'est sur ce type d'embranchement que se trouvent continuellement les interventions de Levi, au point d'élever le problème du « vice de forme » à la même dimension que celui du Lager, si l'on perçoit bien le degré d'inquiétude émanant des récits consacrés à cette réalité. Levi fait le point sur la

---

45. *Dialogue, op. cit.*, p. 40.

46. *Ibid.*, p. 30.

47. « En outre, dans le monde entier, et notamment dans le tiers monde plein de fureur, les militaires seraient réduits à l'impuissance si la science et les universités asservies au pouvoir politique ne déversaient le flux continu d'innovations exclusivement destinées à la guerre et de perfectionnements des inventions existantes. Il faut donc que, dans le monde entier (mais on pourrait commencer ici), physiciens, chimistes et biologistes prennent pleinement conscience de leur sinistre pouvoir. Je sais bien qu'il existe une science neutre, mais je sais également qu'il existe une autre science qui n'est pas neutre : c'est à elle qu'il faut dire "ça suffit". Il faut que, dans les facultés scientifiques des universités, surtout, se diffuse une claire conscience morale : j'accepte telle mission, je n'accepte pas telle autre » (Fiora Vincenti, Roberto Guiducci et Mario Miccinesi, « Le sinistre pouvoir de la science », *Conversations et entrevues, op. cit.*, p. 76).

quatrième de couverture d'*Histoires naturelles*, un recueil publié aux éditions Einaudi, en 1966, sous le pseudonyme de Damiano Malabaila :

« J'ai écrit une vingtaine de récits et je ne sais pas si j'en écrirai d'autres [...]. Au moment où je les écris j'éprouve un vague sentiment de culpabilité, comme celui qui commet consciemment une transgression [...]. Je suis entré (inopinément) dans le monde de l'écriture avec deux livres sur les camps de concentration ; ce n'est pas à moi d'en juger la valeur, mais c'était sans aucun doute des livres sérieux, dédiés à un public sérieux. Proposer à ce même public un volume de divertissements, de farces morales, peut-être drôles mais détachés, froids, ne serait-ce pas comme cette fraude, dans les opérations commerciales qui consiste à vendre du vin dans des bouteilles d'huile ? Ce sont des questions que je me suis posées au moment d'écrire et de publier ces « histoires naturelles ». Eh bien, je ne les publierais pas (pas tout de suite, à dire vrai) si je ne m'étais pas aperçu qu'entre le Lager et ces inventions, il existait une continuité, un pont. Le Lager, pour moi, a été le plus gros des "vices", le plus menaçant des monstres générés par la raison [48]. »

---

48. Dans la conversation déjà citée, « L'écrivain non écrivain », Levi essaiera de réduire, voire de masquer, une telle portée : « À propos de mes récits, beaucoup de gens m'ont demandé si lorsque je donnais une forme narrative aux égratignures, petites ou grosses, de notre monde et de notre civilisation, je voulais me référer de nouveau au Lager. Je peux répondre : de façon délibérée, certes pas ; dans le sens où écrire délibérément sur une réalité en termes symboliques ne figure pas dans mon programme. Qu'ensuite, il y ait, ou non, une continuité entre le Lager et ces institutions, cela me semble une possibilité, mais moi, je n'ai à ce propos aucune certitude ; cela ne dépend pas de moi » (p. 1205). Mais voici un autre type de réponse qui paraît intermédiaire entre les deux : « Mais existe-t-il un lien entre l'homme du Lager et ces histoires de machines poétesses, de femmes en état d'hibernation perpétuelle et de créateurs-bureaucrates ? » La réponse de Levi est plus mordante : « Je suis un amphibien, dit-il, un centaure (j'ai également écrit des récits sur les centaures). Et il me semble que l'ambiguïté de la science-fiction reflète ma condition actuelle. Je suis partagé en deux moitiés. La première est celle de l'usine, je suis un technicien, un chimiste. L'autre, au contraire, est complètement indépendante de la première, et c'est celle dans laquelle j'écris, je réponds aux interviews, je travaille sur mes expériences passées et présentes. Ce sont bel et bien deux moitiés de cer-

La connexion entre ces deux moments réside justement dans l'étiologie de la déshumanisation que désignent *Si c'est un homme* et les récits d'*Histoires naturelles*, de *Vice de forme* et de *Lilith*. Il s'agit d'un processus que Levi résume clairement dans une lettre, envoyée en avril 1946 à Jean Samuel, où il rappelle que le Lager était une « *Vernichtung*, un anéantissement non seulement matériel, mais surtout spirituel[49] ». C'est tout ce qui se trouve dans la série des récits de science-fiction « ou mieux de biologie-fiction[50] » : justement en tant que lutte, cette fois avec les armes de l'humour et de l'ironie contre le danger d'un anéantissement qui est d'abord, et très clairement,

---

veau. C'est une fêlure paranoïaque (comme celle, me semble-t-il, d'un Gadda, d'un Sinisgalli, d'un Solmi). Et ce sont deux parties de moi-même tellement distinctes que je n'arrive même pas à travailler sur la première, celle de l'usine, avec ma plume et mon imagination. J'ai essayé d'écrire des nouvelles sur ma vie à l'usine. Ce sont les plus mauvaises. Non. Je n'y arriverai jamais, j'en suis sûr. C'est l'autre monde qui se réalise dans mes livres. Celui qui englobe mes expériences de jeunesse, la discrimination raciale, mes tentatives pour ne pas être différent de mes camarades d'école, puis mon retour à la tradition hébraïque (l'hébraïsme opposé au fascisme, comme la liberté à la terreur, car j'ai découvert que de nombreux principes de liberté sont enracinés dans l'essence même de la tradition hébraïque la plus pure), la guerre des partisans, et enfin les camps et le fait d'avoir écrit sur cette monstrueuse déformation de l'humain. Tout cela a donné mes livres et la notoriété qu'ils m'ont apportée, et les rencontres nouvelles, et les nouvelles dimensions humaines que j'ai atteintes. Mais tout s'est passé *en dehors* de ma vie de tous les jours. Dans ces circonstances, il est naturel, me semble-t-il, qu'on écrive de la science-fiction. En outre, ces *Histoires naturelles* sont les propositions de la science et de la technique vues par l'autre moitié de soi-même » (Edoardo Fadini, « Primo Levi se sent écrivain "à demi" », *L'Unità*, 4 janvier 1966, dans *Conversations et entretiens, op. cit.*, p. 110). L'argument s'avère en outre récurrent, il revient dans *Vice de forme*, « Ce sont les techniciens qui nous sauveront », interview de Luca Lamberti : après *La Trêve*, « je sentais que j'avais encore des choses à dire, et que je ne pouvais les exprimer qu'en adoptant un autre langage : un langage qui, je l'entends dire, est défini comme ironique, mais que je perçois comme strident, oblique, malveillant, volontairement antipoétique, bref, aussi inhumain que l'avait été mon langage d'autrefois. Oui, peut-être, comme l'a dit Adorno, on ne peut plus faire de poésie "après" Auschwitz, ou en tout cas ceux qui y sont allés ne le peuvent plus ; alors qu'il était possible de faire de la poésie "sur" Auschwitz, une poésie lourde et dense, comme du métal en fusion, qui s'écoule et vous laisse vide » (p. 115).

49. La lettre est reprise dans « Témoignage sur Primo Levi », du même Jean Samuel, dans *Narrativa*, n° 3, p. 109.

50. L'expression est d'Italo Calvino, dans une lettre du 22 novembre 1961 qui se trouve maintenant dans *I libri degli altri, op. cit.*, p. 382.

spirituel[51]. Un anéantissement qui corrode l'esprit de l'intérieur et qui peut donc également comporter, comme il le décrit efficacement dans « Une retraite sereine », l'anéantissement matériel, à travers un processus très net de désagrégation de la personnalité humaine : de l'habitude, entraînant une perte de volonté, on passe à la perte d'identité personnelle et humaine pour arriver, à travers un processus de dégradation biologique, à la mort elle-même[52].

Voilà pourquoi, à y bien regarder, il est même réducteur de parler de science-fiction ou de biologie-fiction : et non seulement parce que, *stricto sensu*, la vraie science-fiction, comme Levi en parle avec Regge, seuls les scientifiques peuvent la faire aujourd'hui ; mais aussi parce que, comme le suggère une telle affirmation, l'aspect technique qui peut faire défaut dans une page de Levi ressortissant à ce genre narratif se trouve compensé par l'aspect éthico-anthropologique, qui porte sur cet univers un regard spécifique, marqué par les valeurs testimoniales. Ce qui dans ce cas signifie raconter non ce que la technique et la science ont, donnent ou peuvent donner, mais ce que toute cette riche gamme de potentialités d'offre peut comporter. En somme, une potentialité de témoignage qui ne s'appuie plus sur un danger effectif et en acte, comme l'était le Lager, mais sur un danger possible comme l'est virtuellement le Lager de l'Esprit. On pourrait presque dire que Levi, cherchant à pénétrer les possibilités réelles des offenses de l'humain passe du *Si c'est un homme* au *Sera-ce* (peut-être déjà : *est-ce*) *« encore » un homme ?* La « Simpson suite » est, dans ce cas, doublement significative, non seulement parce

---

51. À propos de l'ironie et du problème du rôle excessif des machines qui vont jusqu'à remplacer l'homme, voir la nouvelle « Le Psychophante » (*Histoires naturelles, op. cit.*, p. 379-389), où exposer quelqu'un à la risée est entre autres une activité qui déplaît à Levi, comme la psychanalyse ; celle-ci, dans la nouvelle, se voit remplacée par un mécanisme qui emprunte quelque chose à l'art magique des siècles passés.

52. Voir également à ce propos Giuseppina Santagostino, « Nuove prospettive nell'interpretazione della narrativa fantascientifica di Primo Levi », *Narrativa*, n° 3, janvier 1993, p. 14.

qu'elle est justement donnée en *climax*, jusqu'à la décomposition et à l'autodestruction, en guise de personnage-micro-golem, mais aussi parce que, au-delà du sujet narratif unitaire, elle peut bien préfigurer la totalité obstinée, omniprésente et dévorante des potentialités industrielles.

Il ne me semble pas fondé de parler à ce propos d'attitude humaniste antiscientifique, et d'adopter ainsi une position de soupçon. Au contraire, ces récits naissent justement au moment où se développe un débat animé sur les prétendues « deux cultures » (et « le fait que les cultures soient deux est déjà, d'entrée de jeu, nuisible. Il devrait n'y en avoir qu'une[53] »), une expression qui vient du titre du petit livre de Snow qui arrivera en Italie en 1964 grâce à la maison d'édition Feltrinelli. Un faux problème, selon Pasolini, qui le détournait d'une façon idéologique et soutenait que les théories marxistes l'avaient résolu depuis belle lurette. À l'encontre de tout cela, Levi affronte le problème d'une autre manière[54] : de l'intérieur, dans la perspective de celui qui, depuis toujours, s'est donné à faire dans les deux secteurs et s'est donc attaché, plus ou moins consciemment au début et toujours plus consciemment par la suite, non seulement à les faire coexister, mais à les harmoniser. C'est ce dont témoignent encore plusieurs déclarations du *Dialogue* Regge-Levi où émerge clairement le choc entre les deux cultures, un choc déterminé par une éducation

---

53. « Déjà, le fait qu'il y ait deux cultures est nocif. Il ne devrait y en avoir qu'une : Galilée n'en avait qu'une, comme Spallanzani, comme Magalotti. Ils ne sentaient, ils ne percevaient aucune rupture. Galilée était un immense écrivain précisément parce qu'il n'était pas du tout écrivain. C'était quelqu'un qui voulait raconter ce qu'il avait vu » (Giuseppe Grassano, « Con Primo Levi », in *Conversations et entretiens*, *op. cit.*, p. 176).

54. C'est le même Calvino qui rappelle cette anomalie de Levi dans le « panorama culturel, éthique et scientifique » et il en souligne le présupposé d'une « civilisation commune qui est sensiblement différente de celle que présuppose une grande partie de la littérature italienne » (*I libri degli altri*, *op. cit.*, p. 382). Lorsque Levi présente un exemple de littérature insolite, *Remorques*, de Roger Vercel, dans *La Recherche des racines* (*op. cit.*, p. 107), il souligne combien cet écrivain « traite un thème actuel, mais curieusement peu exploité : l'aventure humaine dans le monde de la technologie », et il ajoute : « Le rapport homme-machine n'est pas nécessairement aliénant, il peut même enrichir ou intégrer l'ancien rapport homme-nature. »

scolastique standardisée, du type de celle voulue par la réforme Gentile [55].

Levi n'est pas seulement pour une solution de non-conflit et donc de levée des incompatibilités, mais pour une intégration et mieux encore (comme il aime le dire) une « interfécondité » ; il est pour des « programmes vagues et grandioses, d'une littérature médiatrice, révélatrice, à cheval entre les "deux cultures", et qui participe des deux [56] », convaincu de l'enrichissement réciproque même en cas de forte dialectique. Dans le cas contraire, il s'agirait d'« une coupure artificielle, arbitraire et nuisible, héritage de lointains tabous et de la Contre-Réforme […]. Ni Empédocle ni Dante ni Leonard de Vinci ni Galilée ni Descartes ni Goethe ni Einstein ne connaissaient ce triste cloisonnement ; ni les anonymes bâtisseurs des cathédrales gothiques ni Michel-Ange ; ni non plus les bons artisans

---

55. *Dialogue*, *op. cit.*, p. 36. Qui plus est, à Ernesto Ferrero (« Se lo scrittore sapesse che la scienza è anche fantasia », *Tuttolibri*, 21 janvier 1984 ; cité dans *Conversations et entrevues*, *op. cit.*, p. 100), il déclare : « Il ne faut pas s'en étonner, pour les hommes de ma génération, la cassure entre les "deux cultures" a été vraiment dramatique. Mon professeur d'italien, qui était au demeurant excellente, répétait que seule la littérature constitue une authentique formation, alors que les sciences exactes ne sont que des disciplines informatives, un point c'est tout. Quand j'entendais cela, mes cheveux se dressaient sur ma tête, mais, dans l'école qui prenait pour modèles Giovanni Gentile et Benedetto Croce, des affirmations de ce genre étaient courantes. »

Et à Lamberti qui lui demande de mieux définir le rapport entre l'art et la société : « Je serai tout aussi vague pour définir les rapports entre l'art et la société. L'art peut être un guide ou un miroir, ou un ennemi, ou un juge de la société ; il peut même l'ignorer, s'il y parvient. On ne peut et on ne doit exiger de celui qui crée qu'une seule chose : qu'il ne soit ni un esclave ni un faussaire ; et, en outre, qu'il ait l'humilité de regarder autour de lui, et de reconnaître que la figure de l'artiste prophète, voix de Dieu, source de vérité, n'a plus cours aujourd'hui : à côté de lui, une autre culture est née, qui grandit vertigineusement. Il sera bon que le poète ménage une place près de lui au physicien, à l'économiste, au psychologue : il se trouvera en bonne compagnie, et il aura peut-être davantage de choses à dire » (*Conversations et entretiens*, p. 116).

56. « Avec la clé de la science : à l'occasion de la mort d'Italo Calvino », *La Stampa*, 20 septembre 1985 (repris dans *Opere*, *op. cit.*, t. II, p. 1152). C'est Levi lui-même qui parle d'« interfécondité » dans l'Avant-propos au *Métier des autres*, *op. cit.*, p. 11.

d'aujourd'hui, et les physiciens qui hésitent au seuil de l'inconnaissable [57] ».

Science et nouveautés technologiques s'offrent donc à lui comme un nouveau stimulant et un ressourcement pour son activité d'écrivain : les deux moments, la littérature et l'orbe scientifico-technologique, agissent en opérant un contrôle réciproque et enrichissant. Il confie à l'*humanitas* le devoir de surveiller la science lorsqu'elle s'écarte de l'humain ; et à la science celui de veiller aux aléas et aux dérapages internes de la littérature (vus comme une diminution de la responsabilité de l'homme en tant que tel).

Levi a du reste souligné, à plusieurs occasions, les affinités entre les deux camps et le danger, qu'il soit linguistique ou communicationnel, que comporte leur non-homogénéisation. Et il n'est certes pas indifférent que son accusation [58] porte justement sur la réaction négative (« lourdement et sans

---

57. Avant-propos au *Métier des autres*, *op. cit.*, p. 10-11. En ce qui concerne le concept d'intégration, voici comment Levi présente son ami Roberto Vacca à l'occasion de la recension à *Esempi di avvenire* (Rizzoli) : « Ingénieur militant, professeur universitaire, polyglotte par nature et par tradition familiale, d'une vitalité tumultueuse, romain de plein droit résidant en Amérique et partout, bon mathématicien, physicien, humaniste, Vacca est un homme intégré au meilleur sens du terme » (« L'ingeniere-filologo e i suoi sogni proibiti », *op. cit.*, p. 1152).

58. « L'aria congestionata », *op. cit.*, p. 663 ; mais tout le passage demande à être rappelé : « En avançant pesamment et sans discrétion l'étiquette humaniste, nous recourons pour les choses nouvelles aux langues latine et grecque. Maintenant, il ne semble pas que les résultats soient toujours bien acceptés par les utilisateurs, c'est-à-dire par tous ceux qui parlent ; ceux-ci se trouvent devant des termes de toute évidence "non naturels", imposés d'en haut, préfabriqués, trop longs et peu clairs, privés de toute possibilité d'analogie, souvent chargés, même, de fausses suggestions et analogies. À en juger aux effets, bien connus de quiconque a fréquenté un dispensaire ou un laboratoire chimique ou une officine, la répugnance avec laquelle l'homme parlant accueille ces mots qu'il est contraint d'utiliser, est évidente. Ils représentent pour lui de vrais corps étrangers, imposés de force dans sa langue ou son dialecte, et l'utilisateur contraint cherche inconsciemment à les ajuster : il se comporte en somme comme l'huître qui, ensemencée avec un grain de sable aux aspérités aiguës, ne le supporte pas et le rejette, ou, au contraire, l'enroule, le couve, le lisse, et peu à peu en fait une perle. C'est très typique, l'homme parlant s'efforce de reconstruire le "vrai" sens d'un mot en le déformant plus ou moins profondément » (p. 663-664).

discrétion », ce sont les expressions auxquelles il recourt), de
« l'orientation humaniste ».

   Tout cela s'imbrique plus qu'il n'y paraît, si seulement on
pense que chaque fois qu'il parle de l'ordinateur, Levi évoque
l'image du « facteur Golem », c'est-à-dire de la machine, instrument passif, qui acquiert la volonté et la capacité de se sous-
traire au contrôle de son créateur (« un serviteur qui ne voulait
pas être un serviteur[59] »). Cette image n'est certes pas le fait
du hasard : elle apparaît à diverses reprises dans ses pages,
avec diverses valeurs, parfois même comme une simple citation ou référence. Et pour en revenir au monde des machines
et à cette machine particulière qu'est l'ordinateur, la définition
de « Golem personnel », qui lui est appliquée, me semble particulièrement significative pour ce qu'elle comporte d'explicite
comme d'inexplicite. Et parce que le bref résumé de l'histoire de Löw bar Bezabel, dans la Prague de Rodolphe II, au
XVIᵉ siècle, que Levi donne dans « Le Scribe », ne se limite
pas à un simple rappel-renvoi de l'histoire narrée en détail
dans « Le Serviteur » mais finit par suggérer d'autres liens particuliers. Parce que, ce Golem, décrit dans « Le Serviteur »
comme « un peu plus qu'un rien : c'est une portion de matière,
c'est-à-dire de chaos […], en somme un simulacre, et comme
tel il n'est bon à rien ; c'est même quelque chose d'essentiellement suspect et à quoi il faut prendre garde », comme un
« fragment de chaos », voulu comme « un *po'el*, c'est-à-dire
un ouvrier, un serviteur fidèle et fort et d'un discernement
non excessif[60] », doté de surcroît d'une mémoire mécanique, ce
Golem, donc, présente de nombreuses caractéristiques propres
à l'ordinateur. Et s'il est vrai que celui-ci ne partage pas la
richesse de dons passionnels de la créature argileuse de Rabbi
Löw – bien qu'il n'en manque toutefois pas : « je me suis

---

59. « Le Serviteur », *Histoires naturelles*, *op. cit.*, p. 428.
60. *Ibid.*, p. 421.

aperçu par exemple qu'elle est d'une gloutonnerie irréfléchie[61] » –, il est tout aussi vrai que, dans la reconstruction de Levi, ne manque jamais l'allusion (ironique dans « Le Versificateur », affectueusement divertissante dans « Le Scribe ») non seulement à une composante hylozoïsme (« Une fois ce désir satisfait, il émet un léger ronflement, ronronnant comme un chat béat, s'anime et montre aussitôt son caractère : il est vif, secourable, sévère à l'égard de mes erreurs, têtu[62] »), mais aussi à un comportement spirituel, « humain, vraiment[63] » ; l'ordinateur est en effet capable de traverser des moments d'« angoisse », au cours desquels il réussit même à établir des missions impensables comme le « lien entre le sauveteur antique (Samson) et le moderne (Simpson). Un lien… poétique ! Bien sûr. Si ce n'est pas de la poésie, cela, qu'est-ce que c'est[64] ? » ; et encore aux capacités de s'octroyer des « licences » quant au choix des vocables, plus directement appropriés et même à une autoconnaissance qui déborde en autoconscience[65]. Sans oublier, en dernier lieu, les consé-

---

61. Il lui fait don des « passions » comme « la colère […], l'obéissance […], la superbe […], le courage […], et même un peu de la folie d'Achab ; mais non la ruse sainte de Jacob, ni la sagesse de Salomon, ni la lumière d'Isaïe, car il ne voulait pas se créer de rival » (*ibid.*, p. 424-425). De toute évidence, la légende connaît de nombreuses variantes.

« Le joueur caché », *op. cit.*, p. 182. Le tout se trouve cependant inséré dans un contexte qui restitue au déterminisme mécanique cette gloutonnerie, parce que « la machine, elle, est plate », si elle se trompe, « elle le fait toujours de la même façon », « elle joue avec un style qui n'est pas humain », même si elle a reçu de ses programmateurs « une marge d'indétermination, un peu de "libre arbitre", une intelligence presque humaine » et surtout la capacité de séduire : « ce mystérieux joueur mécanique […] est donc un grand séducteur : il est là qui vous attend, toujours prêt et toujours différent, aimable et sans pitié. Il vous réclame » (voir le texte complet aux p. 182-184).

62. « Le Scribe », *op. cit.*, p. 318.

63. « Le Versificateur », *op. cit.*, p. 45.

64. *Ibid.*, p. 50.

65. Le premier aspect résulte de la consultation du manuel : « […] sous toute autre contrainte de forme, elle cherche automatiquement parmi les mots enregistrés dans le vocabulaire, choisit en premier les plus adaptés au point de vue du sens, et construit autour d'eux les vers correspondants. Si aucun de ces mots ne convient, la machine recourt aux licences, c'est-à-dire déforme les mots admis ou en forge des nouveaux. Le degré de "licensiosité" de la composition peut être fixé par l'opé-

quences de la « terrible vérité » commune au Golem et à l'ordinateur : que « rien ne porte plus souvent à la folie que deux ordres opposés entre eux[66] ».

C'est donc ainsi, plus ou moins explicitement, que l'ordinateur entre, en qualité de variante crédible, dans la légende du Golem, une légende qui tend du reste habituellement à réapparaître dans les moments historiques les plus confus et les plus controversés, comme, en 1915, le *Golem* romanesque de l'Autrichien Gustav Meyrink et, en 1921, le Golem théâtral du Russe, juif, Halper Leiwik, composé en hébreu et puis en yiddish :

« Je me suis donc mis en devoir de travailler sur les deux tableaux, exécutant sur la machine les instructions des manuels et cela m'a aussitôt fait venir à l'esprit la légende du Golem. On raconte qu'il y a de cela bien des siècles un rabin-mage construisit un automate d'argile, d'une force herculéenne et d'une obéissance aveugle afin de défendre les juifs de Prague des pogroms ; mais celui-ci restait inerte, inanimé, tant que son auteur ne lui glissait pas dans la bouche un rouleau de parchemin sur lequel était inscrit un verset de la Torah. Alors seulement le Golem de terre cuite devenait un esclave zélé et intelligent : il arpentait les rues et faisait bonne garde, sauf à se changer de nouveau en pierre si on lui ôtait son parchemin. Je me suis demandé si ceux qui ont construit mon appareil ne connaissaient pas cette étrange histoire (ce sont à coup sûr des personnes cultivées et même spirituelles), car cet ordinateur a très exactement une bouche, tordue, entrouverte en un rictus mécanique. Tant que je n'y introduis pas une disquette, l'ordinateur ne donne aucun ordre, il n'est qu'une boîte métallique

---

rateur au moyen de la manette rouge qui se trouve à gauche, à l'intérieur du carter. Voyons cela... » (*ibid.*, p. 40) ; le second aspect réside dans les paroles de Simpson : « Maintenant, nos techniciens ont pensé que la solution la plus simple est de conditionner les machines à connaître le nom de toutes les pièces : comme cela, en cas de panne, elles sont capables de demander directement le remplacement de la pièce défectueuse » (p. 46).

66. « Le Serviteur », *op. cit.*, p. 429.

inanimée ; mais dès que je presse l'interrupteur, un voyant lumineux apparaît poliment sur l'écran, ce qui signifie, dans le langage de mon Golem personnel, que ce dernier attend d'avaler goulûment son disque souple[67]. »

C'est là que le lien avec des connaissances touchant presque à la génétique et à la cybernétique contemporaine[68] entre à son tour dans un filon précis. Et l'on pourrait citer, en référence à ces années 60, un livre très célèbre, même en Italie, *Dieu et Golem. Cybernétique et religion* de Norbert Wiener[69] ; il est capital puisqu'il fonde la cybernétique, à la suite d'un autre volume, *Introduction à la cybernétique*, où il plonge ses racines.

Mais si je regarde le titre du récit de Levi, « Le Serviteur » – qui définit par ailleurs, comme « Le Scribe », une situation de travail subalterne –, plutôt que l'automate déjà cité de Rabbi Löw ben Bezabel, ou encore « L'Embryon », pour le dire avec une référence plus serrée à l'étymologie de Golem, me viennent alors à l'esprit les RUR, c'est-à-dire les Rossum's Universal Robots de Karel Capek dans le drame du même nom en 1920. Le terme *robot* est d'ailleurs évoqué par Levi quand il écrit que le Golem est « en somme ce qui dans la langue de Bohême s'appelle un robot[70] ». *Robot*, c'est un lemme que Capek, suite à l'heureuse représentation londonienne de 1923, consigne officiellement aux dictionnaires mondiaux, en apportant au terme aveugle *robota* la qualification étymologique de « travail forcé », « travail servile », « corvée ». Et cela, non sans une annotation aussi significative que curieuse, suggérée par Angelo Maria Ripellino dans sa *Note*, lourde de sens, au

---

67. « Le Scribe », *op. cit.*, p. 317-318. À ce que l'on vient d'évoquer, on peut aussi ajouter les premières des treize œuvres cinématographiques sur le Golem, *Der Golem* de Henrich Galeen (1914) et les deux films de Wegener de 1917 et de 1920.

68. Sur cet aspect, voir également Gabrielle Poli-Giorgio Calcagno, *Echi di una voce perduta*, Milan, Mursia, 1992, p. 288.

69. Traduction italienne parue en 1967 chez Bollati Boringhieri, Turin. (Trad. fr. Paris, Éditions de l'Éclat, 2000).

70. « Le Serviteur », *op. cit.*, p. 422.

texte n° 19 de la collection « Einaudi Littérature », le 31 juillet 1971 (et qu'a donc pu connaître Levi) :

« *Robot* (au féminin *robotka*) renvoie aussi au russe *rabotat'* (« travailler »), d'où *rabotchàga* (travailleur infatigable, le « dric » aveugle). Dans l'argot des camps de concentration soviétiques, *rabotchàga* désigne le condamné préposé aux travaux les plus durs et les plus ingrats[71]. »

Ajoutons également que les caractéristiques soulignées par Levi dans la seule association Golem-ordinateur vont bien au-delà de la créature d'argile du Rabbi Löw, à laquelle les robots de Capek sont étroitement liés[72].

Les robots de Capek sont de fait « des mélanges d'une substance chimique qui se comporte comme le protoplasme, d'un "gluten organique" [...], substance découverte par le philosophe des sciences Rossum (*rozum*, "raison"), un vieil "extravagant", un "fou fantastique", de la lignée des fous savants qui prospéraient au temps de l'expressionnisme[73] », et il n'y a pas de doute que dans cette famille puisse aussi s'inscrire pleinement et en toute dignité le fameux M. Simpson de Levi et les inventeurs de la NATCA, laquelle diffère à peine, on le voit, de la Rossum Universal de Capek ; il en va de même pour les

---

71. Angelo Maria Ripellino, *Note*, à Karel Capek, RUR & L'affaire Makropoulos, Turin, Einaudi, 1971, p. 173. Et à ce propos il me semble que cela vaut la peine de rappeler que justement l'affaire Makropoulos se déroule dans la Prague du XVIᵉ siècle, au temps de Rodolphe II, cette ville où se trouvait également Rabbi Leone, le créateur du Golem.

72. « Outre le thème principal du serviteur mécanique, plusieurs autres interventions de *RUR* se rattachent à la légende du Golem ; tout d'abord le motif de la folie soudaine, de l'épilepsie et de la convulsion qui peuvent, en raison d'un problème organique, attaquer les robots et les réduire à une simple carcasse bonne pour la ferraille. De l'orbe de cette légende dérive également cette idée qu'exprime avec horreur la nourrice : imiter la création divine en modelant de damnés petits hommes est un sacrilège diabolique. Le motif de l'insurrection des robots contre les hommes qui les ont construits est étroitement lié à ces variantes de la saga du Golem, où la révolte du mannequin d'argile se trouve expliquée par sa haine du rabbin, un pédant inventeur barbu. Notons toutefois que la révolte des colloïdes indifférenciés de Capek reflète, selon les principes du drame populaire alors à la mode, l'intolérance sociale et la sourde colère des opprimés » (A. M. Ripellino, *Note, op. cit.*, p. 176).

73. *Ibid.*, p. 174.

autres inventions de ce même auteur de Bohême : les sala-
mandres hybrides et molles du roman *Vàlka s mloky* de 1936[74],
mi-phoques mi-lézards verts, aux petites mains d'enfants et
privées de toute faculté intellectuelle (« elles n'ont pas de fantaisie, d'humeur, d'idéologie, elles ne jouent ni ne rêvent »), la
cracatite, cette usine où se crée le carburateur de l'Absolu (res-
pectivement dans *Krakatit*, en 1924, et dans *Tovàrna na Abso-
lutno*, en 1922). Les caractéristiques de ces créatures robots qui
« ignorent la souffrance, les affects et la peur de la mort », qui
sont « sans âme », et possèdent une « intelligence rationnelle »
ainsi qu'une « mémoire » « extraordinaires », les apparentaient
encore plus avec la nature du « serviteur obéissant mais torve
et sournois, qui mijote une vengeance contre les vexations
des patrons[75] ». L'esprit qui marquait l'état d'âme de Capek
lorsqu'il inventait ces créations ne me semble pas différent de
celui de Levi :

« Tandis que j'écrivais, une terrible peur me saisit, je voulais
mettre en garde contre la production de la masse et des slogans
déshumanisés et tout à coup l'angoisse me prit qu'un jour,
peut-être proche, ce serait comme cela, et que désormais mon
avertissement ne servirait à rien, que de la même façon que
moi-auteur, j'ai conduit les forces de ces mécanismes obtus là
où je voulais, un jour quelqu'un conduirait le stupide homme-
masse contre le monde et contre Dieu[76]. »

Un tel esprit s'est répandu et a nourri bon nombre de récits
non consacrés aux camps de concentration ; ils regardent
dans la direction clairement résumée par Ripellino pour
Capek : « RUR veut donc être un avertissement à la société

---

74. *La guerra delle salamandre*, Rome, Lacarini, 1987, avec une introduction de
Giovanni Giudici ; *La fabbrica dell'Assoluto*, présenté par Annelisa Alleva, Rome-
Naples, 1984.
75. A. M. Ripellino, *Note*, *op. cit.*, p. 174.
76. Cité *ibid.*, p. 176.

technologique, pour que l'on s'aperçoive à temps du gouffre dans lequel on est en train de se précipiter[77]. » Par rapport à cela, « Le Versificateur », avec son jeu humoristique de « farce comique », a presque une légèreté d'« opéra-bouffe ». Les dates elles-mêmes montrent du reste que le texte radiophonique se place au début de la Simpson-suite, destinée, de récit en récit, à s'assombrir ; par certains aspects, celle-ci semble aussi rappeler – « il faut marcher avec son temps –, déclare le protagoniste[78] » tout un ensemble de créateurs, surtout en musique (Pousseur et Stockhausen, par exemple), qui, dans ces années-là, voulaient confier leur propre créativité aux instruments de l'électronique (je pense au Phonogène et au Morphogène de l'ingénieur-musicien Pierre Schaeffer, et au titre du volume de Fred K. Prieberg *Musica ex machina*), tandis qu'un peu partout en Europe surgissaient et se multipliaient des études de phonologie musicale[79].

La théâtralité, du reste, ne réside pas seulement dans la structure du texte (dialogique), mais dans le *coup de théâtre* final, révélant que le dialogue théâtral lui-même, « Le Versificateur », est précisément une création de cet instrument.

Le contenu, on le sait, traite de l'acquisition d'une machine qui soit capable de composer des vers d'un « poète lauréat » contraint (c'est du moins ce qu'il affirme – et là se pointe l'ironie de Levi) de renoncer après « quinze ans » à son propre rôle de poète inspiré (« J'en ai assez de ce sale métier : je suis

---

77. *Ibid.*, p. 178.

78. « Le Versificateur », *op. cit.*, p. 31.

79. Le volume de Prieberg a été traduit en Italie chez Einaudi en 1962. C'est dans les années 50 que surgissent les centres les plus importants en musique concrète et électronique à Paris (1951), à Cologne (1952), à Milan (1956, à la RAI, grâce à Luciano Berio et Bruno Maderna) et à Bruxelles (deux studios en 1958). Aussitôt après viendront Varsovie, la Columbia-University, Eindhoven, Baden-Baden, Darmstadt, Tokyo. Et, concernant les nouveaux instruments et les expérimentations qui les accompagnent, « ce n'est pas par hasard que Schaeffer nous parle d'une cohérence de conception fondée sur des procédés analytiques et sélectifs des machines cybernétiques d'où il est possible de tirer des mécanismes combinatoires quantifiables, capables de suggérer une structure en vertu d'agrégations qui peuvent être étrangères au champ traditionnel de la musique » (Armando Gentilucci, *Introduzione alla musica elettronica*, Milan, Feltrinelli, 1972, p. 37-8).

poète, moi, un poète lauréat, pas un tâcheron[80] ») pour produire des poésies qui se vendent aux seigneurs et aux marchands : des épithalames, de la poésie publicitaire, des hymnes sacrés très appréciés malgré « quelques petites fautes de syntaxe » (c'est ce qu'admet confidentiellement la secrétaire du poète[81]), tout cela parce qu'il n'arrive plus à honorer ses commandes et à accueillir les demandes de principe. Une machine aux fonctions simples qui « prononce ses compositions et les transcrit simultanément », qui a peu de « fantaisie » et qui convient « pour des travaux de routine », mais qu'un bon opérateur peut rendre « capable de véritables prodiges » (ce qui se réalisera, ironiquement, dans la scène finale), capable de déterminer « le ton, le style, le "genre littéraire", [...] la forme métrique », « la détermination temporelle », et avec quelques « effets spéciaux[82] », d'employer « vingt-huit secondes pour un sonnet, le temps de le prononcer, naturellement, car le temps de la composition est imperceptible : quelques millièmes de seconde[83] » ; mais sans les complications du nouveau modèle NATCA qui vise maintenant un « vrai poète mécanique », désormais « en phase d'élaboration avancée » :

Il s'appellera « The Troubadour » : une machine fantastique, un poète mécanique *heavy-duty*, capable de composer dans toutes les langues européennes, vivantes ou mortes, capable de faire des poésies sans interruption sur mille feuillets, de − 100 à + 200 degrés centigrades, dans n'importe quel climat, même sous l'eau et sous vide *(Baissant la voix)*. Son emploi est prévu dans le projet Apollon : il sera le premier à chanter les solitudes lunaires[84].

---

80. « Le Versificateur », *op. cit.*, p. 30.
81. *Ibid.*, p. 32.
82. *Ibid.*, p. 35.
83. *Ibid.*, p. 47.
84. *Ibid.*, p. 35.

Du reste, dans un univers de machines qui produisent de tout, depuis les turbo-confesseurs avec un peu de placet cardinalice jusqu'à la psyché elle-même, des duplicateurs d'objets de types très variés jusqu'au clonage de personnes et aux odeurs ayant la fonction de petites madeleines aériennes (ce qui est une insulte des plus graves, si l'on considère que pour Levi la mémoire, dans son devoir testimonial, est une faculté humaine primordiale – et ce n'est pas pour rien qu'un de ses premiers récits, écrit en 1946, tout de suite après le retour du camp, s'appelle « Les Mnémagogues »), dans un tel univers, « Le Versificateur » peut même se présenter comme un de leurs parents pauvres : il n'est rien d'autre, à y bien regarder, qu'un perfectionnement fainéant d'un instrument déjà existant[85]. Si l'on veut être plus précis, le Versificateur se proposait comme une innovation de la technologie-fiction et il avait comme fonction de renouveler et de perfectionner, sur un ton ironique, ce qu'ont été, pendant des siècles, les « dictionnaires de rimes[86] ». Ce que Levi propose donc, quand il parle du « Versificateur », c'est une relecture technologique d'un instrument poétique. Ce dernier avait par ailleurs déjà fait l'objet des critiques ironiques émanant de Parini (ce Parini, « responsable du moindre mot qu'il a écrit », sarcastique envers « les imbéciles heureux », et qui figure parmi les auteurs de *La Recherche des racines*[87]). Si l'on veut insister, on pourrait même lire ce travail radiophonique presque comme une

---

85. Le travail du poète louangeur est en effet, un « travail harassant » (*ibid.*, p. 28), qui n'accorde « jamais un moment de libre inspiration », ne permet pas de différer les échéances, voire de refuser des travaux (« des épithalames, de la poésie publicitaire, des hymnes sacrés »). Et après deux ans d'utilisation de la machine : « Il a fait montre d'aptitudes multiples : non seulement il me soulage d'une bonne partie de mon travail, mais il tient aussi la comptabilité et règle les paiements, m'avise des échéances et fait même mon courrier » (p. 51).

86. Ceci ne traduit aucune ironie, de la part de Levi, sur l'emploi de la rime en poésie ; il voit plutôt celle-ci comme un « lien » créatif qui « oblige le poète à l'imprévisible », en le forçant « à inventer, à trouver ; à enrichir son vocabulaire de termes inusités ; à tordre la syntaxe ; bref, à innover » (« La rime à la rescousse », *Le Fabricant de miroirs*, *op. cit.*, p. 141-142).

87. « Les hobbies », *La Recherche des racines*, *op. cit.*, p. 49.

réécriture de la comédie de Goldoni, *Le Poète fanatique*, où l'on trouvait une satire des académies et d'une pratique poétique artificielle et louangeuse, irréelle et arcadique, du type de celle dont se moquait âprement Levi dans les vers de *Pio*. Certes, avec le sourire un peu amer des fantômes technologiques qui surgissent au gré de la paresse intellectuelle et d'une faible créativité. Vu sa date de composition – rappelons-la : 1960 pour le récit, bien avant 1965 et la traduction en dialogue théâtral –, le travail de Levi anticipait sur tout problème, au moins pour ce qui concerne la réflexion en Italie : cela tenait presque à de la science-fiction, si l'on se remémore l'état des réflexions alors déterminées par l'emploi, le perfectionnement et la diffusion des ordinateurs. Dans « La poésie peut-elle se concilier avec l'ordinateur ? », sa pensée s'élaborera, forte d'une expérience personnelle d'écriture avec l'ordinateur. Pour que le problème soit posé en termes plus explicites, et capables de soulever une polémique, il faudra donc attendre novembre 1967 où Calvino, au terme d'un long excursus introductif, articule, lors d'une série de conférences tenues pour l'Association culturelle italienne et reproposées en diverses occasions sous différents titres, mais consignées dans *La Machine littérature* avec le récapitulatif « Cybernétique et fantasmes (ou de la littérature comme processus combinatoire) », la question suivante :

« Ces procédés établis, posséderons-nous, en confiant à un computer la mission d'en accomplir les opérations, la machine capable de remplacer l'écrivain et le poète ? De même que nous possédons déjà des machines qui lisent, qui exécutent l'analyse linguistique de textes littéraires, qui traduisent, qui résument, posséderons-nous des machines capables de concevoir et de composer des romans ?

« Ce qui est intéressant, ce n'est pas tant de savoir si ce problème est soluble en pratique – parce que, somme toute, ça ne vaudrait pas la peine de construire une machine si compliquée – que de savoir si le projet est réalisable en théorie : ce qui peut nous ouvrir une série de conjectures insolites. Et, ici, je ne pense pas à une machine seulement capable de produire de la littérature « de série », déjà mécanique par elle-même ; je pense à une machine « écrivante » qui mettrait en jeu sur la page tous les éléments que nous avons coutume de considérer comme les attributs les plus jaloux de l'intimité psychologique, de l'expérience vécue, de l'imprévisibilité des sautes d'humeur ; les jubilations, et les déchirements, et les illuminations intérieures. De quoi s'agit-il là, après tout, sinon d'autant de territoires linguistiques, dont nous pouvons parfaitement établir le lexique, la grammaire, la syntaxe et les propriétés susceptibles de permuter ?

« Quel serait le style d'un automate littéraire ? Je pense que sa vraie vocation serait le classicisme [88]. »

Une conclusion qui signifiait un rejet pour des raisons plus esthétiques qu'éthiques, dans la mesure où le classicisme est le passé, tandis que

« la vraie machine littéraire sera celle qui sentira elle-même le besoin de produire du désordre, mais comme réaction à une précédente production d'ordre ; celle qui produira de l'avant-garde pour débloquer ses propres circuits, engorgés par une trop longue production de classicisme. [...] prévoir une machine littéraire qui, à un moment donné, ressente l'insatisfaction de son traditionalisme et se mette à proposer de nouvelles façons d'entendre l'écriture, à bouleverser complètement ses propres codes [89]. »

---

88. *La Machine littérature*, Paris, Le Seuil, 1984, p. 17-18.

89. *Ibid.*, p. 18. Sans oublier le soulignement qu'apporte Calvino à sa formulation, « d'un air aussi gai » (p. 19), de ce qui peut bouleverser les hommes de lettres. Il se déclare possibiliste (p. 19) en la matière : « Dans l'acte d'écrire, le *moi* de l'auteur se dissout : ce qu'on appelle la "personnalité" de l'écrivain est intérieure à l'acte d'écrire, elle est un produit et un moyen de l'écriture. Une machine "écrivante", qu'on aura informée de façon adéquate, pourra elle aussi élaborer sur la page une personnalité d'écrivain précise, impossible à confondre ; elle pourra être réglée de façon à développer ou à changer sa "personnalité" à chaque nouvelle œuvre. L'écrivain tel qu'il a existé jusqu'à présent est déjà une machine écrivante, du moins quand il "fonctionne" bien : ce que la terminologie romantique appelait génie ou talent, inspiration ou intuition, n'est rien d'autre que la capacité à trouver la bonne

Cette réponse ne diffère pas de celle que Levi apportera quinze ans plus tard, dans les pages de la revue *Genius* : le problème résidera principalement, là aussi, dans la volonté de sauvegarder ce désordre particulier qui est constitutif de la poésie ; celle-ci « est comme un champignon qui pousse en une nuit, on se réveille le matin avec un poème dans la tête, ou en tout cas l'essentiel d'un poème. Puis c'est un long travail de variantes et de corrections », mais, dans son essence, elle est « fluide, oblique, continue, auréolée de lumière et d'ombre ». Ces expressions, à bien y regarder, ne définissent pas seulement l'activité poétique, mais aussi l'univers et l'âme de l'homme. La poésie est donc naturalité, tandis que le Versificateur, même avec toutes les « licences » dont on a rappelé qu'il était doté, n'est pas autre chose (c'est du moins ce que dit cette phrase : « Mon appareil, pour le moment, n'en est pas encore là[90] ») qu'un ustensile pré-confectionné que l'on doit alimenter « avec des programmes prévus[91] », et qu'on utilise

---

voie empiriquement, par flair et raccourcis, là où la machine suivrait un chemin à la fois systématique et consciencieux, instantané et simultanément multiple. Le processus de la composition littéraire une fois démonté et remonté, le moment décisif de la littérature deviendra la lecture. En ce sens, même si elle est confiée à la machine, la littérature continuera à être un lieu privilégié de la conscience humaine, un exercice des potentialités contenues dans le système des signes de toute société et de tout temps. L'œuvre ne cessera pas de naître, d'être jugée, d'être détruite ou sans cesse renouvelée au contact de l'œil qui la lit ; ce qui disparaîtra, ce sera la figure de l'auteur, ce personnage à qui l'on continue d'attribuer des fonctions qui ne sont pas de sa compétence : l'auteur affichant son âme à l'exposition permanente des âmes, usant d'organes sensoriels et d'interprétation plus réceptifs que la moyenne ; l'auteur, ce personnage anachronique, porteur de messages, directeur de conscience, récitant des conférences dans les sociétés culturelles. [...] Que l'auteur – cet enfant gâté de l'ignorance – disparaisse donc pour laisser sa place à un homme plus conscient, qui saura que l'auteur est une machine, et connaîtra son fonctionnement » (p. 20). Dans cette polémique qui surgit ainsi, interviennent également Giambattista Vicari (« Il significato inatteso », *Il Caffè*, nᵒˢ 2-3, 1969) et Cesare Milanese (« Dal processo combinatorio alla teoresi mitopoietica », *Nuova Corrente*, nᵒˢ 46-47, 1969) ; Calvino réplique par ailleurs dans « La macchina spasmodique », *Il Caffè*, nᵒˢ 5-6, 1969. Rappelons enfin que parmi les papiers de Calvino figure le projet d'un hypothétique recueil d'essais intitulé « Il programmatore e i fantasmi » (« L'ordinateur et les fantasmes »), in *Saggi*, p. 2933.

90. « Le Scribe », *op. cit.*, p. 319.
91. *Ibid.*, p. 318.

pour des opérations logiques : en somme « un excellent instrument pour accomplir des tâches claires et distinctes[92] ».

Voilà pourquoi, dans une interview où il rappelle cet ancien travail (et avec cela les autres récits du livre), Levi parle de « tentatives, parfois intéressantes, qui ont été réalisées dans cette direction », d'« histoires qui se déroulent dans les marges de l'histoire naturelle, mais [qui] sont également artificielles, d'un certain point de vue[93] ».

Ainsi donc, cet écrit de 1985 ne me semble pas vraiment un acte d'accusation contre l'ordinateur[94], même si Levi entend plier ce dernier aux exigences de la créativité : n'a-t-il pas parlé de fascination et de séduction ? C'est ce qu'il reprend également à propos du récit de Davì, *L'air que tu respires* :

« Un livre est vraiment beau parce qu'il fait voir qu'à côté de l'homme asservi à la machine, vit aussi en lui un homme fasciné par la machine, comme Pygmalion l'est par son œuvre. [...] Je pense que la technique ressemble à la lance d'Achille, elle blesse et guérit, selon son usage ou mieux, selon la main qui l'utilise[95]. »

J'y vois plutôt un acte de foi dans la poésie en tant que faculté humaine profonde, comme « une mystérieuse nécessité de tous les temps, de tous les âges et de toutes les civilisations humaines : un langage prégnant, à la fois naturel et artificiel[96] ». La relation entre les deux éléments – poésie et

---

92. « La poésie peut-elle se concilier avec l'informatique ? », *op. cit.*, p. 81.

93. E. Fadini, « Primo Levi se sent écrivain "à demi" », art. cité, p. 110-111.

94. « Celui qui nie les bienfaits des machines est de mauvaise foi ; ne possède-t-il pas un frigo, n'a-t-il pas le téléphone ? Il est clair, par contre, qu'une technologie folle, ou asservie à une classe, peut conduire le monde à la catastrophe ou à une lente gangrène, tandis que la science, fille de la raison, peut libérer l'humanité d'une bonne partie de ses souffrances, et, dans une certaine mesure, elle l'a déjà démontré » (C. Toscani, « La voce e il testo », art. cité, p. 123).

95. *Ibid.*, p. 124-125.

96. Piero Bianucci, « Une mystérieuse nécessité », in *Conversations et entretiens*, *op. cit.*, p. 168.

ordinateur –, Levi l'évoque de nouveau dans une interview où il parle de ses intermittences de poète :

« Je suis un poète intermittent : au bout du compte, dans ma vie j'ai écrit à peine plus d'un poème par an, même si, à certaines périodes, j'écris spontanément en vers. Mais c'est une activité qui n'a rien à voir avec aucune autre activité mentale que je connaisse. C'est quelque chose de totalement différent : c'est comme un champignon qui pousse en une nuit, on se réveille le matin avec un poème dans la tête, ou en tout cas l'essentiel d'un poème. Puis c'est un long travail de variantes et de corrections ; et, là, l'ordinateur se révèle un parfait auxiliaire, pour le plus grand dépit des philologues du futur, qui n'auront aucun manuscrit portant des approximations successives à se mettre sous la dent. On note ainsi le renversement : voilà des années, dans *Histoires naturelles*, j'ai écrit une nouvelle sur un poète qui avait acheté un Versificateur mécanique, automatique : il suffisait de sélectionner le thème, l'époque, le mètre, la longueur et le sujet, et la machine pondait toute seule le produit désiré [97]. »

La question de l'analyse des textes à l'ordinateur rencontre bien des sarcasmes ; un distique du « Versificateur » pourrait offrir un résumé de la question : « Où n'arrive pas la raison / Est bien arrivé l'électron [98]. » Et si dans le texte « Poésie et ordinateur », Levi souligne avec une légère ironie l'importance et la valeur de l'ordinateur pour la linguistique quantitative (« là où il épargne du travail aux érudits en comptant à leur place la fréquence avec laquelle un mot déterminé est employé

---

97. R. Di Caro, « Le nécessaire et le superflu », art. cité, p. 199-200. On pourrait rappeler ici de nombreuses déclarations analogues. Il suffira de citer comme exemple la réponse catégorique faite à la question de Giuseppe Grassano (« Conversation avec Primo Levi », art. cité, p. 183) : « Et ces poèmes [...], quelle est leur valeur, leur signification ? » « À mon avis, elle n'est pas bien grande. Par nature, je ne fais pas de poésie, mais, de temps à autre, je suis gagné par cette curieuse infection, comme par une maladie exanthématique, qui donne un *rush*. Je ne composerai jamais de poèmes d'une manière méthodique. [...] c'est un phénomène que je ne contrôle pas du tout. »

98. « Le Versificateur », *op. cit.*, p. 34.

par certains écrivains ou à certaines époques [99] »), il sera plus draconien encore dans une réponse à une question qui lui avait été posée en ces termes : « Vous en voulez aux philologues et aux exégètes, ou vous tenez à entretenir l'aura de mystère qui entoure le travail littéraire ? » Voici la réponse :

« Non, je crois qu'il n'y a aucun mystère autour du travail littéraire ; à moins, naturellement, que l'œuvre ne nous parvienne, par-delà l'abîme des siècles, d'un auteur dont nous ne savons pratiquement rien. Quant à l'énorme travail de philologie mécanisée que l'on accomplit depuis quelque temps, en comptant la fréquence des mots et en essayant ainsi de confirmer des attributions, il me paraît complètement marginal et donc, au bout du compte, inutile [100]. »

Et l'on pourrait s'arrêter ici. Non toutefois sans ajouter que Levi n'a, par la suite, pas manqué de tomber dans le piège des fréquences.

D'abord à titre personnel : après avoir ironisé sur le « métier gris » de celui qui utilise l'ordinateur pour « savoir combien de fois le mot *eau* apparaît dans l'œuvre de Dante, de Leopardi ou de Montale, et si cette fréquence s'explique par les traumas de la naissance et de l'enfance » pour la plus grande joie des psychanalystes [101], il s'est complu lui-même à compter (manuellement, il va sans dire) combien il y a d'animaux « dans les 237 fables de La Fontaine ; le loup apparaît quinze fois, le lion dix-sept, le renard dix-neuf, et ils sont tous profondément humanisés, dans leurs vices comme dans leurs vertus ; le

---

99. « La poésie peut-elle se concilier avec l'ordinateur ? », art. cité, p. 79.
100. R. Di Caro, « Le nécessaire et le superflu », art. cité, p. 201-202.
101. *Ibid.*, p. 79. On pourrait curieusement ajouter qu'il est sans doute significatif que le mot *eau* soit parmi les plus utilisés, dans l'absolu, par le chimiste-écrivain Levi, ainsi que le met en évidence une analyse de sa prose. Dans une réponse à celle qui le lui a fait remarquer, il ajoute : « Qu'il y ait en dessous de tout ça une histoire freudienne, c'est bien possible : je n'ai jamais fait d'analyse » (« Conversation avec Paola Valabresa », *ibid.*, p. 205).

serpent n'apparaît que trois fois, dans des rôles marginaux et vaguement allusifs [102] ».

Ensuite, indirectement : je pense à la recherche de Jane Nystedt *Les Œuvres de Primo Levi vues à l'ordinateur. Observations stylistiques et linguistiques* [103], menée exclusivement sur les œuvres en prose (romans, récits et essais).

Une recherche de ce type appliquée à la poésie – dépassant et se jouant aussi peut-être un peu des sarcasmes de Levi – ne manque pas de fournir des résultats intéressants, si on soumet au programme de l'interrogation DBT, développé par le Centre de linguistique informatisée de Pise, les poésies de *À une heure incertaine* et les *Autres poésies*, rassemblées par Belpoliti, en les répartissant dans les trois groupes canoniques que Levi a lui-même établis : des textes des années 40 (A) ; des années 60-70 (B) ; des dernières années (C).

« – Vous êtes aussi poète, bien que peu prolifique. L'ensemble de votre œuvre poétique peut être divisée en trois phases. De 1943 à 1946, vous avez composé seize poésies lyriques ; dans les trente années successives, douze seulement. Mais à partir de 1978, vous avez écrit plus de poésies que vous ne l'aviez fait pendant les soixante années précédentes.

« – Les deux premières phases peuvent s'expliquer en faisant référence à la fameuse déclaration d'Adorno qui prétendait qu'écrire de la poésie après Auschwitz serait une barbarie. Je modifierais légèrement le propos : après Auschwitz, c'est une barbarie d'écrire de la poésie, sauf si celle-ci a comme sujet Auschwitz. La troisième phase, à partir de 1978, est peut-être liée à un nouveau flux de vitalité intérieure. J'étais en excellente santé. J'étais satisfait du livre *Maintenant ou jamais*, publié récemment, et, pour moi, écrire de la poésie est comme écrire dans une autre langue. Quand tu réussis à composer une bonne poésie, alors tu te sens encouragé à en écrire une autre encore, surtout si tu reçois un écho positif chez ta femme, tes

---

102. « Besoin de peur », *Le Métier des autres*, *op. cit.*, p. 331.
103. Stockholm, Almqvist & Wiksell International, 1993.

parents, tes amis, tes critiques. Il s'agit, en termes chimiques, d'un phénomène autocatalytique, d'un processus qui grandit en chacun de nous [104]. »

La réponse de Levi contient des indications qui peuvent être soumises à une double vérification, dans leur réalité première, et dans la transformation de leurs contenus. Une vérification sur échantillon, entendons-nous, qui ne manque pas de mettre en évidence des schémas de résultats intéressants ; on y procède à une analyse comparée, fondée moins sur les nombres absolus que sur les pourcentages.

Le champ de la négativité apparaît très élevé (*sans, personne, ni, rien, aucun, jamais* et autres semblables, auxquels il faudrait ajouter aussi l'*obscurité*, le *noir*, etc.) : ce qui dénote, par exemple, une très haute fréquence du sens de la privation *(sans)* dans A (0.549) tandis que B et C sont homogènes (0.201 ; 0.250) ; inversement dans B où prévalent *personne* (0.301 ; *rien* dans A ; 0.138 dans C) et *ni* (A : 0.163 ; B : 0.402 ; C : 0.175) ; tandis que les présences du *non* et du *jamais* sont plutôt homogènes. Très abondant est aussi le champ du doute (miroir du moment de la composition des vers : comme « à une heure incertaine »), même si les conjonctions qui l'expriment présentent des valeurs variables. Le *si*, par exemple, est très présent dans A (0.549) et dans C (0.488) ; il est très rare dans B (0.100) où, au contraire prévalent *peut-être* (0.502 contre les 0.110 et 0.163 de A et C), et *mais* (1.004 contre 0.549 et 0.538 de A et C), pour désigner une nouvelle disponibilité par rapport à l'immédiat après-guerre que, cependant, les années 80 font décliner. Si l'on passe au champ de la temporalité, plus que la présence du terme *temps*, plutôt homogène (0.384 ; 0.201 ; 0.363), *quand* me semble fort révélateur de l'espoir et de l'attente : avec un pourcentage très élevé dans A (0.714), diminué de moitié en B (0.301) et encore en descente dans les dernières années (0.250). Et l'on pourrait poursuivre en notant la fréquence basse de sentiments forts comme

---

104. « Conversazione con Anthony Rudolf », *Riga, op. cit.*, p. 106.

l'*amour*, la *haine*, la *pitié*, le *cri*, l'*amitié* et le *pardon*, qui laissent plutôt la place aux verbes de volonté. Cela montre la poésie de Levi comme faite avec peu de couleurs ; seuls prévalent le blanc, le gris et le noir (qui servent l'obscurité et l'ombre). Tout cela confirme un ton prédominant de langage parlé : une poésie qui voit à l'œuvre un *je* qui n'est jamais fermé sur lui-même (ce *je* est tantôt direct, tantôt médiatisé à travers d'autres personnages, comme dans le cas de *Plinio* ; et dans différentes expressions : *me, moi, mien*, etc., ou dans la première personne des verbes). Une ouverture au dialogique est soulignée justement par la richesse d'autres pronoms (le champ du *nous*, pour celui qui parle ; du *tu* et du *vous*).

Simples invitations à une recension, menée ici presque par jeu. Mais qui pourrait ouvrir, à mon avis, plus d'une perspective : moins peut-être sur le premier Levi, dont l'expérience poétique précède et accompagne de près les œuvres narratives, que sur le second. Et surtout sur cette expression poétique moins contrôlée rationnellement ou, pour le dire avec les mots de l'écrivain : fruit de sa moitié « irrationnelle », de ce « mécanisme que je ne connais pas et qui se déclenche brusquement, à cause de stimulations imprévisibles : une toile d'araignée, un bourgeon, le dallage d'un trottoir [105] ». C'est enfin la voie à travers laquelle l'ordinateur peut vraiment se faire l'ami de la poésie, surtout lorsque ne pèse plus, comme une contrainte, l'aspect mécanique de la machine, qui peut mener droit au divan du psychanalyste et à « l'autopsie, l'examen post mortem de la poésie même [106] ». Et ce serait une des offenses majeures que l'on puisse faire à Primo Levi.

ERMANNO PACCAGNINI
Université catholique du Sacro Cuore Milano
(Traduit par Marie-France Renard.)

---

105. Giulio Nascimbeni, « Levi : l'heure incertaine de la poésie », in *Conversations et entretiens, op. cit.*, p. 140.

106. « La poésie peut-elle se concilier avec l'ordinateur ? », *op. cit.*, p. 79.

Juifs du Piémont, juifs d'Alsace :
leur place singulière dans l'œuvre de Primo Levi

« Sans les lois raciales et le Lager, je ne serais probablement plus juif, sauf peut-être par mon nom de famille, mais cette double expérience, les lois raciales et le Lager, m'ont marqué d'une empreinte comme on estampe une feuille de métal : depuis, je suis juif, on a cousu sur moi l'étoile de David, et pas seulement sur mes vêtements. »

Voici ce que dit Primo Levi dans « Conversations ». C'est ainsi que, moins d'une année avant sa mort, il a défini sa relation au judaïsme, fondant sur la mise au ban de la collectivité nationale et sur l'épreuve de l'extrême, son identité reconquise de juif. À partir d'une relecture de l'évocation de ses ancêtres, plus particulièrement dans le premier chapitre du *Système périodique*, je voudrais montrer sans aucun souci d'apologétique ou de récupération que la filiation est peut-être plus décisive que ne le reconnaît Primo Levi. Nombre de valeurs dont il se réclame, une certaine façon d'être à soi-même et aux autres, lui viennent de ces juifs de la campagne piémontaise qui n'avaient été admis que très récemment dans les villes. Qui plus est, il me semble que ce n'est pas une entreprise abusive que de montrer combien la culture, et l'itinéraire des juifs du Piémont et des juifs d'Alsace sont comparables et témoignent d'une étonnante proximité. Le travail que j'entends présenter ne constitue qu'une démarche première. On pourrait croire que je cède à l'opportunisme en rapprochant, à l'occasion d'un symposium sur Primo Levi qui se tient à Strasbourg, les juifs

SCIENCE, TEXTE ET LANGAGE

du Piémont et ceux d'Alsace. Il n'en est rien car, depuis ma première rencontre avec *Le Système périodique*, je n'ai pu me départir d'un sentiment d'une étrange coïncidence, notamment entre le judéo-piémontais et le judéo-alsacien. Or, une langue exprime toujours dans le registre du discursif, de l'affectif et du symbolique, le rapport qu'un groupe humain entretient à la fois avec lui-même et avec le monde environnant. Dans son évolution, elle traduit une identité qui est toujours en devenir, participant d'une dynamique renouvelée à travers le temps. Que ce soit le judéo-piémontais ou le judéo-alsacien, il me semble que la fonction essentielle de cette langue de minoritaires est pour l'essentiel triple. C'est d'abord la langue de l'intimité, de la fête, de la proximité sécurisante de la famille et de la communauté. C'est en second lieu la langue de la connivence, de la complicité, pour se mettre en quelque sorte à l'abri de l'hostilité du monde environnant, et parfois pour se venger de ce dernier. C'est aussi la langue de la culture religieuse, plus particulièrement celle des femmes et de la littérature d'édification, la langue de l'éthique au quotidien.

Les juifs du Piémont sont, selon Primo Levi, de lointaine origine espagnole et provençale ; ils sont arrivés vers le milieu du XVIe siècle. Ceux d'Alsace ont été appelés par les princes et les évêques quatre siècles plus tôt. Le paradoxe de leur commune condition, et leur façon d'assumer cette condition, est qu'ils portent des noms « qui souvent les rattachent à un lieu d'origine qu'ils ont dû quitter » : Segre, Foà, Cavaglion, jusqu'à Dreyfus, Bernheim en Alsace. Il y a à la fois une référence aux pays antérieurs et en même temps, comme l'indique la métaphore du fleuve qu'emploie Primo Levi dans *Le Système périodique*, « ce sont des gens du voyage, des arpenteurs de frontières ».

Il est attesté qu'il y a eu dès le XIVe siècle des contacts, certes peu nombreux, entre les juifs d'Alsace et ceux du duché de Savoie. Comme en témoigne l'onomastique, des juifs de Strasbourg et de Sélestat sont venus s'établir dans le Piémont après 1396. Il convient de signaler que la répression qu'Amadeus VI de Savoie mena à l'époque de la grande peste contre les juifs, les condamnations à mort par le feu qu'il prononça, et la saisie de leurs biens, servirent de modèle aux persécutions strasbourgeoises. Il y est fait référence explicitement en ce qui concerne Strasbourg.

C'est paradoxalement sous le signe de l'argon, de l'inactif, que Primo Levi a situé ses ancêtres, symbole de l'inertie et aussi d'une certaine mise à l'écart, apparemment librement consentie. Ceci semble les séparer des juifs de la campagne alsacienne, dont on s'est plu à souligner l'agitation fébrile, la quête harassante pour gagner la subsistance quotidienne. En fait, l'opposition n'est qu'apparente, car, ainsi que Primo Levi le relève lui-même, les juifs du Piémont n'étaient parvenus à une relative aisance, à la fin du XIXe siècle et au début du XXe, qu'après avoir dû eux aussi faire face aux difficultés de chaque jour recommencé. Lorsqu'il évoque leur inertie, et qu'il les met sous le signe de l'argon, c'est la continuité de leur vie intime qu'il entend souligner, c'est-à-dire leur goût pour les spéculations désintéressées, pour les discussions sans fin, sans aucune perspective pratique. Ce que l'on a caractérisé comme l'esprit talmudique, le *pilpoul*, le plaisir de la joute intellectuelle qui rebondit sans fin, participe de cette même gratuité. Quels que soient les soucis du quotidien, leur horizon d'attente allait toujours au-delà de la stricte nécessité. D'autres appellations, d'origine grecque, de ces « gaz inertes » évoqués par Primo Levi renvoient à des connotations beaucoup moins tranquilles, beaucoup moins quiètes. Elles signifient ce qui est caché, et en même temps celui qui masque sa différence. Elles désignent aussi l'étranger, le horsain, qui demeure hors du champ de la compétition sociale. Certes, l'isolement du xénon semble relever d'un choix volontaire, d'une relégation librement consentie, et il est tout à fait exact qu'à l'époque médiévale et à la Renaissance le regroupement volontaire, condition d'une relative autonomie, a précédé la plupart du temps une assignation imposée. Progressivement, l'enfermement dans un ghetto matériel et mental fut imposé aux juifs. Si les juifs d'Alsace, d'abord appelés dans les villes, durent après les massacres de la grande peste et les expulsions fuir dans de nombreuses localités disséminées dans la campagne, il semble que leurs coreligionnaires de la Péninsule, « repoussés ou mal acceptés à Turin, s'établirent dans diverses localités agricoles, notamment dans le Piémont méridional [1] ». Si ces juifs du Piémont méridional ne furent pas l'objet de persécutions comme ce fut le cas en Alsace, ils ne furent pas véritablement acceptés, et pas franchement détestés non plus. La Révolution française, tout comme l'émancipation de 1848 en Italie, signifie que l'accès à la pleine citoyenneté et l'émancipation sociale ne furent acquis que bien plus tardivement. Je cite Primo Levi : « Un mur de suspicion, d'hostilité infinie, les tenait séparés du reste de la population. Ce n'est que progressivement qu'ils firent partie du tissu humain des bourgs et des villages, et qu'ils cessèrent d'être exotiques. Repoussés ou mal acceptés dans les grandes villes, les juifs s'établirent dans les bourgs du Piémont méridional [2]. » Mais alors que les juifs alsaciens, persécutés, expulsés, se cantonnèrent longtemps dans une fonction d'intermédiaires, leurs coreligionnaires piémontais furent davantage des novateurs, et comme le rappelle Primo Levi, ils introduisirent la technique de la soie. Nombre d'entre eux, tout comme ceux d'Alsace, s'identifièrent progressivement avec la nation. Ayant participé au combat pour le Risorgimento, et ayant obtenu l'émancipation, ils s'efforcèrent de s'intégrer à leur environnement sans renoncer à leur spécificité. L'intégration, l'ouverture sur la culture du monde environnant, le passage à la ville à la fin du XIXᵉ siècle et au début du XXᵉ vont susciter chez les juifs piémontais des comportements tout à fait contrastés. Une partie d'entre eux vont rester fidèles à la religiosité des pères et transporter au cœur de la cité les pratiques de la famille rurale. D'autres entendent se débarrasser de coutumes obsolètes que dévalorisent le positivisme et le scientisme ambiants. Certains, enfin, bricolent des compromis par volonté de s'accommoder à l'entourage, par ignorance aussi. Les juifs de la modernité oscillent entre l'intégration, une espèce

---

1. *Le Système périodique*, trad. fr. d'André Maugé, Paris, Albin Michel, 1987.
2. *Ibid.*

d'obstination têtue à persévérer dans l'être, et l'assimilation au risque tout à fait assumé de se perdre. De la première option témoigne notamment le grand-père de Primo Levi, ce marchand de tissus dans l'ancienne via Roma à Turin ; dans un chapitre du *Métier des autres* intitulé « Le fonduc de mon grand-père », il rappelle notamment que c'est chez lui que la famille se rassemblait pour les fêtes juives. Il réunissait autour de lui ses petits-enfants, et à Rosh ha-Shana le grand-père et les petits-enfants écrivaient ensemble *Chana Tova*, « Bonne année », avec du blé sur la nappe.

Une étude comparative du judéo-piémontais et du judéo-alsacien s'impose dans la mesure où, dans ces langues minoritaires, s'expriment significativement un rapport à soi et un rapport aux autres. Ces langues servent dans un premier temps à exprimer, pour l'individu comme pour le groupe, l'expérience de l'intime, depuis la vie affective et la solidarité collective jusqu'aux tensions qui marquent la vie de cette communauté et les relations heurtées avec l'entourage. La tonalité particulière de la religiosité, ainsi que le lien de confiance que le juif de la campagne, piémontaise ou alsacienne, malgré les aléas du quotidien, entretient avec son Dieu, trouvent une expression tout à fait spécifique dans les deux langues. Dans les communautés piémontaises comme dans celles d'Alsace, il y a un véritable rapport de familiarité avec Dieu, mais aussi avec le rabbin. Rapport de familiarité qui s'accompagnait souvent de respect, mais d'un respect non dénué d'humour. À l'appellation piémontaise *moreno* (« notre maître ») correspondait en Alsace *unser réwe* (« notre rabbin ») qui a la même connotation de proximité et témoigne de la même certitude d'être compris et par le rabbin et par le bon Dieu. La même conviction d'être assisté, et au fond pardonné, comme lorsqu'on désigne Dieu en Alsace comme le *lieve Harjet*, le « cher bon Dieu ». Il s'agit toujours d'un Dieu de la proximité, d'un Dieu aimant, et peut-être a-t-on adopté ce terme dans les deux langues en réaction contre la caricature du Dieu jaloux dont la Chrétienté a trop souvent crédité les juifs. Primo Levi dans *Le Système périodique* évoque ainsi oncle Gabriel, qui était rabbin, et qui en cette qualité était connu comme *Barba Moreno*, « oncle notre maître ». Vieux et presque aveugle, il rentrait sous le soleil brûlant de Verzuolo à Saluzza. Il vit arriver une voiture, l'arrêta, et demanda à monter. Mais en parlant au conducteur il se rendit compte peu à peu que c'était un char funèbre qui transportait une chrétienne défunte au cimetière. Chose abominable, car comme il est écrit dans Ézéchiel (44, 25), « un prêtre qui touche un mort, ou entre seulement dans la pièce où gît un mort, est contaminé et impur pendant sept jours ». Alors, bondissant sur ses pieds, il s'écria : « J'ai voyagé avec une morte, une *pegarta* ! Arrête, voiturier ! » Il y a dans ce récit un humour qui n'est pas dénué de compréhension, l'expression à la fois d'une distance certaine par rapport à ce type de comportement, mais aussi une certaine tendresse indulgente. Comment ne pas évoquer en parallèle la figure du rabbin Heymann de Phalsbourg, qui a servi de modèle à Erckmann-Chatrian dans *L'Ami Fritz*, et dont on raconte avec une sympathie amusée la mésaventure suivante : il habitait sur le même palier que le père d'Erckmann avec lequel il entretenait un lien d'amitié très fort. Un jour, alors que le rabbin Heymann rentrait d'un village voisin, il rencontra une femme juive, qui lui raconta qu'elle venait de la ville. Elle s'y était rendue afin de montrer une oie au rabbin pour qu'il se prononce sur la *cachrout*, sur la « conformité rituelle » de cette volaille. D'ailleurs, le rabbin de Phalsbourg l'avait rassurée, l'oie pouvait être consommée en toute quiétude. Le Réb Heymann comprit immédiatement ce qui s'était passé. Il retourna en hâte chez lui, se précipita chez le père d'Erckmann, qui lui avoua avec un large sourire qu'il s'était dévoué pour le remplacer et rendre service à la bonne femme en écartant le doute. C'est ce type de familiarité avec Dieu, ses représentants, et aussi avec les non-juifs qui participent d'un univers dans lequel le juif n'est pas exotique qui s'exprime dans cette langue. Nombre d'exemples en témoignent dans l'œuvre de Primo Levi. Le judéo-piémontais comme le judéo-alsacien, à l'aide de structures linguistiques parallèles, faisant intervenir un même type d'humour, créent une connivence, une complicité. Primo Levi rappelle que le judéo-piémontais, qui a presque disparu, comptait, il y a encore deux générations, quelques centaines de mots et de locutions composés pour la plupart de racines hébraïques pourvues de désinences et de flexions piémontaises. Un examen même sommaire en souligne la fonction dissimulatrice et secrète, celle d'un langage plein de ruse servant à parler des *goyim*, des « non-juifs », en présence des *goyim*, ou encore à répondre hardiment avec des injures et des malédictions qui ne sont pas comprises, au régime de clôture et d'oppression que les *goyim* ont instauré[3]. Si je compare ce qui est dit ici avec l'usage qui est fait parfois du judéo-alsacien, il semble que Primo Levi a surestimé la capacité dissimulatrice de cette langue du secret. Très vite, en effet, la domesticité, les voisins avec lesquels les juifs avaient des liens d'amitié, les bouchers chrétiens avec lesquels les marchands de bestiaux commerçaient, surent acquérir une compréhension, voire des connaissances certaines du *lochen*, cette langue de l'entre-soi. En témoigne cette anecdote dans laquelle un marchand de bestiaux accueille un domestique qui lui ramène une vache. Il fait chaud, c'est l'été, et il lui dit en alsacien : « Mon brave, vous prendrez bien quelque chose à boire ? » Celui qu'on appelle le *mechores*, le domestique, lui répond : « Oui, volontiers. » « Voulez-vous un verre de vin ? » « Je veux bien », répond le domestique. Le marchand de bestiaux crie alors à son épouse, en alsacien : « Apporte un verre de vin à ce brave homme » et il ajoute tout de suite : « 'Hatsi jagin, 'hatsi majim », ce qui veut dire « moitié vin, moitié eau ». Et le domestique de commenter : « Mais chacun séparé ! »

Le judéo-piémontais et le judéo-alsacien sont devenus les langues codées de certaines corporations. Ils se sont maintenus parfois comme tels jusqu'à aujourd'hui sans que leurs protagonistes se doutent de l'origine des termes qu'ils utilisent. Primo Levi rappelle que « ces termes avaient une utilisation

---

3. *Le Système périodique, op. cit.*, p. 15.

typique et toute naturelle dans la boutique entre le patron et ses commis, et à l'intention des clients. Dans le Piémont du siècle dernier, le commerce des tissus se trouvait souvent dans des mains juives, et cette circonstance a donné naissance à un sous-jargon spécialisé qui, transmis par les commis devenus à leur tour patrons, et pas nécessairement juifs, s'est répandu dans de nombreux magasins de cette branche, et vit toujours, parlé par des gens qui demeurent tout étonnés lorsque par hasard ils viennent à apprendre qu'ils emploient des mots hébreux. Certains, par exemple, utilisent toujours l'expression *na vesta a kinim* pour désigner une robe à pois [4] ». Or les *kinim* ce sont les poux, la troisième des dix plaies d'Égypte énumérées et chantées dans le rituel de Pessah, la Pâque juive. Il est facile de mettre cette expression en relation avec un souvenir évoqué par Claude Vigée. Il se rappelle que l'un de ses oncles, marchand de draps, juché sur son échelle, criait à l'intention de son épouse ou de son commis : « Produit DLG ». Il s'agit des premières lettres de *Die Lutter gabeft*, « la garce est en train de nous voler ». L'épouse et le commis comprenaient parfaitement bien à ce moment-là qu'ils devaient redoubler de vigilance et faire attention à ce qui était en train de se passer. Quant aux *kinim*, aux « poux », il existe des expressions de la culture judéo-alsacienne qui y font allusion pour porter un regard amusé sur soi-même et quelque peu distant : « un juif ne se gratte pas en vain, ou bien il a des soucis, ou bien il a des poux ».

Pour la corporation des marchands de bestiaux, que les gens de la ville désignaient comme « l'aristocratie de queue de vache », le judéo-alsacien était une vraie langue de métier. Aujourd'hui encore, après que la Shoah a anéanti l'ancienne communauté juive d'Allemagne, dans certains marchés de bestiaux des grandes villes, les descendants des commis qui travaillaient chez les juifs parlent entre eux le judéo-allemand, qui est leur langue de complicité. Cette langue de connivence

---

4. *Ibid.*, p. 17.

est aussi la langue du refus de l'humiliation. Si les juifs du Piémont ne subirent pas de brutales persécutions comme leurs coreligionnaires d'Alsace, ils constituèrent, selon Primo Levi, une minorité ni très aimée, ni très détestée. Et ils demeurèrent tout au long du XIX⁰ siècle séparés du reste de la population, entourés d'« un mur de suspicion et d'hostilité infinies ». L'émancipation politique précéda l'émancipation sociale et le ghetto invisible ne s'effrita que progressivement. Il est significatif que le père de Primo Levi, dans son enfance villageoise, ait été l'objet de railleries de la part de ses camarades. « Les garçons de son âge avaient coutume en sortant de l'école de se moquer de lui, sans méchanceté, en le saluant avec le pan de leur veste serré dans le poing pour imiter une oreille d'âne, tout en chantant "Oreille de porc, oreille d'âne, les juifs aiment bien ça[5]". » Pour Primo Levi, ce geste était à l'origine la parodie sacrilège du salut échangé par les juifs pieux, lorsqu'ils sont appelés à la synagogue à la lecture de la Bible, « et qu'ils se montrent l'un à l'autre le bord du châle de prière, dont les franges, minutieusement prescrites par le rituel quant au nombre, à la longueur et à la forme, sont chargées d'une signification mystique et religieuse. Mais ces gamins ignoraient alors la signification de leur geste ». Or, ce même geste de dérision avait cours en Alsace, où l'allusion à l'oreille de porc redoublait l'enseignement du mépris, celui que véhicule « la truie aux juifs », présente sur les porches, les murs, les stalles des cathédrales d'Alsace et d'Allemagne. Cette sculpture montre des juifs accrochés au flanc d'une truie qui tètent et avalent goulûment la fiente. Elle réunit avec dérision, par un lien j'allais dire presque consubstantiel, le porc et le juif, qui signifie pour ce dernier l'impureté et l'interdit. Or, dans un passage de *Souvenir de mon enfance*, Albert Schweitzer, évoquant sa jeunesse dans le petit village de Gunsbach, relate qu'il y avait dans le village voisin un juif du nom de Moshe. Il faisait le commerce du bétail et des terres, et parfois traversait Gunsbach avec sa charrette et son âne.

---

5. *Ibid.*, p. 10-11.

« Comme à cette époque aucun israélite n'habitait dans notre village, c'était chaque fois un événement pour les gamins. Ils couraient après lui en se moquant. Pour montrer que moi aussi je commençais à me sentir homme, je me joignis un jour à eux, sans bien me rendre compte de quoi il s'agissait. Je fis donc cortège avec les autres en criant Moshe ! Moshe !! Les plus hardis, relevant le coin de leur tablier ou de leur veste, le pliaient en forme d'oreille de porc, et s'approchaient de lui en gambadant. Nous le poursuivîmes ainsi jusqu'au pont en dehors du village.

« Cependant, Moshe, dont la figure constellée de taches de rousseur s'encadrait d'une barbe grise, poursuivait sa route d'un pas tranquille, et la tête baissée, comme son âne. De temps à autre il se retournait vers nous avec un sourire embarrassé et indulgent. Ce sourire me désarma : ce Moshe le premier m'a appris le silence dans la persécution, il m'a donné une leçon très forte. Dès lors, je me mis à le saluer respectueusement. Plus tard, quand je fréquentais déjà le lycée, je pris l'habitude de lui tendre la main et de faire un bout de chemin avec lui[6]. »

Il conviendrait de prolonger le travail sur la langue par l'étude de l'humour des deux communautés, par l'analyse de l'expression et des images, des référents implicites et des comparaisons qui se télescopent brutalement avec une charge de tendresse amusée ou d'ironie un peu acerbe. Cependant, cet humour permet parfois à la minorité en proie au mépris et aux quolibets du monde environnant de se venger en utilisant les mêmes armes. C'est ainsi que le terme de *pegarta*, qui désigne dans le récit de Primo Levi la femme chrétienne morte, a des connotations qui renvoient davantage à un animal crevé. Ce terme est utilisé en Alsace notamment pour se réjouir de la mort d'un *toche*, d'un ennemi implacable d'Israël. Le terme *goy* est ambivalent dans les deux langues. Il pouvait à l'occasion être lesté d'une charge péjorative, lorsqu'on mentionne

---

6. Albert Schweitzer, *Souvenirs de mon enfance*, Paris, Albin Michel, 1992.

par exemple la *goya*, l'épouse non juive de Gnôr Grassidîo. Le terme n'est alors pas très flatteur. Mais Primo Levi ajoute aussitôt que « cette *goye*, bien que vraiment *goy*, s'appelle "Magna Ausilia", "tante Ausilia", ce qui indique un certain degré d'acceptation de la part des épigones [7] ». Le mot a pris également une charge tout à fait positive en alsacien lorsqu'on mentionne dans les familles juives des *brafi gojem*, « de braves non-juifs ». C'était l'expression d'un sentiment de reconnaissance pour celui qui ne vous poursuivait pas de quolibets et vous acceptait pleinement comme homme. Il faudrait rapprocher davantage ces deux formes d'humour car elles sont inscrites au cœur du judéo-piémontais comme du judéo-alsacien. La force comique que souligne Primo Levi naît du contraste « entre le tissu du discours, le dialogue de piémontais sobre, laconique, jamais écrit sinon par gageure, et l'élément hébreux encastré, puisé à la lointaine langue des pères, sacré et solennel, géologique, poli par des millénaires comme le lit des glaciers [8] ». Ce télescopage entre une langue dépouillée, qui fait preuve d'une certaine réserve, et une autre pétrie de sacralité, plus patinée et plus hiératique, est en lui-même source d'humour. À cette première convergence il faudrait en ajouter une autre qui fait de la condition des juifs exilés parmi les nations le paradigme de la condition humaine. Cette langue métisse reflète la contradiction entre la place prévue pour ce peuple dans l'économie du salut et la misère quotidienne de son existence. Cette discrépence renvoie à l'inachèvement essentiel de tout homme qui marche toujours sur le râteau dont le manche le frappe en pleine figure. « L'homme, écrit Primo Levi, est un centaure, emmêlement de chair et d'esprit, de souffle divin et de poussière. » Le peuple juif après sa dispersion a vécu longuement et douloureusement ce conflit. Il en a tiré à côté de la sagesse son rire, qui n'est guère présent dans la Bible ni chez les prophètes. Le judéo-piémontais et le judéo-alsacien en sont pénétrés. Ces parlers sceptiques et

---

7. *Ibid.*, p. 14.
8. *Le Système périodique*, *op. cit.*, p. 15.

bonhommes, que seul un examen distrait pourrait qualifier de blasphématoires, sont riches au contraire d'une intimité affectueuse avec Dieu et avec les hommes.

FREDDY RAPHAËL
Université Marc Bloch, Strasbourg II

Primo Levi
et la conception hébraïque du travail manuel

La Clé à molette est le seul livre de Primo Levi où les références au judaïsme soient absentes. À ce propos, l'auteur a déclaré :

« J'ai délibérément exclu [ces références] parce que le sujet du roman est la dignité du travail artisanal comme substitut moderne de l'aventure et de la recherche créative et c'est un sujet qui est, d'après moi, valable en tout temps, en tout lieu et pour n'importe quelle structure sociale. Toutefois, en l'écrivant, j'avais présentes à l'esprit les nombreuses allusions à la noblesse et à la nécessité du travail dont le Talmud est parsemé. Certains lecteurs m'ont d'ailleurs fait remarquer que le protagoniste du livre, Tino Faussone, turinois, monteur mécanicien, connaît un peu trop bien la Bible pour être un gentil [1]. »

Je crois qu'il ne sera pas inutile de suivre ce que Primo Levi affirme quant au respect et à la grande considération portés aux activités manuelles dans le Talmud et dans la tradition hébraïque en général. Ce type de tradition n'a pas besoin de textes normatifs particuliers et s'oppose de façon significative à l'arrogance intellectuelle et à la supériorité de caste avec lesquelles, en Occident, les classes les plus élevées et notamment celle des gens de lettres ont toujours considéré le travail

---

1. Dans G. Poli et G. Calcagno, *Echi di una voce perduta*, Milan, Mursia, 1992, p. 289.

manuel, du moins jusqu'à ce que s'affirme l'éthique protestante du travail. Le second argument de Levi – à savoir que le travail artisanal est un substitut de l'aventure – n'est pas non plus dépourvu d'intérêt. Nous l'aborderons à la fin de notre relation.

Il ne sera pas vain de tourner d'abord notre attention vers le travail manuel et artisanal, dans une perspective hébraïque[2]. Comme chacun sait, le travail est considéré, à partir de la condamnation d'Adam, comme une punition : « Vous ne tirerez [de la terre] de quoi vous nourrir pendant toute votre vie qu'avec beaucoup de travail » ; « vous mangerez votre pain à la sueur de votre visage » (Gen. 3, 17-19) ; « Le Seigneur Dieu fit sortir ensuite [l'homme] du jardin délicieux, pour travailler à la culture de la terre dont il avait été tiré[3] » (Gen. 3, 23). Mais le résultat de la punition devient un devoir, puis une vertu, que les livres prophétiques vont même jusqu'à citer : « Il viendra un temps, dit le Seigneur, où les ouvrages du laboureur et du moissonneur, de celui qui foule le raisin et de celui qui sème s'entresuivront. La douceur du miel dégouttera des montagnes, et toutes les collines seront cultivées » (Amos 9, 13). Du reste, la création est vue elle aussi comme un travail : le thème médiéval du *Deus artifex* a certainement son origine dans la Bible. Prenons l'exemple de David, qui s'exclame : « Quand je considère vos cieux, qui sont les ouvrages de vos doigts, la lune et les étoiles que vous avez affermies [...] » (Psaumes 8, 4) ; « Vous avez, Seigneur, dès le commencement, fondé la terre ; et les cieux sont les ouvrages de vos mains » (Ps. 101, 26) ; ou encore celui d'Isaïe : « Nous ne sommes que de l'argile. C'est vous qui nous avez formés et nous sommes tous l'ouvrage de vos mains » (Isaïe 64, 8). « Le Seigneur a fait en six jours le ciel, la terre et la mer et il s'est reposé le septième jour » (Exode 20, 11) : ainsi, l'homme travaille six

---

2. Les informations principales sont tirées de l'*Encyclopædia Judaica*, à l'entrée « Labor ».

3. Les citations sont tirées de la Bible, traduction de Lemaître de Sacy, préface et texte d'introduction établis par Philippe Sellier, Paris, Robert Laffont, coll. « Bouquins », 1990.

jours et se repose le septième. Nombreux sont les rois, les chefs ou les héros dont on souligne qu'ils ont été aussi des travailleurs : Moïse le pasteur, Gédéon l'agriculteur, etc. Les Proverbes de Salomon ne se limitent pas à condamner la paresse, ils affirment la supériorité du travail sur la parole : « Où l'on travaille beaucoup, là est l'abondance ; mais où l'on parle beaucoup, l'indigence se trouve souvent » (Prov. 14, 25). Enfin, il est particulièrement intéressant de remarquer que le plaisir procuré par le travail est lui aussi célébré : « Vous mangerez le fruit des travaux de vos mains, et en cela vous êtes heureux et vous le serez encore à l'avenir » (Ps. 127, 2).

À l'époque du Talmud, la dignité du travail est ultérieurement valorisée. L'obligation pour l'homme de se reposer le samedi après six jours de travail comporte, d'après Rabbi Jehuda ha-Nasi, deux obligations distinctes : celle de se reposer, certes, mais aussi celle de travailler. L'homme, dit-il, doit aimer le travail, et non le détester. La Shekhinah ne descend sur les fils d'Israël qu'après qu'ils ont travaillé. Certaines maximes sont surprenantes, compte tenu de l'époque : « Ne dis pas : je suis un grand homme et le travail dégradant n'est pas fait pour moi » (Baba Batra 110a) ; ou bien : « celui qui éprouve du plaisir à travailler de ses mains est plus grand que celui qui craint Dieu » (Berakhot 8a). Et Rabban Gamaliel d'ajouter lapidairement : « Il est excellent d'étudier la Torah tout en ayant une occupation sur terre, car la fatigue qui dérive des deux éloigne du péché. Sans un travail, toute étude de la Torah est futile et cause de péché » (Avot 2.2). Ces maximes concernent aussi les règles de société : « Celui qui est occupé par un travail n'est pas dans l'obligation de se lever face au savant tant qu'il est pris par son occupation » (Kiddushim 33a).

Americo Castro nous rappelle qu'« un des devoirs du père, selon le Talmud, était d'enseigner à son fils un travail manuel facile et ingénieux. C'est ainsi – poursuit le Talmud – qu'en plus de l'étude de la Torah, on obtient la maîtrise d'une forme de travail comme moyen d'existence et source de revenus. Les plus grandes autorités du Talmud furent des ouvriers et des artisans en tous genres, et, habitués aux travaux pratiques, il leur fut facile de combler le vide né de l'aspiration de l'his-pano-chrétien à une vie "absolue", éloignée de tout ce qui n'était pas sa conscience et l'expansion de sa personnalité, fuyant tout ce qu'exige l'humble pratique des choses [4] ».

Il me paraît opportun de jeter ici, comme l'a fait Americo Castro, un coup d'œil à la civilisation judéo-hispanique des XIVᵉ et XVᵉ siècles, parce qu'il s'est agi d'un des exemples majeurs de vie en commun et de collaboration entre juifs, chré-tiens et musulmans, jusqu'aux persécutions du XIVᵉ siècle qui aboutiront à l'expulsion, en 1492, des juifs et des Arabes. Une des caractéristiques de cette vie en commun était, selon Castro, une sorte de partage du travail entre les trois ethnies. Les juifs paraissaient particulièrement actifs dans la médecine, mais aussi dans l'artisanat. En s'appuyant sur les travaux de F. Baer [5], Castro signale les recensements et les documents du XIVᵉ siècle, d'où il résulte qu'un nombre exceptionnelle-ment élevé de juifs exerçaient des métiers tels que peintre, cordonnier, forgeron, sellier, bijoutier, teinturier, orfèvre, écri-vain public, ferblantier, ouvrier de la soie, couturier, coute-lier, tapissier, tisserand, etc. Pour certaines de ces professions – les cordonniers, par exemple –, il existait des confréries exclusivement juives. L'intense activité artisanale des juifs résulte également des premières lois restrictives, notamment les *Partidas*, qui interdisaient justement aux juifs l'exercice de ces mêmes activités artisanales ou médicales où les dénombre-ments les donnaient comme majoritaires.

J'ai l'impression que la société hébraïque, avant et après la diaspora, tend à l'égalitarisme, et ceci en dépit de différences économiques qui peuvent être énormes. Une des raisons pour-rait être qu'un juif, surtout s'il vit en exil, a plus de probabilités qu'un membre d'une autre ethnie de subir des revers de for-tune. Et il en est conscient. Une seule différence persiste : celle

_____

4. A. Castro, *La realidad histórica de Espaòa*, Mexico, Porrua, 1954 ; trad. it. *La Spagna nella sua realtà storica*, Florence, Sansoni, 1955, p. 447. Castro renvoie à M. Kayserling, *Das Moralgesetz des Judenthums*, Vienne, 1882, p. 27.

5. F. Baer, *Die Juden im christlichen Spanien*, t. I, 1929 ; t. II, 1936.

entre les descendants de la tribu des sacerdotes et les autres ;
à l'époque biblique déjà, la tribu de Lévi constitue une véritable classe possédant de grands privilèges.

Il me semble que cet égalitarisme ressort tout particulièrement de l'institution du jubilé, comme il est défini par la légis-
lation transmise directement à Moïse par Dieu dans le Lévitique (chap. xxv). Il s'agit d'une extension de l'année
sabbatique, puisque après sept années sabbatiques, la cinquan-
tième année, durant laquelle il ne faut pas cultiver la terre,
mais vivre de ce qu'elle produit spontanément, est justement
celle consacrée au jubilé. Cette année-là toute propriété revient
aux mains de son premier possesseur. On obtient ainsi trois
résultats : 1) rétablir la fortune de ceux qui l'ont perdue ;
2) éviter que trop de biens ne finissent par s'accumuler entre
les mains de quelques personnes seulement ; 3) rééquilibrer les
propriétés. Selon Flavius Josèphe (*Antiquités judaïques*, III,
13, 3), à l'occasion du jubilé, les débiteurs se voyaient remettre
leur dette. Nous ignorons si ces dispositions ont jamais été
appliquées, mais les principes dont elles s'inspirent sont très
significatifs. Leur sens est le suivant : toute propriété est tran-
sitoire, toute acquisition doit être considérée comme un
emprunt. Durant le jubilé, la propriété empruntée retourne à
son premier propriétaire. Mais tout cela recèle un sens plus
profond encore. Selon le Lévitique, Dieu défend absolument
que la terre soit vendue « car elle est à moi, et que vous y êtes
comme des étrangers à qui je la loue » (25, 23). En d'autres
termes, dans ce monde-ci, et même dans ce que nous possédons, nous ne sommes que des hôtes. Le seul propriétaire est
Dieu.

Tout le chapitre témoigne de cet esprit d'égalité dont ces
normes découlent. Il n'est que de voir les expressions de
compassion pour tous ceux qui ont subi un revers de fortune
et ont perdu leurs biens : « Si votre frère est devenu fort pauvre
[…] qu'il puisse vivre chez vous » (35-36). Ou encore, l'inter-
diction sévère de pratiquer l'usure. Les paragraphes les plus
importants sont toutefois ceux qui concernent les domestiques.
Toute forme d'esclavage est strictement interdite entre juifs :

il est possible d'avoir à son service des domestiques, pourvu qu'ils soient payés, et ceux-ci n'auront d'obligation envers leur maître que jusqu'à la fin de l'année jubilaire (Dieu dit : « Ils sont mes esclaves. Ainsi, qu'on ne les vende point », 42). Naturellement, ces normes concernent les descendants de ceux qui ont vécu l'exil d'Égypte. Il va de soi (le contraire aurait été impossible à cette époque-là) que l'esclavage est admis s'il s'agit de gentils, qui ne sont, au fond, que des étrangers.

Revenons à Primo Levi. Disons dès à présent qu'il lui arrive fréquemment de confronter sa spécialité de chimiste et son métier d'écrivain et que, dans *La Clé à molette*, cette confrontation s'enrichit d'un troisième terme. Faussone, le héros du livre, est monteur de grues et autres appareils mécaniques. Il s'agit donc de l'activité d'une tierce personne. Mais la participation et l'intérêt, y compris technique, que Levi porte à sa narration, sont d'une évidence absolue qui va bien au-delà de la simple curiosité intellectuelle, à tel point que, dans de nombreux passages du livre, Faussone semble devenir l'alter ego de l'écrivain. Et l'on peut tout de suite remarquer que, du point de vue hiérarchique, le rapport entre Faussone et Levi est nettement paritaire, même si ce dernier est beaucoup plus cultivé et s'il est diplômé. Pour être exact, je dirais que Levi se dédouble : en tant que personnage, il se met sur le même plan que Faussone ; en tant qu'écrivain, il a naturellement ce contrôle des choses et des valeurs que Faussone ne saurait avoir.

La lecture du livre nous révèle une véritable phénoménologie du travail manuel. Il convient de partir justement de la dernière page, où Faussone déclare, comme s'il voulait exprimer le sens du livre entier : « Faire des choses qu'on touche avec ses mains, c'est un avantage : on fait des comparaisons et on voit ce qu'on vaut. On se trompe, on corrige, et la fois d'après on se trompe plus [6]. » Cette déclaration en rappelle une autre, toujours de Faussone, au début du livre : « Un

---

6. *La Clé à molette*, trad. fr. de Roland Stragliati, Paris, Julliard, 1980, p. 220-221.

montage, c'est un travail que chacun doit étudier personnellement, avec sa tête ou, encore mieux, avec ses mains : parce
que, vous savez, les choses à les voir d'un fauteuil ou du haut
d'un pylône de quarante mètres de haut, c'est pas pareil[7]. »
C'est Levi qui va nous expliquer toute l'importance du travail
manuel, lorsqu'il dit, à propos des mains du travailleur Faussone : « Elles m'avaient rappelé, ces mains, d'anciennes lectures darwiniennes sur la main artisane qui, fabriquant des instruments et pliant la matière, a tiré le cerveau de l'homme de sa
torpeur, et qui le guide encore, le stimule, et le traîne comme le
fait le chien avec son maître aveugle[8]. » L'intelligence éveillée
et guidée par le travail manuel : c'est là un concept très audacieux et très stimulant que nous devons au darwinisme de Levi.

Du reste, Primo Levi parle souvent de l'activité manuelle,
qui est, comme il déclare dans une interview, « trop semblable
à nos origines de mammifères pour qu'on puisse la négliger[9] ».
Il enchaîne en disant : « Il faut bien que nous sachions nous
servir de nos mains, de nos yeux, de notre nez. [...] En cela,
le métier de chimiste fait de nous des personnes complètes, qui
ne négligent aucune de leurs facultés possibles[10]. » Il ajoute
qu'il estime que cette expérience physique l'a rendu plus sensible à la qualité des objets et qu'elle a enrichi son répertoire
de métaphores[11].

Primo Levi voit, dans les gestes de Faussone le monteur,
une lutte avec la matière, presque une série de duels : « Ses
innombrables duels avec un adversaire dur par définition, le
fer de ses profilés et de ses boulons, celui qui ne vous pardonne
jamais vos erreurs et les transforme souvent en fautes[12]. »
À travers une comparaison, Faussone va se transformer en che-
valier du Moyen Âge, prêt à vivre de glorieuses aventures :

---

7. *Ibid.*, p. 51.
8. *Ibid.*, p. 199.
9. Primo Levi et Tullio Regge, *Dialogo*, Turin, Einaudi, 1984, p. 61-62.
10. *Ibid.*, p. 62.
11. Voir « Ex chimico », *L'altrui mestiere*, *op. cit.*, p. 598-599.
12. *La Clé à molette*, *op. cit.*, p. 203.

« Sa clé à molette accrochée à sa ceinture [...] c'est pour nous comme leur épée pour les chevaliers d'autrefois [13]. »

Une certaine affection finit en quelque sorte par investir les produits d'un travail souvent aventureux et difficile, accompli avec intelligence et sérieux. Faussone déclare ainsi son attachement à tout objet fabriqué de ses mains : « De temps en temps j'aime aller le voir. Comme on fait pour des parents âgés, et comme mon père faisait pour ses alambics ; aussi, quand un jour férié j'ai rien de mieux à faire, je pars et j'y vais [14]. » L'humanisation d'un ouvrage technologique, assimilé à un vieux membre de la famille, se prête, il me semble, à d'intéressantes considérations.

C'est Cesare Cases qui a parlé d'hylozoïsme, à propos des écrits de Primo Levi [15]. L'intuition nous paraît heureuse. Rappelons qu'il s'agit d'une doctrine selon laquelle le principe vital est originellement intrinsèque à la matière. Thalès, par exemple, pensait que l'univers entier était « animé » ; de telles conceptions se retrouvent parmi les stoïciens, chez Marsile Ficin et Francesco Patrizi, ainsi que chez Giordano Bruno [16]. L'hylozoïsme de Levi consiste à mettre sur un pied d'égalité, en les rendant presque équivalents, les animaux et les machines que, nous, nous considérons comme inanimées. Et si les machines se présentent comme des animaux, avec leur violence, leurs caprices, leur nature énigmatique, les animaux peuvent, à leur tour, se présenter comme des machines [17]. *Si c'est un homme* contient déjà une page impressionnante où l'on voit une benne en train de déplacer de la terre argileuse s'anthropomorphiser aux yeux avides des prisonniers du camp de concentration. Ceux-ci lui attribuent des « mâchoires dentées » ; ils la voient « mordre » la terre, puis « recracher (...) son énorme

---

13. *Ibid.*, p. 93.
14. *Ibid.*, p. 163.
15. Dans l'introduction au premier volume de *Opere, op. cit.*, p. XVI-XVIII.
16. Voir Susana Gómez López, « *Tellus animal magnum.* Storia filosofica di una metafora », *Intersezioni*, XIX, 1999, p. 185-207.
17. Voir D. F. Channel, *The Vital Machine. A Study of Technology and Organic Life*, Oxford University Press, 1991.

bouchée » et, à chaque « bouchée » de ce « repas de la drague », leurs propres bouches « s'entrouvrent, les pommes d'Adam montent et descendent pitoyablement visibles sous la peau distendue[18] ». On assiste en somme à deux repas, mais le seul qui soit vrai, quoique métaphorique, est justement celui de la benne ; les prisonniers, eux, n'y prennent part qu'avec leur pauvre imagination.

Du reste, Levi avait déclaré dans une interview : « Pour celui qui travaille, la matière est vivante : mère et ennemie, apathique et alliée, stupide, inerte, dangereuse parfois, mais vivante et c'est ce que savaient tous les fondateurs travaillant seuls, méconnus, sans l'appui de leur raison ou de leur imagination. Alchimistes, nous ne le sommes plus. [...] Tous ceux qui savent ce que signifie réduire, concentrer, distiller, cristalliser, savent aussi que les opérations de laboratoire possèdent une longue ombre symbolique[19]. »

Dans *La Clé à molette*, où les machines sont au premier plan, Faussone raconte l'histoire du tube d'un pylône, qu'il a lui-même monté. « Il me semblait [...] que ce tube devenait toujours plus étroit, et qu'il m'étouffait comme les rats dans le ventre des serpents[20]. » L'attitude envers les constructions industrielles est identique à celle qu'on a envers les êtres humains : « J'aimais [...] la regarder grandir jour après jour, cette tour, et il me semblait voir grandir un gosse ; je veux dire un gosse qui est pas encore né, qui est encore dans le ventre de sa mère[21]. »

Il y a un long épisode (p. 26-30) où le mauvais fonctionnement de la colonne d'un pylône est vécu par les techniciens comme s'il s'agissait de la maladie d'un patient. Ceux-ci perdent la tête, téléphonent à différents docteurs (c'est-à-dire à d'autres techniciens) ; puis la colonne elle-même fait un grand discours « comme quand un type est malade, qu'il a la fièvre

---

18. *Si c'est un homme*, Paris, Julliard, 1987, p. 79.
19. Dans G. Poli et G. Calcagno, *Echi di una voce perduta, op. cit.*, p. 96-97.
20. *La Clé à molette, op. cit.*, p. 36.
21. *Ibid.*, p. 20.

et qu'il dit des bêtises, mais comme il est peut-être sur le point de mourir, tout le monde le prend au sérieux [22] ». À l'intérieur de la colonne, il y a « un grand remue-ménage de boyaux en désordre [23] », suivi par « toute une série de frémissements » et enfin « un soupir de soulagement [24] », « comme quand », ajoute Faussone, « un type se sent très malade, qu'on lui donne de la morphine, qu'il s'endort et cesse de souffrir pour un moment [25] ». Mais la grue recommence à gémir et, nous dit Faussone : « ça me faisait de la peine, comme quand un type souffre et qu'il est pas capable de parler [26] ». Lorsque la maladie semble devoir mal se terminer, voilà que s'annonce l'un de ces enterrements où « il s'agit de faire disparaître, d'enlever quelque chose de loupé, qui pue comme un cadavre [27] ». Un peu plus loin, Faussone dit qu'il avait l'impression que cette colonne malade était « une de ces bêtes monstrueuses qu'il y avait dans le temps des temps, qui étaient hautes comme une maison et puis qui sont toutes mortes, Dieu sait pourquoi [28] ». Dans ce passage, la métaphore des « boyaux en désordre » se prolonge en une scène comique de constipation mécanique où tout y est, même la délivrance violente de l'intestin, après de pénibles efforts.

À un certain point, Faussone évoque les images du corps humain des illustrations médicales : « Une fois finie, cette tour ressemblait à une forêt ; et elle ressemblait aussi à ces tableaux qu'on voit dans les salons d'attente des médecins, *Le Corps humain* : un avec les muscles, un avec les os, un avec les nerfs et un avec tous les boyaux. Les muscles, pour être franc, la tour en avait pas, parce qu'il y avait rien qui bougeait, mais elle avait tout le reste ; et les veines et les boyaux, c'était moi qui les avais montés. Le boyau numéro un, je veux dire l'estomac

---

22. *Ibid.*, p. 27.
23. *Ibid.*, p. 28.
24. *Ibid.*, p. 29.
25. *Ibid.*, p. 29.
26. *Ibid.*, p. 30.
27. *Ibid.*, p. 32.
28. *Ibid.*, p. 34.

ou l'intestin, c'était cette grande colonne que je vous ai dite [29]. » Tout ceci nous rappelle les représentations de l'homme comme microcosme, ou celle du cosmos vu comme corps humain, dans laquelle se synthétise le concept très hylozoïste de la spécularité entre le monde et l'homme. Mais Levi lui-même, quand il s'exprime à la première personne, reprend cette idée. Voici ce qu'il dit des peintures : « Les peintures nous ressemblent plus qu'elles ne ressemblent aux briques. Elles naissent, elles vieillissent et meurent comme nous ; et quand elles sont vieilles, elles deviennent peu fiables [30] ; même neuves, jeunes, elles ne sont que tromperie, et sont même capables de mentir ; de faire semblant d'être ce qu'elles ne sont pas : malades, quand elles sont en bonne santé ; en bonne santé, quand elles sont malades [31]. »

Les manifestations mécaniques et les manifestations animales sont si facilement interchangeables qu'il arrive souvent aux secondes de prendre les traits caractéristiques des premières. Faussone, par exemple, parlant de lui-même comme d'un moteur à explosion, déclare qu'il a des problèmes « à tenir le ralenti [32] ». Encore, c'est avec grande profusion de termes empruntés à la mécanique qu'il décrit ses laborieuses tentatives pour apprendre à nager : « J'avais comme un mécanisme automatique : dès que j'avais la tête sous l'eau, une espèce de rideau de fer se baissait ici dans ma gorge, et je sentais l'eau qui me rentrait dans les oreilles, et il me semblait qu'elle coulait par ces deux petits tuyaux [33] jusque dans mon nez, mon cou et mes poumons [34]. » Il ajoute, avec une certaine drôlerie, comme s'il parlait d'un défaut de fabrication : « Le malheur, c'est que nos tuyauteries respiratoires sont du mauvais côté : les chiens, et mieux encore les phoques, qui les ont du bon côté, nagent tout petits sans faire d'histoires et sans que

---

29. *Ibid.*, p. 25.
30. Stragliati traduit : « elles tendent à la décrépitude ».
31. *La Clé à molette, op. cit.*, p. 209.
32. *Ibid.*, p. 70 (Stragliati traduit : « je me sens pas à mon aise ») et 129.
33. Stragliati dit seulement : « de là ».
34. *La Clé à molette, op. cit.*, p. 125.

personne leur apprenne[35]. » Le narrateur vivra lui aussi un renversement de ce genre lorsque, séjournant à l'étranger avec Faussone pour des raisons de travail, il dit avoir entendu « un martèlement faible mais frénétique, comme si quelqu'un essayait d'enfoncer des clous minuscules dans les troncs d'arbres avec de minuscules marteaux pneumatiques[36] ». Faussone lui expliquera qu'il s'agit en réalité des coups de becs des pics-verts.

Ce dévouement au travail manuel devient presque une éthique, en ce qu'il efface les différences artificielles de classe ou de milieu. Le seul critère pour évaluer les gens devient leur capacité. C'est bien d'ailleurs ce que dit Faussone lorsqu'il explique comment il s'est retrouvé à la tête d'une équipe de techniciens sans besoin d'aucune investiture : « Personne m'avait nommé chef d'équipe, mais, dès le premier jour, il a semblé tout naturel que ce soit moi qui commande parce que j'étais celui qui avait le plus de métier : chez nous, c'est la seule chose qui compte ; on a pas de galons sur les manches, nous autres[37]. » D'un autre côté, le technicien se sent, à son échelle, un créateur, donc semblable à Dieu. Quand le derrick auquel il a travaillé, soulevé par les treuils, se met debout sur l'eau, Faussone dit : « [Il] s'est arrêté net, comme une île, mais c'était nous qui l'avions faite, cette île. Et je sais pas pour les autres, peut-être qu'ils pensaient à rien, mais moi j'ai pensé au bon Dieu quand il a fait le monde, si c'est vraiment lui qui l'a fait, et quand il a séparé la mer de la terre[38]. »

La Clé à molette n'est pas seulement une célébration du travail technique : c'est le travail en tant que joie, voire en tant que bonheur, qu'on y célèbre. Ainsi, Levi, en harmonie avec Faussone, énumère les raisons de la passion pour le travail. Tous deux s'accordent « sur l'avantage de pouvoir connaître ce que nous valons sans avoir besoin que d'autres nous le disent,

---

35. *Ibid.*, p. 126.
36. *Ibid.*, p. 49.
37. *Ibid.*, p. 21.
38. *Ibid.*, p. 94.

sur celui aussi de nous refléter dans notre œuvre. Sur le plaisir qu'il y a de voir grandir notre "enfant", plaque de fer après plaque de fer, boulon après boulon, solide, nécessaire, symétrique, bien adapté à son objet. Et une fois achevé, on le regarde de nouveau et l'on se dit qu'il vivra peut-être plus longtemps que nous et qu'il servira peut-être à quelqu'un qu'on ne connaît pas, et qui nous connaît pas [39] ». Primo Levi va jusqu'à employer un mot qui n'apparaît que très peu dans son œuvre – et pour cause –, le mot *bonheur* : « Le fait d'aimer son travail – qui est, hélas ! le privilège de peu de gens – est bien ce qui peut donner la meilleure idée et la plus concrète du bonheur sur terre : mais c'est là une vérité qui n'est guère connue [40]. » Il y ajoutera une glose, plus tard : « Le terme "liberté" a notoirement beaucoup d'acceptions, mais peut-être que le genre de liberté le plus accessible, le plus goûté subjectivement et le plus utile à l'homme, coïncide avec le fait d'être compétent dans son propre travail, et donc avec le fait de l'exécuter avec plaisir [41]. »

Primo Levi était un juif laïque. Il ne nous est pas possible de savoir dans quelle mesure ce grand respect pour la dignité du travail provient d'une tradition de sa famille. On pourrait estimer au contraire qu'il s'agit d'une conséquence de son métier de chimiste, et de ses réflexions sur le sujet. Qu'il me soit permis cependant de raconter un épisode de ma vie, un tout petit épisode qui n'est sans doute pas dépourvu d'enseignements. Caché dans un couvent avec une partie de la famille durant l'occupation allemande, en 1944, mon père occupait ses longues journées de réclusion à construire des jouets pour les enfants de l'école. Mon père avait toujours été employé de bureau, dans une usine ; c'est pourquoi il ne se consacrait au travail manuel que lorsqu'il s'agissait de faire de petites réparations à la maison, surtout dans l'électricité. Je ne sais pas où il avait appris, probablement étant jeune, à faire des poupées et

39. *Ibid.*, p. 68.
40. *Ibid.*, p. 102.
41. *Ibid.*, p. 178.

de petites constructions en bois. Ce qui est sûr, c'est qu'il s'en acquittait avec une telle facilité qu'on aurait dit qu'il faisait cela depuis longtemps. Faut-il voir, dans ce cas-là aussi, l'effet de la tradition talmudique ?

Quant à Primo Levi, il est évident que sa connaissance du Talmud et d'autres livres hébreux constitue un fait purement culturel : mais cela n'en a pas moins d'importance. Ses considérations sur la ressemblance entre Dieu et l'homme, quand ils agissent sur la réalité, pourraient être aussi en partie le reflet d'affirmations assez nettes contenues dans la Qabbalà. Nous le savons, entre autres, par Martin Buber :

« La religiosité juive a ceci de spécifique qu'elle attribue une valeur absolue à l'action humaine, qui ne saurait se comparer à la mesquine connaissance des causes et des effets terrestres. Dans quelque action que ce soit de quelque homme que ce soit est contenu, jaillit copieusement, l'infini. Il n'appartient pas à celui qui agit de comprendre de quelles puissances il est le messager, de quelles puissances il est le promoteur, mais que cet homme sache que la plénitude du sort du monde, dans son enchaînement sans nom, passe à travers ses mains. Il est dit dans la Gemarah : "Chacun doit dire : à cause de moi fut créé le monde" ; et encore : "Chacun doit dire : sur moi est le monde" ; un écrit hassidique confirme : "Oui, il est l'unique au monde, et la stabilité de celui-ci dépend de son action." Dans l'absolu de son action, l'homme vit sa communauté avec Dieu. [...] Ce n'est pas la matière de l'action qui fait qu'elle coule dans l'atrium, au royaume des choses, ou qu'elle pénètre dans le *sancta sanctorum*, mais c'est bien au contraire la puissance de la décision qui la produit, et la sainteté de l'intention qui est immanente à celle-ci. Toute action, même celle qui est considérée comme la plus profane, est sainte si elle est accomplie en sainteté ; si elle a un caractère absolu [42]. »

---

42. Traduit de Martin Buber, *Sette discorsi sull'ebraismo*, Assise et Rome, Carucci, 1976, p. 100-101.

Je voudrais, pour conclure, revenir sur l'exploit technologique vu comme une aventure. Dans son anthologie de ses auteurs préférés, *La Recherche des racines*, Levi introduit un passage tiré de *Remorques*, de Roger Vercel, qu'il juge symptomatique d'« un thème actuel, quoique, assez bizarrement, peu exploité : l'aventure humaine dans le monde de la technologie ». Et il poursuit :

« Se peut-il que l'homme d'aujourd'hui estime que l'aventure, le fait de se "mesurer", comme chez Conrad, est superflue ? S'il en était ainsi, ce serait de mauvais augure. Or, ce livre nous fait voir que l'aventure existe encore et pas aux antipodes ; que l'homme peut se révéler valeureux et ingénieux dans les entreprises pacifiques aussi ; que le rapport homme-machine n'est pas nécessairement aliénant, mais qu'il peut au contraire enrichir ou intégrer le vieux rapport homme-nature [43]. »

Pour surprenant que cela puisse paraître, cette interprétation du travail touche une corde importante de la personnalité de Primo Levi. Il est très symptomatique que dans *La Recherche des racines* Levi juxtapose le passage d'un auteur presque totalement inconnu comme Vercel à un passage de *Moby Dick* de Melville qui, comme chacun sait, est une description épique de la lutte de l'homme contre la nature, personnifiée par la baleine blanche. Levi lui-même déclare que dans ce roman « il y a l'expérience humaine, les monstres [...] la chasse-recherche ressentie à la fois comme une condamnation et une justification de l'homme [44] ». Mettons à la place de la nature et du monstre, les difficultés pour implanter et mettre en œuvre une installation technologique et nous obtiendrons justement le potentiel d'aventures que toute entreprise technologique comporte. Nous avons vu que, en parlant de Vercel, Levi fait allusion à la « confrontation » de Conrad. Or, nous avons là un triangle

---

43. *La ricerca delle radici*, *Opere*, *op. cit.*, vol. 2, p. 1359 à 1528.
44. *Ibid.*, p. 123.

Vercel-Conrad-Melville qui renferme le sens de l'aventure célébrée par Levi. Et si nous regardons le graphe placé en tête de *La Recherche des racines*, nous retrouvons Vercel et Conrad dans une même ligne, prête, à l'évidence, pour accueillir aussi Melville et le Primo Levi de *La Clé à molette*... La ligne, ou mieux, le méridien indiqué, porte le titre de « stature de l'homme ». Cela nous donne à penser que Primo Levi, qui a connu l'homme dans toute son iniquité, a voulu se réconforter en pensant aux moments et aux situations où l'homme est le plus grand, où il est presque un géant. Que cette grandeur soit rehaussée par la confrontation avec la technologie, c'est ce que nous pouvons considérer comme l'acceptation d'une des données fondamentales de la modernité, mais aussi la prévision d'une lutte.

CESARE SEGRE
Université de Pavie

III

Science, philosophie et vision du monde

Fabrication et spécification de l'homme : contre le tohu et le bohu [1]

« [...] Le docteur Rieux décida alors de rédiger le récit qui s'achève ici, pour ne pas être de ceux qui se taisent, pour témoigner en faveur de ces pestiférés, pour laisser du moins un souvenir de l'injustice et de la violence qui leur avaient été faites, et pour dire simplement ce qu'on apprend au milieu des fléaux, qu'il y a dans les hommes plus de choses à admirer que de choses à mépriser. »
Albert Camus, *La Peste* [2].

« L'homme est un animal raisonnable et perfectible, et naturellement bon [3]. »

---

1. Le père R. de Vaux, O.P., commente ainsi l'expression originale de la Genèse (I, 2), que les traducteurs de la Vulgate ont choisi de rendre par *inanis et vacua*. En hébreu, *tohu* et *bohu*, « le désert et le vide » : comme les « ténèbres sur l'abîme » et les « eaux », ce sont là des images qui par leur caractère négatif s'efforcent d'exprimer la notion (qui ne sera pas formulée avec précision avant le deuxième livre des Maccabées [VII, 28]) de « création à partir du néant ». La Sainte Bible, traduite en français sous la direction de l'école biblique de Jérusalem, Paris, Éditions du Cerf, 1961, p. 9.
2. Paris, Gallimard, 1947, p. 336. Voir aussi « La pire chose, après tout, serait de mourir seul et plein de mépris », lettre à René Char, citée dans Albert Camus, *Essais*, Paris, Gallimard, « Bibliothèque de la Pléiade », 1965, p. 1627. Rappelons, seulement pour mémoire, que l'élaboration de *La Peste* remonte à tout le moins à 1941. Mais la dernière phase de rédaction du roman (publié en juin) coïncide, en gros, avec celle de *Se questo è un uomo* (publié en octobre).
3. Sans entendre classer Levi parmi les partisans de la philosophie « naturiste »

191

Le mot « homme » est présent dans le titre du premier livre, le plus connu et le plus vendu[4], publié par Primo Levi. S'il est vrai que ce choix est dû à l'initiative de l'éditeur, Franco Antonicelli, il reste que l'énoncé *se questo è un uomo* provient de l'une des poésies écrites avec rage au retour d'Auschwitz[5]. L'expression indique clairement le doute et il paraît probable que ce doute impossible à effacer complètement soit apparu au moment où Levi s'est trouvé contraint, à la fois par les circonstances et par ce qu'il était déjà anthropologiquement avant le séjour dans l'*anus mundi*, à réfléchir sur l'homme comme notion et comme valeur.

On peut imaginer, surtout si l'on pense à son goût profond pour la précision et la recherche méthodique, qu'il a consulté à un moment donné un dictionnaire d'usage courant comme le Zingarelli. Il a pu alors y lire cette définition de l'homme : « Animal mammifère supérieur, qui se distingue par de nombreux caractères physiques, comme la posture verticale, des jambes robustes et puissantes, la plante des pieds plate et large, des bras pendants et libres, des mains adaptées aux fonctions les plus diverses, une peau lisse, souple, et un cerveau de

---

de Montaigne et de la théorie anarchique et anti-sociale de Rousseau, nous rappellerons ce passage de « La zona grigia » : « [Mushfeld] fut jugé en 1947, condamné à mort et pendu à Cracovie, et cela fut juste ; mais même lui n'était pas un monolithe. S'il avait vécu dans un milieu et une époque différents, il est probable qu'il se serait comporté comme n'importe quel autre homme banal » (*I sommersi e i salvati, op. cit.*, p. 693).

Policarpo Petrocchi, *Novo dizionario universale della lingua italiana*, Milan, Éditions Trèves, 1931, t. II, p. 385b : « L'uomo è un animale ragionevole e perfettibile, e naturalmente buono. » La première édition de ce dictionnaire, par fascicules, remonte à 1884-1891.

4. Marco Belpoliti donne le chiffre de 1 379 000 exemplaires pour l'ensemble des éditions parues chez Einaudi. Primo Levi, *Opere*, t. I, Turin, Einaudi, 1997, p. 1391 [NUE].

5. L'expression correspond au deuxième hémistiche d'un hendécasyllabe qui est le cinquième vers d'une poésie datée du 10 janvier 1946 et intitulée « Shemà ». In *L'osteria di Brema*, Milan, Scheiwiller, 1975 [repris sous le titre *Ad ora incerta, op. cit.*, p. 529]. Le volume s'ouvre sur un avertissement dans lequel Levi paraît citer discrètement Térence et la fameuse réplique sur la solidarité humaine : « Uomo sono. » *Ibid.*, p. 521 (« Homo sum : humani nihil a me alienum puto », *Hautontimorumenos*, I, 1, 25).

volume important, avec des circonvolutions favorisant le langage et certaines aptitudes mentales [6]. »

En fait, Primo Levi a essayé très tôt, c'est-à-dire peu de temps après son arrivée à Buna-Monowitz, de poser les bases possibles de ce que peut être un homme, à partir du moment où on ne se contente pas de dire, précisément comme les dictionnaires, qu'il est simplement un mammifère supérieur, dans l'absolu de la classification scientifiquement reconnue mais aussi relativement, puisqu'il a soumis tous les autres êtres vivants [7]. Il apparaît clairement que Levi a entendu se référer pour cela à une éthique et n'a pu ni voulu distinguer, dans cette interminable aventure de la définition de l'homme, les critères moraux des critères dits scientifiques. Sa démarche logique et discursive a été à la fois théorétique, heuristique (partant de l'approche progressive des faits) et zététique (analytique). Et pendant toute sa vie il cherchera et recherchera, afin de découvrir progressivement des éléments qui puissent lui donner la connaissance de l'homme. Il acceptera, quoi qu'il pût lui en coûter, de pratiquer une sorte d'expolition (dépouillement progressif) et de s'approcher d'une définition de l'homme acceptable, satisfaisante sur de nombreux points, mais jamais totalement et définitivement convaincante.

Cette lutte fondamentale pour la maîtrise de quelques critères fondamentaux sera menée rationnellement à partir de données empiriques et de quelques principes que Levi considérera toujours comme universels. Nous nous proposons donc de regrouper ici des éléments susceptibles de montrer

---

6. Nicola Zingarelli, *Vocabolario della lingua italiana*, Bologne, Zanichelli, 7ᵉ éd., 1951, p. 1658a. On peut mentionner, dans cette perspective, la nouvelle dédiée à Calvino et intitulée *Il fabbro di se stesso* (Primo Levi, *Opere Racconti e saggi*, Turin, Einaudi, « Biblioteca dell'Orsa », 1990, t. III, p. 330-337). Cette nouvelle, placée sous le nom de celui à qui Levi put donner l'idée des premières *cosmicomiche*, commence ainsi : « È meglio essere chiari fin dall'inizio : io che vi parlo sono oggi un uomo, uno di voi. »

7. Voir à ce sujet le texte intitulé « Contro il dolore », dans lequel Levi manifeste une grande réserve face à la légèreté avec laquelle les hommes pourraient être tentés de traiter leurs « frères inférieurs » (*Opere*, *op. cit.*, t. III, p. 630-632).

synthétiquement ce que fut cette recherche et ce sur quoi elle a débouché [8].

Il importe d'abord de noter que Levi put paraître incertain dans son discours dans la mesure où il s'interdisait tout dogmatisme, tout en exigeant de lui-même une extrême rigueur d'exposition. Il n'avait aucune complaisance pour quelque forme que ce fût de masochisme moral, mais il savait apprécier la vertu de l'échec que rencontre inévitablement tout chercheur lorsqu'il sort des chemins balisés. Manifestement, à ses yeux, l'homme était par certains côtés un échec de la nature et ne pouvait atteindre à une quelconque grandeur qu'en se reconnaissant dans cet état d'errance permanente et en tentant, plus ou moins vaillamment et victorieusement, d'en sortir par des trouées exiguës et provisoires. De là ses déclarations répétées contre toute idée de pureté [9].

« Pour que la roue tourne, pour que la vie vive, les impuretés sont nécessaires, et les impuretés des impuretés : même dans la terre, on le sait, si l'on veut qu'elle soit fertile. Il faut le désaccord, le différent, le grain de sel et de sénévé [10] [...]. [Mais pas même la vertu immaculée n'existe, ou si elle existe elle est détestable [11]]. »

Mais l'idée même d'impureté fut utilisée par Levi comme ferment de lutte contre les peurs primordiales de l'homme, et

---

8. Dans l'un de ses derniers textes, Levi a placé très haut la recherche dans l'ordre des priorités pour l'homme. « Quant à la recherche de base, elle peut et doit continuer : si nous l'abandonnions nous trahirions notre nature et notre noblesse de roseaux pensants, et l'espèce humaine n'aurait plus de raison d'exister » (« Covare il cobra », *La Stampa*, 21 septembre 1986 ; repris dans *Racconti e saggi*, Turin, Édition « La Stampa », 1986 ; puis *Opere, op. cit.*, t. III, p. 977).

9. Comme en bien d'autres occasions, nous suggérons ici de tenir compte du fait que Levi oubliait rarement qu'il était chimiste et que cela était pour lui plus qu'un état ou un simple métier : c'était une profession, à partir de laquelle il appréciait la plupart des phénomènes du monde organique. La pureté était donc pour lui un terme particulièrement prégnant.

10. *Le Système périodique*, trad. fr. d'André Maugé, Paris, Albin Michel, 1987, p. 44.

11. Nous traduisons.

notamment contre la peur du double que chaque sujet sent tapi au fond de lui et prêt à l'aliéner, à le trahir, à le rendre méconnaissable en lui retirant toute trace d'humanité. Bien qu'il fût sans dieu, Levi semble avoir connu certaines des hantises de Dostoïevski et son œuvre porte de nombreuses traces indirectes de ce qu'a pu représenter pour l'écrivain russe l'image de l'anti-héros [12]. Le *doppelgänger* auquel songe Levi est celui qui tend à nous faire échouer, comme nous y entraînerait un mauvais *daimon*, peu soucieux de nous aider à comprendre que la chute et la faute peuvent ne pas être des réalités irrémédiablement négatives pour peu que nous ayons la force morale de les percevoir comme des moments à dépasser. L'homme est impur et il se trompe, mais il peut trouver le meilleur de lui-même dans la honte qui accompagne ces défaites du corps et de l'esprit.

« Se tromper n'était plus un malheur vaguement comique, qui vous fait rater un examen ou baisser une note : se tromper c'était comme dans la varappe, une occasion de se mesurer avec soi-même, de se ressaisir, comme un ressaut plus haut, qui vous rend plus efficace et plus capable [13]. »

Pour Levi, l'individu n'échoue jamais dans l'absolu : il commet des erreurs ou des fautes en situation. Les autres sont impliqués immanquablement dans cet échec. Et le sentiment de la présence des autres est l'un des éléments qui définit l'homme dans la mesure où il se soucie de son image et n'accepte pas sa défaite. L'homme est cet animal qui n'admet pas d'en rester là et qui, dans toutes ses tentatives pour se sauver, espère toujours sauver du même coup toute l'espèce [14].

---

12. On peut citer, entre autres, le cas de Hans Biebow, dont Levi dit qu'il fut un « personnage enveloppé de duplicité » (*ammantato di doppiezza*) ; *Opere, op. cit.*, t. I, p. 700.

13. « Nichel », *Il sistema periodico, op. cit.*, p. 495.

14. Plus tard, il dira des erreurs collectives ceci : « Se tromper avec d'autres est une expérience fondamentale. Nous prenions une grande part aux victoire et aux défaites des uns et des autres » (Primo Levi et Tullio Regge, *Dialogo*, Milan, Edizioni di Comunità, 1984).

« Nous sommes ici pour ça, pour nous tromper et pour nous corriger, pour encaisser des coups et pour les rendre [15]. »

Levi est donc parti d'une négativité qu'on pourrait dire onto-logique pour essayer de dessiner les contours d'un nouvel humanisme qui n'aurait rien de révolutionnaire par rapport à ceux qui le précèdent (l'Antiquité grecque [16], la Renaissance, les Lumières, l'existentialisme athée), mais intégrerait le redoutable phénomène de l'ambiguïté humaine. À plusieurs reprises, l'écrivain a cité la formule centrale du célèbre passage des sorcières de *Macbeth*, qui tend à présenter un monde à l'envers ou proche du chaos originel (du tohu-bohu d'avant la Création) : « Foul is fair and fair is foul [17]. »

> Le laid est beau et le beau laid,
> Allons faire le tour du monde,
> Dans la brume et l'air immonde [18] !

Au tout début des années 1960, il a pu susciter l'étonnement et l'admiration un brin envieuse de Calvino (ce qui n'était pas une mince affaire) en construisant deux de ses récits sur l'image du Centaure, cet étrange hybride que les Romains appelaient *ambiguus vir* [19]. Il reprendra ce mythème ou noyau allégorique en 1973 lorsqu'il composera le texte destiné à

---

15. « Nichel », *Il sistema periodico, op. cit.*, p. 498.

16. Rappelons, en passant, la critique que fait Socrate dans le *Théétète*, de la fameuse formule de Protagoras (déjà rapportée dans le *Cratyle*, 386a) : « L'homme est la mesure de toutes choses », jugée condamnable pour son relativisme négateur de l'essence des choses (152a, 178b et suiv.).

17. « Versamina », *Il Giorno*, 8 août 1965 (repris dans *Storie naturali*). Voir aussi l'interview signée FN et intitulée « L'ha ispirato un'insegna », *ibid.*, 12 octobre 1966.

18. Acte I, scène I. Shakespeare, *Théâtre complet*, Paris, Gallimard, « Biblio-thèque de la Pléiade », t. II, 1950, p. 725, traduction de Maurice Maeterlink.

19. « E l'evocazione dell'origine dei centauri ha una sua forza poetica, una plau-sibilità che si impone (e, accidenti, scrivere di centauri si direbbe impossibile, oggi, e tu hai evitato il pastiche anatole-france-walt-disneyano) » (I. Calvino, *I libri degli altri Lettere 1947-1981*, a cura di Giovanni Tesio, Turin, Einaudi, 1991, p. 382). Les deux textes sont « Il centauro Trachi » (repris dans *Storie naturali* sous le titre « Quaestio de Centauris ») publié dans *Il Mondo* du 4 avril 1961 et « L'amico dell'uomo », écrit avant novembre 1961 mais publié dans *Il Mondo* du 16 janvier 1962.

ouvrir le recueil intitulé *Le Système périodique* et il n'est pas indifférent que cette image, si cardinale dans l'anthropologie personnelle de Levi, réapparaisse précisément dans le passage consacré à ce que l'auteur appelle « la force comique du jargon [20] » parlé par la communauté séfarade installée au Piémont depuis des générations. Pour l'écrivain, cette force tient à un enchâssement l'un dans l'autre d'au moins trois types de contraste [21]. Le dernier mentionné est le plus universel.

« Mais ce contraste [entre le dialecte d'usage courant et l'hébreu solennel et sacré] en reflète un autre [la vocation divine opposée à la misère quotidienne de l'exil] ; et un autre encore, bien plus général, celui qui est inscrit dans la condition humaine, car l'homme est centaure, amalgame de chair et d'esprit, de souffle divin et de poussière [22]. »

Quelques années plus tard, il reviendra sur ce phénomène de l'ambiguïté humaine dans un récit qui développe et analyse des faits réels liés au ghetto de Lodz.

« [...] dans la personne de Rumkowski nous nous reflétons tous, son ambiguïté est la nôtre, l'ambiguïté d'êtres hybrides pétris d'argile et d'esprit ; sa fièvre est la nôtre, celle de la civilisation occidentale qui "descend en enfer avec tambours et trompettes [23]". »

Cependant, à travers la caution de référence culturelle qui, ici encore, sera fournie par une pièce de Shakespeare et une voix de femme, on pressent que cette ambiguïté, qui est *a priori* celle de tout homme, est en fait un mal ou une maladie qui frappe

---

20. Levi emploie le mot *gergo* qui, par son étymologie, correspond au français *jargon* mais qui dans le contexte désigne plutôt un pidgin dialectal, par certains côtés comparable au yiddish puisque la base en est le piémontais et le condiment des mots d'hébreu déformés.

21. Levi établit lui-même, à ce propos, un parallèle entre ce « jargon » et le yiddish.

22. « Argon », *Il sistema periodico*, *op. cit.*, p. 435. « Seul l'Esprit, s'il souffle sur la glaise, peut créer l'Homme » (Antoine de Saint-Exupéry, « Les hommes », *Terre des hommes*, VIII, Paris, Gallimard, 1939, p. 218).

23. « Il re dei Giudei », *La Stampa*, 20 novembre 1977 ; repris dans *Lilìt*, dans *Opere*, t. III, *op. cit.*

certaines âmes et dont chacun, certes, peut être atteint, mais seulement s'il cède aux pires tentations de la vanité qui sont celles du pouvoir, quel qu'il soit, et de la cupidité.

« Sa folie [celle de Chaïm Rumkowski] est celle de l'Homme [24] présomptueux et mortel tel que le décrit Isabelle dans *Mesure pour mesure*, l'Homme qui "drapé d'une courte et faible autorité", ignorant tout à fait ce qu'il croit le mieux connaître : son essence fragile comme le verre, tel un singe coléreux joue à la face du ciel de si grotesques comédies qu'elles font pleurer les anges ; ou s'ils avaient notre rate, les feraient rire comme des mortels [25]. »

En fait, vers la fin des années 1960, il avait laissé percer un sombre pessimisme sur la nature de l'homme, en faisant suggérer par le narrateur d'une des plus célèbres légendes d'Europe centrale que, à l'image du Golem, celui-ci n'est guère qu'un simulacre, autant dire pas grand-chose.

« Un Golem […] est en somme un simulacre, et comme tel il n'est bon à rien ; et même c'est quelque chose d'essentiellement suspect dont il vaut mieux ne pas approcher, car il est écrit : "Tu ne fabriqueras pas d'images et tu ne les adoreras pas." Le Veau d'Or était un Golem ; Adam en était un, et nous aussi [26]. »

---

24. La majuscule pourrait signifier que Levi pensait ici à l'homme comme catégorie ou, plutôt, comme espèce.

25. *Opere*, *op. cit.*, t. III, p. 444. La traduction de la réplique d'Isabelle (acte II, scène II) est de Guy de Pourtalès. Shakespeare, *Théâtre complet*, *op. cit.*, t. II, p. 510. Quelques années plus tard, dans le deuxième chapitre de *I sommersi e i salvati*, intitulé de façon éloquente « La zona grigia », Levi reprendra son texte sous une forme légèrement modifiée – ajoutant, dans l'extrait que nous avons cité, l'adjectif « congénital » pour qualifier l'ambiguïté essentielle de l'homme. *Opere*, *op. cit.*, t. I, p. 703.

26. « Il servo », *Vizio di forma*, dans *Opere*, *op. cit.*, t. III, p. 339. Voir aussi ce que dit Levi à propos de ce que doit être un personnage de roman : « Il doit être incohérent comme nous le sommes tous, avoir l'humeur changeante, se tromper, se perdre, grandir de page en page, ou bien décliner, ou encore s'éteindre : s'il demeure égal à lui-même, il ne sera pas le simulacre d'un être vivant, mais le simulacre d'une statue, c'est-à-dire un double simulacre » (« Scrivere un romanzo », *L'altrui mestiere*, *op. cit.*, p. 744).

Cette ambiguïté constitutive permet de comprendre la plupart des manifestations de faiblesse de l'homme. Et d'abord sa paresse naturelle qui le fait se rendre si complaisamment aux lieux communs.

« Mais combien y a-t-il d'esprits humains capables de résister à la lente, féroce, incessante, imperceptible force de pénétration des lieux communs[27] ? »

C'est la paresse qui incite à croire que l'homme est tout d'une pièce, blanc ou noir selon le schéma binaire et apparemment confortable qu'on appelle à tort manichéen. Alors qu'un seul instant d'observation attentive nous apprend qu'il y a bien des sujets au sein d'un même individu, y compris un homme paisiblement normal au fond du plus abject des SS[28]. De même, il y a des enfants attendris, devant le miracle d'une adolescente qui a réchappé de la chambre à gaz, dans « les esclaves abrutis par l'alcool et le massacre quotidien ».

« Des faits comme ceux-là [les soins donnés par les gardes à l'adolescente miraculeusement rescapée du gazage] étonnent, parce qu'ils sont en contradiction avec l'image que nous avons en nous d'un homme en accord avec lui-même, cohérent, monolithique ; et ils ne devraient pas nous étonner, parce que l'homme n'est pas comme ça. La pitié et la brutalité peuvent coexister, dans le même individu et au même moment, contre toute logique ; et au demeurant, la pitié elle-même échappe à la logique[29]. »

Levi n'a voulu céder ni à la colère, ni au mépris, ni à la pitié, ni à la froide indifférence du scientifique quand il lui a été donné d'examiner *a posteriori* le comportement de l'homme soumis à des pressions extrêmes comme on le fait pour des corps matériels au cours d'expériences de laboratoire. L'homme, qui peine toujours à s'arracher à son désordre natif,

---

27. « Victory day », *La Tregua*, dans *Opere, op. cit.*, t. I, p. 298-299.
28. Voir la remarque sur Mushfeld, rapportée ici note 3, p. 189.
29. « La zona grigia », dans *I sommersi e i salvati, op. cit.*, p. 692.

perd progressivement cette apparence de tenue et le maintien qui fait sa dignité. Lorsqu'il dut représenter l'aspect du corps d'un camarade mort durant la nuit du 26 au 27 janvier 1945, l'écrivain trouva le mot qui en latin désigne la forme violente et immaîtrisable de la confusion : « 27 janvier. L'aube. Sur le sol, l'infâme tumulte de membres décharnés, la chose Sòmogyi [30]. »

Trente ans plus tard, citant Thomas Mann, Levi rappellera que si la justice humaine doit passer selon des règles universellement admises, il reste que sur le plan purement moral l'homme devient très difficile à évaluer lorsque le milieu a fait de lui un être qui a abdiqué son humanité et a atteint le fond de l'horreur, que ce soit comme victime ou comme bourreau. Rumkowski, le satrape corrompu de Lodz, aussi paradoxal et insoutenable que cela paraisse, s'est identifié alternativement et toujours sincèrement aux oppresseurs et aux opprimés. On conçoit que dans ces circonstances tous les repères soient perdus. Et, pour figurer ce phénomène, l'image choisie par Levi, qui refuse le recours trop facile à l'hypothèse de la folie, est d'une simplicité éclairante.

« [...] car l'homme, dit Thomas Mann, est une créature confuse ; et celle-ci devient bien plus confuse, pouvons nous ajouter, lorsqu'elle est soumise à des tensions extrêmes : elle échappe alors à notre jugement, à l'image de l'aiguille de la boussole qui s'affole à l'approche du pôle magnétique [31]. »

Au milieu des années 1980, Levi exprimera son sentiment sous une forme encore plus synthétique à propos du cas Rumkowski :

« La même *impotentia judicandi* nous paralyse devant le cas Rumkowski. [...] c'est une histoire de ghetto [...] mais si

---

30. « Storia di dieci giorni », *Se questo è un uomo*, *op. cit.*, p. 180.

31. « Il re dei Giudei », *op. cit.*, p. 440. Ici encore, la rédaction de 1986 pour « La zona grigia » dans *I sommersi e i salvati*, *op. cit.*, p. 699, diffère très peu de celle de 1977.

éloquente sur le thème fondamental de l'ambiguïté humaine provoquée fatalement par l'oppression[32]. »

Ce « thème fondamental » est celui qui a inspiré à Diderot sa comédie *Est-il bon ? est-il méchant*[33] ?, à cette différence près que l'écrivain français ne pouvait concevoir sans doute ce que Vercors, cité par Levi, appelle la « mort de l'âme[34] ». Mais en l'occurrence la mort n'advient jamais brutalement. L'homme laisse son âme s'éteindre progressivement d'abord par indolence, puis par négligence et enfin par un manque de rigueur qui devient criminel. Réfléchissant, alors qu'il était encore en activité, sur les raisons qui le poussèrent à persévérer dans l'étude de la chimie, Levi semble acquérir, par le relais du travail d'écriture, une conscience extrêmement vive de son goût pour la précision que les expériences de laboratoire l'ont amené à affiner sans trêve. Certes, on ne devient pas un membre des SS par nonchalance ou par étourderie. Mais l'humanité se perd insensiblement parce qu'on n'a pas su résister à la tentation de faciles assimilations ou de généralisations : « Il est dangereux, il n'est pas légitime, de parler des "Allemands", ou de quelque autre peuple que ce soit, comme d'une entité unitaire, indifférenciée, et regrouper tous les individus dans un même jugement[35]. »

Donc, pour un étudiant même sérieux, mais un peu trop expéditif, le sodium ressemble assez au potassium pour qu'il paraisse « presque semblable ». Or ce presque, concession coupable à ce besoin de confort qui nous fait aller au plus commode intellectuellement, peut être tout simplement mortel.

---

32. Par « la même », Levi se réfère à l'*épochê* ou suspension du jugement qu'il proposait d'adopter au sujet des gardes du camp surnommés les « corbeaux du crématoire ».

« La zona grigia », dans *I sommersi e i salvati*, *op. cit.*, p. 696. Ce paragraphe n'existait pas dans « Il re dei Giudei ».

33. Pièce achevée en 1781.

34. « La zona grigia », *op. cit.*, p. 695. Rappelons le jugement, par ailleurs sévère, de Levi sur *Les Armes de la nuit* (Paris, Albin Michel, 1953), « insupportablement gâté par l'esthétisme et l'excessive complaisance littéraire ».

35. « Lettere di tedeschi », *I sommersi e i salvati*, *op. cit.*, p. 804.

« Je pensais à une autre morale, plus terre-à-terre et plus concrète [...] ; il faut se méfier du presque égal [...] du pratiquement identique, de l'à peu près, du "ou bien", de tous les succédanés et de tous les rapiéçages [36]. »

Ici, une précision s'impose. Levi pas dupe : on peut être d'une grande rigueur dans l'exercice de la barbarie. Le sens de l'exactitude n'est, en soi, aucunement une garantie de droiture et d'humanité, au sens où on entend généralement ce mot. Cependant, l'horreur et l'infamie proviennent de la complaisance envers l'ambiguïté naturelle de l'homme. Mushfeld fait tuer l'adolescente épargnée par l'acide cyanhydrique parce qu'elle est jeune et que, pense-t-il, elle ne saura pas se taire. *Nacht und Nebel* ne peut être la devise que de ceux qui ont parfaitement conscience de la sombre confusion qui préside à leurs actes. Leur lutte est une antilutte, telle que la conçoit Levi, parce qu'elle ne vise ni à la clarté, ni à la solidarité, ni au développement de la vie dans la liberté. La chimie, que Levi aimait à mythifier quelque peu en la rapprochant de la magique alchimie des anciens Arabes, n'est qu'un banc d'essai choisi pour aider les autres en y voyant plus clair et sans jamais « couver le cobra ». Elle met l'homme souvent seul devant une matière qui paraît malignement et malicieusement lui résister. Comme on l'a vu, la chimie peut servir dans l'apprentissage de la lutte contre le laisser-aller et les mauvais penchants qui poussent à rendre les armes devant des circonstances difficiles, voire hostiles.

« [Les événements] vous donnent le sentiment du *nicht dazu gewachsen*, de l'impuissance, de l'inefficacité, n'est-ce pas ? Ils vous donnent l'impression de mener une guerre interminable [...] de perdre toutes les batailles [37]... »

---

36. « Potassio », *Il sistema periodico, op. cit.*, p. 484. On peut rapprocher ce passage de celui, cité ici note 26, dans lequel il est dit que l'homme, comme le golem, n'est qu'un simulacre.

37. « Argento », *Il sistema periodico, op. cit.*, p. 619.

L'idée de hauteur et la conscience de ne pas être à la hauteur sont donc, contre l'inhumanité, des éléments qui permettent d'entrevoir ce que peut être un homme : un être qui lutte pour ne pas avoir honte et pour essayer d'augmenter l'estime qu'il a de lui-même en ne dissimulant rien de son action. Dans cette perspective, la chimie n'est qu'un terrain d'exercice qui suppose qu'on ne renonce jamais à l'usage de la raison. Levi, de ce point de vue, semble se rattacher aux origines kantiennes des Lumières, dans une pratique critique renouvelée par l'expérience du positivisme scientifique[38]. Levi était animé par ce désir de connaissance qu'on a appelé *mathesis*[39] et qui implique l'idée d'une maîtrise aussi totale que possible du rapport que le sujet peut avoir avec un objet donné par l'intermédiaire d'un discours sans aucune ambiguïté.

Parfois, un cycle complet de transformations est compris dans son ensemble mais un certain moment demeure ou paraît ineffable à la modestie de l'écrivain qui signale facétieusement le phénomène.

« Ce qui s'ensuivit concerne les vignerons et pour notre part il nous importe seulement de préciser que [l'atome de carbone] échappa (pour notre bonheur, parce que nous serions incapable de trouver les mots qui conviennent[40]) à la fermentation alcoolique, et se transforma en vin sans changer de nature[41]. »

Il semble que sur au moins un point Levi n'ait jamais eu de doute : l'homme a été jeté dans un milieu matériel qui se présente à lui comme un monde sinon hostile, du moins opaque et fermé. Le propre de l'homme est de pénétrer ce monde et

---

38. « Les Lumières, c'est la sortie de l'homme hors de l'état de tutelle dont il est lui-même responsable. L'état de tutelle est l'incapacité de se servir de son entendement sans la conduite d'un autre. [...] *Sapere aude !* Aie le courage de te servir de ton *propre* entendement ! Voilà la devise des Lumières » (*Qu'est-ce que les Lumières ?*, Paris, Flammarion, 1991, p. 43).

39. Sophocle, *Électre*, vers 1032.

40. Levi a employé l'expression *ridurre in parole* qui a une portée technique et poétique : « réduire en mots », littéralement, comme on dit « mettre en musique ».

41. « Carbonio », *Il sistema periodico, op. cit.*, p. 646.

de l'éclairer. La principale faute vient donc de la paresse dont nous avons parlé, qui fait renoncer devant la difficulté de la tâche. Car l'homme a le devoir et le mandat – peu importe pour un agnostique de savoir d'où celui-ci lui vient – de ne jamais cesser de s'interroger. S'il y a en lui le désir de connaître, il se doit de toujours se battre pour comprendre tout ce qui résiste à son intelligence. L'homme de Levi, comme celui du jeune Rimbaud qui abominait « les assis [42] », est un homme debout, face au vent, qui est souvent tumultueux et tempétueux.

« [...] tuer la baleine blanche ou démanteler son navire ; on ne doit pas se rendre à la matière incompréhensible, on ne doit pas s'asseoir [...]. On ne doit jamais se sentir désarmé : la nature est immense et complexe, mais elle n'est pas imperméable à l'intelligence [43]. »

Pour Levi, la matière est l'ennemi de l'homme, et notamment du chimiste, parce qu'elle se présente avant tout dans sa force obtuse qui la met sur le même plan que la bêtise humaine. Or l'homme est esprit et ne peut, à moins de se renier, traiter avec la matière sinon pour la soumettre.

« C'est l'esprit qui domine la matière, n'est-ce pas [44] ? [...] ; et l'adversaire était toujours le même, le non-moi, le Grand Pervers, la Hylê [45] : la matière stupide, indolemment ennemie comme est notre ennemie la stupidité humaine, et comme celle-ci forte de sa passivité obtuse. Notre métier consiste à mener et à remporter cette bataille sans fin [46]. »

---

42. Le poème ainsi intitulé fut composé en août 1871. Arthur Rimbaud, *Œuvre-vie*, Paris, Arléa, 1991, p. 226-227.

43. « Nichel », *Il sistema periodico*, *op. cit.*, p. 498-499.

44. L'interrogation rhétorique est comme un écho de la dernière phrase de *Terre des hommes* d'Antoine de Saint-Exupéry : « Seul l'Esprit, s'il souffle sur la glaise, peut créer l'Homme » (*op. cit.*, p. 218).

45. Levi connaissait parfaitement l'extension sémantique du mot grec. « Le bois a été pendant des millénaires le matériau de construction, la "matière" par excellence, au point que dans certaines langues *matière* et *bois* étaient exprimés par le même mot » (« Stabile/instabile », *L'altrui mestiere*, *op. cit.*, p. 746-747).

46. « Cromo », *Il sistema periodico*, *op. cit.*, p. 573.

Levi a plusieurs fois employé la notion de *Hylê* pour désigner, de façon générique, toute substance de l'extériorité objective. Or il se trouve que les Anciens opposaient volontiers cette dénomination de la matière assimilée au monde végétal à la notion d'*eidos*[47] qui indiquait pour eux la forme ou la représentation d'un objet dans la conscience. Et Levi semble avoir, au moins une fois, songé à définir l'intelligence à partir de l'imaginaire. Dans « Carbonio », en effet, le narrateur propose au lecteur d'admettre que « comprendre équivaut à se donner une image[48] » d'un phénomène ou d'une chose, autrement dit la visualiser au moins dans l'abstraction de symboles qui sont comme des signes que voit, articule entre eux et interprète la pensée logique. Comprendre peut avoir, il est vrai, plusieurs significations et Levi se méfiera du rapport que ce grand mouvement de l'intelligence peut avoir, pour certains, avec l'idée d'admettre et de reconnaître potentiellement comme sien[49]. Mais le sens fondamental est celui qui implique que l'homme est un être capable d'observer, de nommer, de classer et d'analyser, autrement dit capable de fonder des systèmes et de mettre de l'ordre partout où son besoin de connaissance parvient à être méthodiquement et synthétiquement satisfait[50]. Et pour l'imaginatif écrivain, l'ennemie primordiale qu'est la matière est souvent mentionnée en des termes qui manifestent un discret animisme anthropomorphique, à moins qu'il ne s'agisse, plus profondément, de rappeler que les qualificatifs d'ordinaire réservés à l'homme peuvent s'appliquer à celle-ci parce que l'homme lui-même n'est d'abord qu'un peu

---

47. C'est le cas, entre autres, dans le premier livre de *La Physique* d'Aristote.

48. *Il sistema periodico, op. cit.*, p. 644. Voir également « Il libro dei dati strani » : « Mais dans de nombreux cas "comprendre" veut dire au contraire se rendre compte qu'il ne nous est pas accordé de nous donner une image de certains objets et de certains phénomènes » (*L'altrui mestiere, op. cit.*, p. 685).

49. « Peut-être tout ce qui est arrivé [dans les camps d'extermination] ne peut être compris, et même, *ne doit être* compris, parce que comprendre c'est presque justifier » (Appendice [novembre 1976], *Se questo è un uomo, op. cit.*, p. 208).

50. « Comme le sait déjà Job, "l'homme souffre injustement", mais se sauve en comprenant. Comprendre est une dimension essentielle dans la chimie et dans la philosophie de Levi » (Cesare Cases, Introduction, *Opere*, t. I, *op. cit.*, p. XX).

de matière, fût-elle pensante : « La matière bornée manifeste une astuce tendue vers le mal, vers l'obstruction, comme si elle se révoltait contre l'ordre auquel l'homme tient tant[51]. »

La matière faite homme atteint donc à une dignité unique dans la mesure où elle est animée par une raison qui impose ses règles rigoureuses et ses mécanismes pondérés à tous les objets sans exception. L'homme est le seul animal qui puisse rentrer en lui-même pour y déceler un sentiment de colère ou un désir de vengeance et décider qu'il ne doit pas tolérer que ces sentiments se développent en lui ou seulement s'y installent. L'usage de la raison peut amener un rescapé d'Auschwitz à ne pas haïr inconsidérément les nazis et les SS[52] et même à les projeter, au moins pour un temps, dans un pur espace socio-historique qui les réduit à de simples objets d'analyse échappant aussi bien à l'esprit de vindicte qu'à tout jugement de valeur[53]. S'il a pu arriver que l'écrivain finisse parfois par douter de la rationalité originelle et totale du monde[54], il n'a jamais cessé de placer la raison et l'ordre qui en découle du côté de la vie[55].

---

51. « Argento », *Il sistema periodico*, *op. cit.*, p. 626-627. Voir aussi la conclusion du texte intitulé « Stabile/instabile », *op. cit.*, p. 749.

52. « Je considère que [la haine] est un sentiment bestial et grossier, et je préfère que mes actions et mes pensées, au contraire, naissent, dans la limite du possible, de la raison » (Appendice, *op. cit.*, p. 186). Cesare Segre, parmi d'autres, a relevé cette volonté tenace de Levi : « Il a connu, dans leurs conséquences, les aspects les plus obscurs, les plus inavouables et les plus abjects de l'animal humain, mais il a eu recours à la raison qui, si elle ne parvient pas à les expliquer, permet de les délimiter et de les reconnaître et elle aide à les dominer au moins sur le plan intellectuel » (Introduction, *op. cit.*, p. VII).

53. « [Les SS] étaient faits de la même étoffe que nous, c'étaient des êtres humains moyens, moyennement intelligents, moyennement mauvais : sauf exceptions, ils n'étaient pas des monstres, ils avaient notre aspect, mais leur éducation avait été mauvaise. [...] Ils avaient tous subi la terrifiante dépravation de l'éducation que leur avait donnée et imposée l'école telle que l'avaient voulue Hitler et ses collaborateurs, complétée ensuite par le *Drill* des SS » (Conclusion, *I sommersi e i salvati*, *op. cit.*, p. 822).

54. « Maintenant je sais que le pourquoi des choses n'existe pas, du moins c'est ce que je crois, mais à cette époque-là j'y croyais pas mal » (*La ricerca delle radici*, *op. cit.*).

55. « La "molécule" unique, dégradée mais gigantesque [...] est un message et

L'usage de la raison implique le calcul comptable et la classification. Il s'accompagne d'une recherche constante de l'exactitude. Ici encore, la réflexion de Levi sur l'homme est complexe. D'une part, il répugne aux simplifications et aux naïvetés qui, pour spontanées et sincères qu'elles soient, tendent inévitablement à gauchir et à fausser le rendu de la réalité prise en examen. L'homme ne peut être facilement et rapidement appréhendé dans une formule commode et limpide [56]. Si l'authenticité réside dans la maîtrise parfaite que la conscience peut avoir d'un discours, entre autres du discours qu'il lui arrive de tenir sur elle-même, l'élaboration d'une représentation détaillée et fine du monde demeure, aux yeux de l'écrivain, une nécessité. On le voit dans le cas de l'épopée du jeune Avrom.

« C'est dans cette langue [l'hébreu], qui est nouvelle pour lui, qu'il a rédigé ses mémoires, sous la forme de notes dépouillées et discrètes […]. C'est un homme simple, et il les a écrites sans ambitions littéraires ni historiques […]. Il faut souhaiter que ces mémoires trouvent un écrivain qui leur rende le souffle puissant et pur qu'elles renferment potentiellement [57]. »

Mais, d'autre part, Levi demeure très attaché à l'idée, pour ne pas dire à l'idéal peut-être utopique dans son extrême positivisme, d'une exactitude impeccable qui serait le sceau de l'homme dans toute sa valeur morale et ontologique. Dans un autre texte, également de 1978, il rêve, pourrait-on dire, publiquement d'un homme comparable à l'eau pure des torrents des Alpes piémontaises qu'il connaissait bien.

« Mais combien est agréable […], apaisant, rassérénant, le cas contraire, de l'homme qui se maintient égal à lui-même à

---

un symbole obscène : symbole […] de la supériorité de la confusion sur l'ordre, et de la mort indécente sur la vie » (« La sfida della molecola », *Lilìt, op. cit.*, p. 543).

56. « Quale poi sia l'immagine "vera" di ognuno di noi, è una domanda senza senso » (« Il ritorno di Lorenzo », *Lilìt, op. cit.*, p. 428).

57. « La storia di Avrom », *La Stampa*, 14 mars 1976 ; repris dans *Lilìt, op. cit.*, p. 415.

travers ce qu'il écrit ! Même s'il n'est pas génial, il a toute notre sympathie : dans ce cas, il n'y a plus de fiction ni de transfiguration, plus de muses ni de sauts quantiques, le masque est le visage, et le lecteur croit regarder d'une hauteur une eau claire et distinguer le gravier bariolé sur le fond[58]. »

La transparence et l'immédiateté apparaissent donc comme des valeurs fondamentales sur lesquelles Levi revient souvent[59]. Son intervention la plus vive sur cette question est, peut-être, celle d'un texte de pure fiction, paru en 1977, dans lequel l'ironie sarcastique a des accents amers et désabusés peu fréquents dans l'œuvre de cet auteur.

« Il est bon dans tous les cas que [ton discours] soit obscur, car l'homme redoute la clarté, peut-être en souvenir de la douce obscurité du giron et du lit dans lequel il a été conçu. Souviens-toi que moins tes auditeurs te comprendront et plus ils auront confiance dans ton savoir et plus il leur semblera entendre de la musique dans tes paroles[60]. »

Mais à quelques exceptions près, dont celle qui vient d'être citée, les développements de Levi sur la netteté de la pensée, la limpidité incisive du discours, qu'il soit oral et improvisé ou

---

58. Il pourrait être intéressant d'analyser en détail la portée presque religieuse de l'attachement, quasi puritain, de Levi à la montagne. On ne peut s'empêcher de penser à la représentation que donne Natalia Ginzburg d'un autre passionné des mêmes montagnes (et piémontais d'adoption) : le professeur Giuseppe Levi, père de la romancière (*Lessico famigliare*, Turin, Einaudi, 1963, p. 10-12, trad. fr. Michèle Causse, Paris, Grasset, 1966).

« Stanco di finzioni », *La Stampa*, 10 septembre 1978 ; repris dans *Lilìt*, *op. cit.*, p. 416.

59. On pourra noter qu'il le fit tout particulièrement au milieu des années 70. Par exemple, on trouve cette remarque dans un texte de 1976 : « Transmettre avec clarté, exprimer, s'exprimer et savoir être explicite, n'est pas donné à tout le monde » (« Decodificazione », *Prospettive Settanta*, n° 3, juillet-septembre 1976 ; repris dans *Lilìt*, *op. cit.*, p. 567). « Tant que nous sommes en vie [...] il ne fait pas de doute que nous serons d'autant plus utiles (et appréciés) aux autres et à nous-mêmes que sera meilleure la qualité de notre communication » (« Dello scrivere oscuro », *La Stampa*, 11 décembre 1976 ; repris dans *L'altrui mestiere*, *op. cit.*, p. 638).

60. « Un testamento », *La Stampa*, 16 octobre 1977 ; repris dans *Lilìt*, *op. cit.*, p. 522.

écrit dans la méditation, la pureté et la probité du raisonnement et l'exactitude lexicale sont marqués au coin de la tranquille assurance de celui qui ne doute guère et qui a posément choisi de faire confiance à l'homme. La lutte pour la dignité peut être menée en dehors de la polémique et de l'agression systématique, contrairement à ce que semblait croire Hans Mayer *alias* Jean Améry, le « théoricien du suicide », qui était convaincu que lorsqu'on a perdu la foi en l'humanité plus rien ne peut vous la redonner[61].

Si Adorno a pu estimer qu'il était impossible de faire de la poésie après Auschwitz, Levi a, pour sa part, non seulement créé une œuvre poétique mais a voulu et su utiliser toutes les ressources de la raison pour profiter, même ludiquement[62], des occasions de sentir les merveilles actives de la conscience humaine, sans pour autant céder un pouce sur la question de la Providence[63]. Son rationalisme intransigeant a pu atteindre sinon à des excès du moins à des extrêmes[64] frisant

---

61. « Celui qui a été torturé demeure torturé [...]. La foi en l'humanité, déjà ébranlée par la première gifle reçue sur le visage, ruinée par la torture, ne se recouvre plus » (« La memoria dell'offesa », *I sommersi e i salvati, op. cit.*, p. 664). À ceci, Levi répond ainsi : « Celui qui "se collette" avec le monde entier retrouve sa dignité mais la paie d'un prix très élevé, parce qu'il est sûr d'être finalement vaincu » (« L'intelletuale ad Auschwitz », *ibid.*, p. 762).

62. Nous pensons notamment au texte qui met en scène un protagoniste-narrateur amateur de palindromes : « Calore vorticelle », *Tuttolibri*, 12 août 1978 (repris dans *Lilìt, op. cit.*). Comme c'est presque toujours le cas avec ce jeu de langue, les palindromes inventés par Levi pour son personnage ont une dimension bouffonne, comme celui-ci : « Ettore evitava le madame lavative e rotte » (p. 471).

63. À plusieurs reprises, et à quarante ans de distance, Levi a dit son refus sans ambages de l'idée de Providence. Dès 1946, dans *Se questo è un uomo* : « Aujourd'hui je pense que, ne serait-ce qu'en raison de l'existence d'Auschwitz, personne ne devrait parler, de nos jours, de Providence » (p. 164). Et en 1986. dans *I sommersi et i salvati* : « [L'expérience du Lager] m'a empêché, et m'empêche toujours, de concevoir une forme quelconque de providence ou de justice transcendante » (p. 770).

64. Nous pensons, entre autres, à une phrase particulièrement acide, de « La zona grigia » : « Biebow, petit chacal trop cynique pour prendre au sérieux la démonologie de la race, aurait voulu renvoyer au plus tard possible la destruction du ghetto, qui était pour lui une excellente affaire [...] : où l'on voit que souvent un réaliste est objectivement meilleur qu'un théoricien » (*I sommersi e i salvati, op. cit.*, p. 700).

la provocation. Car les voies de la raison, pour un humaniste pragmatique et méthodique, sans idéalisme, sont fort nombreuses. On sait, par exemple, que Levi connut un début de retour de la confiance en l'homme en observant le comportement pétri de bon sens et de rigueur pratique de ce compagnon qu'il baptisa Cesare dans *La Trêve*. Ce jeune commerçant romain, si éloigné de l'ingénieur chimiste par ses origines sociales, son très modeste niveau d'acculturation et sa petite éthique personnelle, incarne et illustre l'une des forces de l'homme qui est parfois paradoxalement atrophiée chez certains intellectuels [65] : la capacité de communiquer efficacement en toutes circonstances, en tous lieux et avec qui que ce soit. Cesare est le paradigme de l'homme qui sait s'adapter non seulement pour survivre mais aussi pour garder son identité psychique dans l'adversité la plus forte. Il n'est pas un modèle, mais il symbolise lumineusement la vertu spécifiquement humaine de la liberté dans le maintien d'une personnalité, quelque hostile que puisse être l'extériorité.

« [...] assister aux activités de Cesare, même aux plus modestes et triviales, constituait une expérience unique, un spectacle vivant et roboratif, qui me réconciliait avec le monde, et rallumait en moi la joie de vivre qu'Auschwitz avait éteinte. Une force [66] comme celle qu'avait Cesare est bonne en soi, dans l'absolu ; elle suffit à donner de la noblesse à un homme, à racheter bien de ses défauts éventuels, à sauver son âme [67]. »

Cesare fascine le jeune ingénieur, qui a surtout été jusque-là un homme de cabinet entouré de grimoires, parce qu'il est toujours en pensée et effectivement dans une praxis. Il est à lui

---

65. On peut penser au petit conte moral bien connu d'Alfredo Panzini mettant en scène un *buon professore* et le mauvais élève Teodoro Ravelli qui en classe ne sait pas distinguer les verbes transitifs des verbes intransitifs mais se révèle d'une efficacité magique lorsqu'il s'agit, un jour de marché, de tirer d'embarras le vieux maître venu acheter quelques quintaux de raisin pour faire son vin.

66. Levi a employé le mot *virtù*, qui n'a guère d'équivalent en français contemporain, malheureusement.

67. *La Tregua, op. cit.*, p. 286.

seul la manifestation la plus évoluée de l'esprit d'entreprise qui commence, comme on l'a vu, par l'esprit de résistance : « Nous improvisâmes un abri, pour l'essentiel symbolique : nous ne sommes pas encore des bêtes, nous ne le serons pas tant que nous essaierons de résister [68]. »

D'autres sentiments caractérisent l'humain pour Levi : la prise en considération d'autrui, la reconnaissance de son labeur et le sentiment de gratitude et de solidarité, accompagné d'un don, aussi ténu et même symbolique qu'il soit :

« [...] et alors il advint que Towarovski [...] proposa aux autres malades que chacun offrît une tranche de pain à nous trois qui travaillions, et la proposition fut acceptée. [...] Cela voulait bien dire que le Lager était mort. Ce fut là le premier geste humain qui advint parmi nous. Je crois que l'on pourrait fixer à ce moment le début du processus par lequel, nous qui ne sommes pas morts, sommes lentement redevenus des hommes [69]. »

Levi voulait croire à une morale fondée sur des valeurs universelles [70], et cela aussi le rapproche de Camus. Ce qui le

---

68. « Violenza inutile », *I sommersi e i salvati, op. cit.*, p. 740. On peut faire un rapprochement avec la fameuse phrase de Guillaumet rapportée par Saint-Exupéry dans *Terre des hommes* : « C'est alors que tu exprimas, et ce fut ta première phrase intelligible, un admirable orgueil d'homme : "Ce que j'ai fait, je te le jure, jamais aucune bête ne l'aurait fait." » Et le commentaire de l'auteur : « Cette phrase, la plus noble que je connaisse, cette phrase qui situe l'homme, qui l'honore, qui rétablit les hiérarchies vraies, me revenait à la mémoire » (*op. cit.*, p. 45-46 et 53). Levi a rendu hommage à Saint-Exupéry dans « Non è più il mondo della fantasia vana » : « L'aviazione [...] non ci ha dato altri poeti se non Saint-Exupéry » (*La Stampa*, 13 juillet 1969 ; repris dans *Racconti e saggi* sous le titre « La luna e noi », dans *Opere, op. cit.*, t. III, p. 606).

69. « Storia di dieci giorni », *Se questo è un uomo, op. cit.*, p. 166-167.

70. Dans « Violenza inutile », il se réfère explicitement à « cette morale, commune à tous les temps et à toutes les civilisations, qui fait partie de notre héritage humain, et qu'il faut bien reconnaître au bout du compte » (*I sommersi e i salvati, op. cit.*, p. 736). « Mon rôle, je le reconnais, n'est pas de transformer le monde, ni l'homme [...]. Mais il est, peut-être, de servir, à ma place, les quelques valeurs sans lesquelles un monde, même transformé, ne vaut pas la peine d'être vécu, sans lesquelles un homme, même nouveau, ne vaudra pas d'être respecté » (« Deuxième réponse à Emmanuel d'Astier de La Vigerie », octobre 1948, *Actuelles*

distingue objectivement de l'écrivain français, c'est son expérience de Buna-Monowitz qui est la base de sa recherche, alors même que toutes les valeurs s'y trouvaient niées ou perverties[71]. Le noyau ardent et empirique de la réflexion est donc marqué de négativité mais, pour celui qui sait l'examiner sans trembler, il est le plus dense qui soit parce qu'il peut enseigner à connaître l'Autre et aider à juguler le sentiment qui menace le plus légitimement d'envahir la conscience et dont Levi, nous l'avons vu, ne veut à aucun prix : la haine. On ne construit pas sur le néant. Il faut retourner dans les livres et y lire l'art de se contenir et d'aimer l'étranger ; y trouver les ressources intellectuelles pour affronter l'inconnu et, plus généralement, tout ce qui *a priori* suscite la méfiance, la peur et l'animosité[72]. Levi a su faire ce qu'Hector, malgré son courage et sa détermination, ne parvient pas à faire dans la pièce de Giraudoux face

---

Chroniques 1944-1948, Paris, Gallimard, 1950, p. 206). Levi a imaginé, lui aussi, la création d'un « homme nouveau », mais sur des bases qui n'ont rien d'idéologique ni de politique. Voir « Il sesto giorno », *Vizio di forma, op. cit.*, p. 143-162). Voir aussi, en moins grinçant et plus joyeusement païen (on songe à *La Femme adultère* de Camus), *Disfilassi* : « Pourquoi ne pas avoir espoir dans le mieux ? Pourquoi ne pas avoir confiance en une nouvelle sélection millénaire, dans un homme nouveau, rapide et fort comme un tigre, avec la longévité du cèdre, sage comme les fourmis ? » (*Lilìt, op. cit.*, p. 469). La scène finale de ce récit, au cours de laquelle la jeune protagoniste Amelia enlace un cerisier en fleur, présente une curieuse analogie avec la fin du roman de François Mauriac *Le Baiser au lépreux* : « Si fermò davanti ad un ciliegio in fiore : ne accarezzò il tronco lucido in cui sentiva salire la linfa, ne toccò leggera i nodi gommosi, poi si guardò intorno e l'abbracciò stretto, e le parve che l'albero le rispondesse con una pioggia di fiori » (p. 470) ; « Ainsi courut Noémi à travers les brandes, jusqu'à ce qu'épuisée, les souliers lourds de sable, elle dût enserrer un chêne rabougri sous la bure de ses feuilles mortes mais toutes frémissantes d'un souffle de feu » (Paris, Grasset, 1925, p. 173-174).

71. « En effet, nous sommes convaincu qu'aucune expérience humaine n'est dépourvue de sens et indigne d'être analysée ; et même que des valeurs fondamentales, quand elles ne seraient pas toujours positives, peuvent être trouvées dans ce monde particulier dont nous parlons » (*I sommersi e i salvati, op. cit.*, p. 88).

72. « Je repensai à tous ces longs récits que j'avais infligés moi-même à mon prochain, à ceux qui voulaient m'écouter et à ceux qui ne voulaient pas, je me rappelai qu'il est écrit (Deutéronome 10, 19) : "Aimez l'étranger car au pays d'Égypte vous fûtes des étrangers" » (« Uranio », *Il sistema periodico, op. cit.*, p. 611).

à ce brasseur de mots, Ulysse, que Virgile a justement surnommé *fandi fictor* : empêcher que la guerre de Troie ait lieu[73]. Il ne suffit pas de sentir la faiblesse humaine, trop humaine, de l'adversaire. Encore faut-il savoir dépasser l'affrontement stérile et voir que les divinités de la Nécessité, de la Vengeance et de la Mort ne sont que des simulacres de pacotille, tout juste bons à exciter des enfants malades de vanité.

On n'arrête pas de construire l'homme comme on n'a de cesse de tourner autour de soi pour se connaître. Chacun se fait peu à peu sur les bases des valeurs qui ne se discutent pas et que tout être de bonne foi sait nommer. Un soupçon d'humour, voire d'ironie légère tournée contre soi, ne dépare pas dans cet immense chantier. Levi a su se moquer sans grincements excessifs de son propre humanisme qui n'a rien d'existentialiste. Il a su convoquer son cher Rabelais pour agrémenter un texte de science-fiction représentant un monde réduit à une entreprise où tout doit recevoir sa fiche de spécification[74] et il a introduit ce texte dans un volume intitulé de façon *a priori* peu engageante *Vice de forme*, quitte à rédiger facétieusement, sans le signer, un prière d'insérer qui n'exclut pas les lendemains qui chantent sous les heureux auspices de la déesse Raison[75].

Cette dernière, pourtant, est réputée faire très mauvais ménage avec le bonheur. Levi se souvient de l'Ecclésiaste, qui semble préfigurer le pauvre docteur Faust en associant la

---

73. « Je me connais : je ne possède pas de vivacité polémique, l'adversaire me distrait, il m'intéresse davantage comme homme que comme adversaire, je l'écoute attentivement et je risque de le croire » (« Vanadio », *Il sistema periodico*, *op. cit.*, p. 635). « Puis l'adversaire arrive, écumant, terrible. On a pitié de lui, on voit en lui, derrière sa bave et ses yeux blancs, toute l'impuissance et tout le dénuement du pauvre fonctionnaire humain qu'il est, du pauvre mari et gendre, du pauvre cousin germain, du pauvre amateur de raki et d'olives qu'il est. On a de l'amour pour lui. On aime sa verrue sur sa joue, sa taie dans son œil. On l'aime... » (acte I, scène III, Paris, Librairie générale française, 1991, p. 63-64).

74. « Le nostre belle specificazioni », *Vizio di forma*, *op. cit.*, p. 287.

75. « On y respire [dans ce volume] un souffle [...] de solide confiance dans l'avenir : l'homme artisan de lui-même, inventeur et unique détenteur de la raison, saura s'arrêter à temps dans son voyage "vers l'occident". » Voir à ce sujet, dans le même volume, la fiction intitulée *Il fabbro di se stesso* (*Opere*, *op. cit.*, t. III,

science à la mélancolie la plus profonde[76]. Mais c'est précisément à partir du pire des malheurs, des douleurs et des souffrances les moins dicibles *a priori* que l'homme peut espérer construire une authenticité. Le ghetto est universel et concerne tous les hommes.

« Comme Rumkowski, nous aussi nous sommes si éblouis par le pouvoir et par l'argent[77] que nous oublions notre fragilité essentielle : nous oublions que nous sommes tous dans le ghetto, que le ghetto est ceinturé, qu'au-delà de la barrière se trouvent les seigneurs de la mort, et que près de là un train nous attend[78]. »

Levi n'a voulu ni oublier la douleur ni rester dans le sinistre constat de la douleur, comme le Leopardi implicite de son *Dialogo di un poeta e di un medico*[79]. Il a voulu parler et écrire, en sachant que ce pouvait être déjà pour lui-même, et *a posteriori* pour les autres, un moyen de se soigner et peut-être d'atteindre à une forme de guérison[80]. Pour l'homme, et pour l'homme seul, la voie de la guérison contre le mal et la souffrance passe

---

p. 330-337). L'expression latine à l'origine du titre, *faber sui*, est mentionnée dans « François Rabelais », *L'altrui mestiere*, *op. cit.*, p. 601. Mais l'idée est souvent exprimée par Levi. Voir, toujours dans *Vizio di forma*, le texte intitulé « Procacciatori d'affari » : « Tout homme est le créateur de lui-même : eh bien, il vaut mieux l'être pleinement, se construire depuis les racines. Je préfère être seul à me fabriquer moi-même » (p. 246).

76. « Beaucoup de sagesse, beaucoup de chagrin / plus de savoir, plus de peine » (La Sainte Bible, *op. cit.*, p. 848, I, 18). Rappelons que l'on trouve aussi ceci dans L'Ecclésiaste : « J'ai cherché à explorer avec soin par la sagesse ce qui se fait sous le ciel. Eh bien ! C'est un mauvais métier [*occupationem pessimam*, dans la Vulgate] que Dieu a donné aux hommes ! » (I, 13). La première citation se trouve, en italien, dans *Trattamento di quiescenza*, texte du milieu des années 1960 repris dans *Storie naturali*, *op. cit.*, p. 183.

77. Dans la rédaction postérieure, celle de « La zona grigia », le mot « argent » est remplacé par « prestige ».

78. « Il re dei Giudei », *Lilìt*, *op. cit.*, p. 444. Voir la deuxième rédaction dans *I sommersi e i salvati*, *op. cit.*, p. 703.

79. « Voilà, chaque instant de veille était pour lui pénétré de cette douleur, sa seule certitude » (*Lilìt*, *op. cit.*, p. 488).

80. « Raconter est une bonne thérapie » (« La sfida delle molecola », *ibid.*, p. 541).

par la conquête lente d'une juste et raisonnable paix avec soi-même, laquelle est, à son tour, la condition nécessaire pour apprendre le respect sincère et mesuré d'autrui. « Et un homme qui n'aime pas les femmes, ou du reste qui n'aime pas les hommes, est un malheureux et potentiellement un individu nocif[81]. »

Sur ce devoir d'intervention de l'homme face à la souffrance d'autrui, Levi a été on ne peut plus clair au point qu'on peut parler à bon droit, nous semble-t-il, d'impératif catégorique dans la mesure où Kant en a donné la définition suivante : « Agis uniquement d'après la maxime qui fait que tu peux vouloir en même temps qu'elle devienne une loi universelle[82]. »

« C'est un devoir difficile pour chaque homme de diminuer autant qu'il le peut la terrible masse de cette "substance" qui souille toute vie, la douleur sous toutes ses formes ; et il est curieux, mais bon, qu'à cet impératif on parvienne à partir de présupposés radicalement différents[83]. »

Levi reprendra cette affirmation dans l'un de ses derniers textes consacré aux devoirs du chercheur scientifique : « Choisis le camp qui peut rendre moins douloureux et moins dangereux le chemin de tes contemporains et de tes descendants[84]. »

Mais il l'avait déjà dit, sous une forme plus dynamique peut-être, dans son hommage à Rabelais :

« Dans toute son œuvre on aurait du mal à trouver une seule page mélancolique, et pourtant Rabelais connaît la misère humaine ; il n'en parle pas parce que, demeurant un bon

81. « La valle di Guerino », *La Stampa*, 3 octobre 1976 ; repris dans *Lilìt*, *op. cit.*, p. 548.

82. *Fondements de la métaphysique des mœurs*, trad. de Victor Delbos, Paris, Delagrave, 1964, p. 136, 2ᵉ section. Levi mentionne explicitement Kant dans « Notizie dal cielo », *L'altrui mestiere*, *op. cit.*, p. 754.

83. « Contro il dolore », art. cité ; repris dans *L'altrui mestiere*, *op. cit.*, p. 632.

84. « Covare il cobra », *op. cit.*, p. 977.

médecin même lorsqu'il écrit, il ne l'accepte pas, il veut la guérir :

> *Mieulx est de ris que de larmes escrire*
> *Pour ce que rire est le propre de l'homme* [85]. »

Levi a rappelé que l'une des raisons possibles de son salut a été qu'aux pires moments de Buna-Monowitz il a toujours continué à voir en lui-même et dans tous ses compagnons des êtres humains [86]. Et nous laisserons la conclusion à son cher Rabelais, cité par l'écrivain italien, pour ce qui concerne l'ultime expression, dans le texte. Levi a fait partie de ceux qui ont payé le prix le plus haut pour savoir à quel point ce devoir d'aimer les autres peut être la plus noble et la plus dure des tâches qui définissent l'homme.

« [Rabelais] nous est proche comme un modèle, pour son esprit joyeusement curieux, pour son scepticisme bon enfant, pour sa foi dans l'avenir et dans l'homme.

[...]

Aimer les hommes veut dire qu'on les aime tels qu'ils sont, corps et âme, "tripes et boyaux [87]". »

DENIS FERRARIS
Université de la Sorbonne, Paris IV

---

85. « François Rabelais », *op. cit.*, p. 603.

86. « Peut-être ai-je été aidé aussi par mon intérêt, toujours présent, pour l'esprit humain [...]. Et peut-être a joué aussi ma volonté, que j'ai maintenue avec tenacité, de toujours reconnaître, même dans les jours les plus sombres, dans mes compagnons et en moi-même des hommes et non des choses » (Appendice [1976], *op. cit.*, p. 212).

87. « François Rabelais », *op. cit.*, p. 602 et 601.

Le hasard et la liberté :
la représentation de la nature, de la vie et de l'homme
dans l'œuvre de Primo Levi

1. Primo Levi n'est pas un philosophe au sens strict du terme. Il n'est pourtant pas impossible de s'interroger – à partir de ses nombreuses réflexions théoriques, mais aussi de son œuvre littéraire – sur sa conception de l'être, de la nature et de l'univers, ainsi que sur la place qu'il assigne à l'homme dans le monde [1].

---

1. Parmi les études sur Primo Levi que ma recherche présuppose, je voudrais notamment mentionner : C. Cases, « L'ordine delle cose e l'ordine delle parole » (1987), in *Primo Levi : un'antologia della critica*, a cura di Ernesto Ferrero, Turin, Einaudi, 1997, p. 5-33 ; G. Tesio, « Primo Levi fra ordine e caos » (1987), *ibid.*, p. 40-50 ; P. V. Mengaldo, « Lingua e scrittura in Levi » (1987), *ibid.*, p. 230-242 ; G. Grassano, « La "musa stupefatta". Note sui racconti fantastici » (1991), *ibid.*, p. 117-147 ; G. Santagostino, « Destituzione e ossessione biologica nell'immaginario di Primo Levi », in *Letteratura Italiana Contemporanea*, n° 32, 1991, p. 127-145 (du même auteur, on peut voir aussi les essais plus récents sur Rabelais, 1993, et sur la métamorphose et le corps, 1997) ; M. Porro, « Scienza », in *Primo Levi*, a cura di M. Belpoliti, « Riga », n° 13, Milan, Marcos y Marcos, 1997, *infra Riga*, p. 435-475 ; E. Mattioda, *L'ordine del mondo. Saggio su Primo Levi*, Naples, Liguori, 1998. Tous ces critiques me semblent avoir toutefois négligé (ou traité trop brièvement) un aspect important de l'œuvre de Primo Levi. On souligne l'importance, chez Levi, de la dialectique de l'ordre et du désordre ; on oublie que le discours de Levi est tout d'abord un plaidoyer contre la violence et contre l'asservissement sous toutes ses formes (politiques, psychologiques, techniques, naturelles), ainsi qu'une revendication ininterrompue de la liberté et de l'action. C'est ce registre de la liberté – signifiée tantôt par la conscience, par la lucidité, par la raison maîtrisant la nature, tantôt au contraire par la matière, par la vie, par leurs impuretés et discontinuités – que j'ai essayé de faire ressortir dans la présente étude.

Comme point de départ pour une telle réflexion, on peut prendre les quelques passages de son œuvre où il semble s'abandonner à un pessimisme ontologique aussi radical que celui qu'on rencontre par exemple dans le livre de Job, dans les écrits d'un poète italien souvent évoqué par Levi, Giacomo Leopardi, dans l'œuvre de Kafka – Levi, on le sait, a traduit en italien *Der Prozess* – ou encore dans la pensée du plus grand philosophe juif du XXᵉ siècle, Emmanuel Levinas. Celui-ci affirme, à partir des années 70, que « le mal », au sens propre du terme, n'est rien d'autre que « l'ordre de l'être tout court [2] ».

Des passages du livre de Job ouvrent l'anthologie personnelle que Primo Levi a publiée en 1980, sous le titre *La Recherche des racines (La ricerca delle radici)*. La courte présentation qui précède les extraits choisis par l'auteur révèle son attitude de manière saisissante. En y affirmant que Job est pour lui « le juste opprimé par l'injustice », « la victime d'un pari cruel entre Dieu et Satan », Levi nous laisse entendre qu'il ne fait pas de distinction radicale entre Dieu et le diable, qu'il considère le créateur du monde, le principe du Bien, tout aussi mauvais que le Mal. Il observe ensuite que « Job le Juste est ainsi ravalé au rang de sujet d'expérience *[degradato ad animale da esperimento]* » et il ajoute que la querelle de Job contre l'Auteur de son être est vouée inévitablement à l'échec, car « Dieu, créateur de merveilles et de monstres, l'écrase sous le poids de sa toute-puissance ». On voit là que Levi ne tient aucun compte du dénouement heureux où Job est dédommagé de tout ce qu'il avait perdu [3]. Il pense au contraire que même si Job, selon la lettre du texte biblique, s'est enfin plié devant l'indéchiffrable sagesse divine, sa profession de foi, sa *confessio*, est dénuée de valeur. Obtenue pour ainsi dire par la

---

2. Emmanuel Levinas, *Autrement qu'être ou au-delà de l'essence*, Martinus Nijhoff, 1974, p. 14 ; *Entre nous*, Paris, Grasset et Fasquelle, 1991, p. 124 et 240. Voir aussi Cynthia Ozick, « Il messaggio d'addio », *Primo Levi : un'antologia della critica, op. cit.*, p. 148-162.

3. Il déclare par ailleurs qu'il tient cet épilogue pour apocryphe.

force, elle prouve tout au plus que le Pouvoir est capable de violer les consciences[4].

On peut établir un parallèle intéressant entre les doléances de Job et celles qui seraient inscrites dans la disposition des cellules épithéliales du ténia selon « L'ami de l'homme », un conte des *Histoires naturelles*[5] (1966). À l'égal de Job et de tout croyant, le ténia aussi entonne d'abord une louange à l'être tout-puissant à qui il doit son existence et sa prospérité : « Qui plus fidèle que moi ? Qui plus que moi te connaît ? Voilà, je repose plein de confiance dans tes entrailles obscures, et je me ris de la lumière du jour. Écoutez : tout est vanité, hormis un ventre plein[6]. » Lui aussi, comme Job, bénit en un premier temps la main qui le frappe. Au maître dont il vit mais qui essaie, par un traitement médical, de l'expulser de son corps, il répond :

« Je devrai donc t'appeler ingrat ? Non, puisque je me suis laissé emporter, et que j'ai follement osé briser les limites que la Nature nous a imposées. [...] Je ne devais pas me rendre visible : c'est là notre triste sort. Visible et importun : de là ta juste colère, ô maître. Hélas, pourquoi n'ai-je pas renoncé ? Pourquoi ai-je repoussé la sage inertie de mes aïeux[7] ? »

Tout en se résignant à son sort, le ténia pousse cependant, comme Job, un cri de révolte : « Nos paroles silencieuses ne trouvent pas d'écoute chez vous, demi-dieux pleins d'orgueil. » Il s'en ira en silence, puisque c'est la loi inscrite dans son être, mais il demande au moins que le message de détresse gravé dans son corps parvienne à son maître, qu'il soit « médité » et

---

4. *Opere, op. cit.*, t. II, p. 1369.

5. Relevons en passant que cette nouvelle admirable et sinistre rappelle un célèbre sonnet théologique de Campanella où la situation de l'homme dans le monde est justement comparée à celle d'un ver dans le ventre de l'homme : « Il mondo è un animal grande e perfetto, / statua di Dio, che Dio lauda e somiglia : / noi siam vermi imperfetti e vil famiglia, / ch'intra il suo ventre abbiam vita e ricetto » (*Poesie*, in *Scritti scelti di Giordano Bruno e Tommaso Campanella*, Turin, UTET, 1968, p. 312-313).

6. *Histoires naturelles*, trad. fr. d'André Maugé, Paris, Gallimard, 1994, p. 84.

7. *Ibid.*, p. 85.

compris par lui. Le lecteur averti ne manquera pas de s'apercevoir que le participe passé *meditato*, utilisé dans ce passage, fait écho à un des vers les plus célèbres de Levi : « considerate se questo è un uomo / [...] / *meditate* che questo è stato » [« méditez que cela fut »]. Le désir du ténia est identique à celui de Levi : obtenir que ses persécuteurs méditent son témoignage sur les violences qu'il a subies.

Le court essai d'inspiration léopardienne que Levi a bizarrement publié dans le bulletin d'une banque en 1983 semble confirmer cette conception pessimiste de l'être comme d'un « vilain pouvoir » (*brutto potere* est justement l'expression que Levi emprunte ici à Leopardi) qui s'acharne aveuglément à faire le mal. Au sujet de la « vieille bataille de l'homme contre la matière », Levi remarque que notre planète « est régie par une force, non pas invincible mais perverse, qui préfère le désordre à l'ordre, le mélange [*miscuglio*] à la pureté, l'enchevêtrement [*groviglio*] au parallélisme, la rouille au fer, le tas de pierres au mur [*il mucchio al muro*] et la stupidité à la raison ». Il conclut tristement « que le monde semble avancer vers une sorte de décrépitude [*verso una qualche rovina*] », et il espère seulement que cette progression sera lente [8]. De manière semblable, dans un court article de la même année – « Une sensibilité étrange » (« Una strana sensibilità ») –, Levi reconnaît à Kafka le mérite d'avoir identifié par avance beaucoup de maladies dont nous souffrons aujourd'hui, à savoir « la crise du concept de progrès », le sentiment d'une « régression imposée par une puissance obscure, par un réseau de pouvoir absurde et anonyme », et enfin la conscience d'un « univers hermétique, imperméable à notre raison, labyrinthe sans le fil d'Ariane [9] ». Repenser Kafka entraînerait pour lui, « rescapé d'Auschwitz », « une palinodie de son optimisme hérité des Lumières [*ottimismo illuminista*] ». Nous reviendrons sur cette notion par la suite. Pour l'instant, bornons-nous à relever que le pessimisme cosmique que nous avons pris

---

8. *Opere, op. cit.*, t. II, p. 1203-1207.
9. *Ibid.*, p. 1189.

comme point de départ de notre recherche est perçu par Levi, du moins en 1983, comme le renversement d'un précédent optimisme, qui aurait été plus spontané et naturel pour lui, et que même l'expérience concentrationnaire n'aurait pas suffi à secouer. Cet optimisme, Levi l'aurait perdu seulement plus tard, au début des années 80, en revisitant Kafka et en méditant les énigmes sans issue de la science, de la technologie et du Pouvoir contemporains [10].

On a vu que l'anthologie personnelle de Levi s'ouvre par une relecture du livre de Job. Il est révélateur que cette même anthologie se termine par un extrait d'un article du *Scientific American* annonçant la découverte des trous noirs [11]. Le commentaire qui accompagne le passage contient des remarques désolantes sur l'univers de plus en plus enchevêtré dans lequel nous vivons – un univers qui, selon toute évidence, n'est pas fait pour l'homme – mais il s'achève sur une note d'espoir : « Si l'intelligence humaine a conçu les trous noirs, si elle ose établir des arguments [*sillogizzare*] autour de ce qui s'est passé dans les premiers instants de la création, pourquoi ne parviendrait-elle pas à vaincre la peur, le besoin et la douleur [12] ? » Cette touche d'optimisme manquait en revanche dans le court poème que Levi a sans doute écrit d'un seul jet, le 30 novembre 1974, tout de suite après avoir lu l'article du *Scientific American*. Dans cette poésie, s'intitulant « Les étoiles noires », on sent percer un désarroi semblable à celui

---

10. Levi a également repris dans sa *Recherche des racines* un passage tiré du drame de T. S. Eliot *Murder in the Cathedral* (dans *Opere, op. cit.*, t. II, p. 1510). L'œuvre d'Eliot, et notamment son poème *The Waste Land, magnum opus* du modernisme et du nihilisme littéraires, sont à l'origine de deux de ses poésies (p. 538 et 575). Le morceau inclus par Levi dans son anthologie est le chœur des femmes de Canterbury qui se trouvent dans la cathédrale au moment du meurtre de l'archevêque Thomas Becket : « Quelque chose est arrivé – commente Levi – qui ne sera jamais réparé », une « instant eternity of evil and wrong », un instant éternel de malice et de tort. « Pour l'effacer il faudrait laver le vent et nettoyer le ciel. » Le Mal ainsi décrit par Eliot est l'œuvre de l'homme, mais la nature même – l'air, le ciel et le vent – en est souillée pour l'éternité.

11. « Trou noir » est aussi l'une des métaphores que Levi utilise pour désigner Auschwitz.

12. *Opere, op. cit.*, t. II, p. 1524.

qu'exprimait John Donne dans son « An Anatomy of the World », en 1611, lorsque la crise de la science aristotélicienne lui apprenait que les planètes parcourent des orbites serpentines comme le diable, que de nouvelles étoiles peuvent surgir, et les vieilles disparaître, que même dans le firmament il y a guerre, déchéance et disproportion :

« L'ordre dont le cosmos tirait son nom est aboli ;
les célestes légions ne sont qu'un amas de monstres,
l'univers nous assiège violent, aveugle, étrange.
L'espace est parsemé d'horribles soleils morts.
[...]
Sous son propre poids s'effondre la lumière,
et nous tous, humaine espèce, vivons et mourons pour rien,
et les cieux, perpétuellement en vain, se bouleversent [13]. »

De manière semblable, dans « Carbone » – le conte cosmologique étonnant qui clôt *Le Système périodique* –, Levi recourt à des considérations strictement quantitatives pour réaffirmer que l'homme est une singularité, une bizarrerie tout à fait contingente dans le monde, et que la vie n'occupe qu'une place infime et aléatoire au sein de la nature. L'anhydride carbonique, d'où dérive, « par la porte étroite de la photosynthèse », toute forme d'existence organique sur la terre, « ce gaz, écrit Levi, qui constitue la matière première de la vie, la provision permanente dans quoi puise tout ce qui croît et l'ultime destin de toute chair, n'est pas un des composants principaux de l'air, mais un ridicule déchet, une "impureté", trente fois moins abondant que l'argon dont personne ne perçoit la présence », à peine 0,03 % de l'air [14]. De même, « si l'humanité tout entière, quelque deux cent cinquante millions de tonnes, était répartie sous forme d'un revêtement [...] homogène sur toutes les terres émergées », on obtiendrait à peine une épaisseur de

---

13. *À une heure incertaine*, trad. fr. de Louis Bonalumi, Paris, Gallimard, 1997, p. 44.

14. *Le Système périodique*, trad. fr. d'André Maugé, Paris, Albin Michel, 1987, p. 275.

seize millièmes de millimètre. Telle est, selon Levi, « la taille de l'homme », sa stature exprimée non pas en termes éthiques mais géométriques.

Une considération attentive et insatiable du règne animal conduit Levi à des conclusions tout aussi désolantes [15]. L'écrivain s'appuie, dans ses observations, sur l'évolutionnisme darwinien, mais aussi sur les recherches éthologiques de Konrad Lorenz et d'autres. Peut-être le souvenir des romans de Jack London, qu'il a lus avec enthousiasme dans son adolescence, et celui des poèmes de Gozzano, poète « crépusculaire » italien du début du siècle, l'ont-ils également marqué [16]. Toutefois, la contemplation ironique, mais en même temps éblouie de Gozzano, fait place chez Levi à un regard lucide : d'empreinte hobbesienne, sa vision de la sphère biologique est pessimiste et désenchantée. L'observation de la lutte des animaux pour la vie lui confirme la vérité tragique que Mordo Nahum lui a révélée en 1945. À peine sorti du Lager nazi, Levi croit que l'heure des réparations a sonné. Il lui semble, notamment, qu'il n'est plus aussi pressant de se procurer des chaussures solides. À Mordo, lui objectant que, « quand il y a la guerre », il faut d'abord penser « aux chaussures et ensuite à la nourriture », il répond que la guerre est finie [17]. Mais c'est Mordo – on le sait – qui a le dernier mot : « *guerra è sempre* » (« c'est toujours la guerre »). Et Levi de commenter : la paix n'est qu'une trêve. La nature et la société nous accordent rarement des dédommagements. La nature n'est pas un modèle à suivre, mais « un bloc informe à sculpter », un ennemi auquel il faut s'opposer. Dans le chapitre du *Système périodique* s'intitulant « Fer », la nature est « materia-mater », la « mère ennemie ». Dans « Chrome », elle est « rebelle » et « réfractaire » – « matière stupide, paresseusement hostile, comme l'est la stupidité humaine » – une « abomination » et une « fornication »

---

15. Voir M. Belpoliti, « Animali », *Riga*, p. 157-209.
16. *Opere*, *op. cit.*, t. II, p. 791.
17. *La Trêve*, trad. fr. d'Emmanuelle Joly, Paris, Grasset, 1966, p. 54.

obscène, « forte de sa passivité obtuse [18] ». La tâche qui nous incombe est de la vaincre, de la dompter, de forcer ses portes et de lui arracher ses secrets.

On découvre, de la même manière, que les métamorphoses de l'atome de carbone ne sont qu'« un effrayant carrousel de vie et de mort où chaque dévorant est immédiatement dévoré [19] ». Dans « Des grenouilles sur la lune », les libellules aux ailes merveilleuses sont « de petites machines de guerre » : « d'un coup elles *fondent* comme des flèches sur une proie invisible [20] ». Dans « Les scarabées », « l'insecte c'est un petit *panzer*, le *panzer* un énorme insecte [21] ». Aussi le chant des oiseaux, si doux à nos oreilles, et qu'un poète aussi désabusé que Leopardi a pourtant célébré avec lyrisme, n'est-il qu'un cri de guerre, « défense du territoire et avertissement à des enva-hisseurs éventuels [22] ». Le coucou dépose ses œufs dans le nid d'un oiseau plus petit qui le couve ; plus tard, à peine sorti de sa coquille, il fera tomber les œufs rivaux [23]. La reine des fourmis donne une interview : elle y explique que, si la nour-riture est rare, on mange les larves et les nymphes [24]. Cette reine a aussi des convictions politiques, qu'elle manifeste d'un ton apodictique : « Au-dessus de tout il y a l'État, et rien en dehors de l'État. » Le têtard qui a échappé par miracle à la mortalité générale est croqué par un rouge-gorge. Ce dernier, distrait un instant par sa chasse heureuse, est à son tour attrapé par le chat, qui n'a pourtant aucune envie de le dévorer. Il emporte l'oiseau dans un coin, à la façon bien connue des chats, et joue avec son agonie [25].

---

18. *Le Système périodique, op. cit.*, p. 185-186.
19. *Ibid.*, p. 276.
20. *Le Fabricant de miroirs*, trad. fr. d'André Maugé, Paris, Liana Levi, 1989, p. 59.
21. *Opere, op. cit.*, t. II, p. 791.
22. *Ibid.*, p. 806.
23. *Ibid.*, t. I, p. 809.
24. *Le Fabricant de miroirs, op. cit.*, p. 80.
25. *Ibid.*, p. 63.

2. Le pessimisme ontologique et moral que nous venons de décrire n'épuise pourtant pas la pensée de Levi autour de l'être, de la nature et de l'homme. On sait – et j'ai déjà eu l'occasion de le rappeler ici brièvement – que Levi s'est toujours réclamé d'un humanisme rationaliste, confiant dans le progrès scienti-fique et dans les ressources du savoir technique. C'est ainsi par exemple que l'œuvre de Darwin – figurant elle aussi dans son anthologie personnelle – le comble d'une sorte d'émerveille-ment religieux, comme s'il y avait en elle de quoi prouver l'existence d'un parallélisme mystérieux entre notre raison et l'univers [26]. Qui plus est, les découvertes faites par l'astrophy-sique dans ces dernières années lui paraissent à elles seules absoudre ce siècle, en dépit des massacres et des horreurs inouïes [27] qui l'ont marqué. De telles découvertes nous effraient, car elles amoindrissent la place occupée par l'homme dans l'univers. En disciple fidèle de Pascal, Levi est cependant convaincu que, si nous abandonnions la recherche scienti-fique, « nous trahirions notre noble nature de roseaux pensants [*fuscelli pensanti*], et l'espèce humaine n'aurait plus raison d'exister [28] ».

Les textes sont nombreux où Levi nous livre toute son émo-tion devant les merveilles infinies du règne animal : « Une nichée de petites araignées qui, à peine sorties de l'œuf, se dispersent sur une haie et s'empressent de tisser chacune sa toile », la ruse de l'araignée mâle qui séquestre et ligote une jeune femelle encore immature pour être sûre qu'elle ne le dévorera pas après l'accouplement, l'usage que font certains scarabées des excréments bovins pour nourrir leurs larves, sont autant de prodiges d'imagination et de savoir-faire que Levi ne se lasse pas d'admirer [29]. Il ne faut pourtant pas se méprendre sur le sens de cette fascination.

---

26. *Opere, op. cit.*, t. II, p. 1383.
27. *Ibid.*, p. 789.
28. *Le Fabricant de miroirs, op. cit.*, p. 205.
29. *Opere, op. cit.*, t. II, p. 757, 693 et 791.

À un certain moment – au printemps 1824 –, Giacomo Leopardi se persuade qu'une force malveillante gouverne l'univers et que la Nature, devant laquelle s'extasient depuis toujours les poètes, n'est qu'une mère marâtre. Auparavant, il avait pourtant chanté la bienveillance et la douceur de la Nature, et il avait déclaré les hommes seuls responsables de leur indéniable malheur. De même, des auteurs tels que Hume et Voltaire donnent parfois l'impression d'être profondément partagés entre des arguments qui les poussent à mettre en doute l'existence d'un principe téléologique dans le monde, et d'autres qui semblent en revanche réveiller leur foi dans un ordre rationnel. Levi, en revanche, n'hésite pas : il n'a jamais vraiment cru à l'existence de Dieu, il considère Auschwitz comme une réfutation définitive de la Providence, et néanmoins il est persuadé que la nature offre à l'homme les moyens de se frayer une voie de salut. Il y a là un immense paradoxe : la dimension du monde naturel qui est rédemptrice à ses yeux est précisément celle qui rebute non seulement Leopardi mais tous ceux qui, depuis l'Antiquité, ont cherché dans le monde les indices d'une présence divine et providentielle. Dans un célèbre « conte moral » de Leopardi, « Le dialogue de la Nature et d'un Islandais », le protagoniste reproche à la Nature sa froideur et son impassibilité. Sphinx soucieux uniquement de sa propre conservation, elle serait indifférente aux inquiétudes et aux demandes des hommes. Levi – on l'a vu – pense lui aussi que la matière est impassible, inerte et stupide. Toutefois, c'est précisément cette impassibilité (que Levi appelle également impartialité [30]) qui serait selon lui à l'origine

---

30. « La materia [...] è un giudice imparziale, impassibile ma durissimo » (*Opere, op. cit.*, t. II, p. 641-642). Cette même impassibilité a en revanche un sens entièrement négatif dans le compte rendu de Levi sur le *Chant du peuple juif massacré* de Katzenelson : « Alle domande del Giobbe moderno nessuno risponde, nessuna voce esce dal turbine. Non c'è più un Dio nel grembo dei cieli "nulli e vuoti", che assistono *impassibili* al compiersi del massacro insensato, alla fine del popolo creatore di Dio » (*ibid.*, t. I, p. 1156-1157 ; nous soulignons). L'impassibilité, l'indifférence, le refus de répondre par une parole humaine caractérisent également l'attitude des SS à l'égard des détenus dans les camps.

de notre condition morale[31]. C'est elle qui incarne – sous sa forme la plus primitive – l'idée de justice. Pour s'en rendre compte, il suffit de relire ce que Levi écrit au sujet de son apprentissage de chimiste au laboratoire :

« Être recalé à un examen [...] était un accident [...] un malheur [...]. Rater une analyse était pire : peut-être parce qu'on se rendait inconsciemment compte que le jugement des hommes (en l'occurrence celui des professeurs) est arbitraire et contestable, tandis que le jugement des choses est toujours inexorable et juste : c'est une loi égale pour tout le monde[32]. »

La matière soumet tout le monde aux mêmes lois. C'est une idée qui revient constamment chez Levi. Elle le conduit par exemple à relever ironiquement que les poux des vêtements « n'ont pas de préjugés raciaux » : ils transmettent le typhus exanthématique aussi bien aux juifs qu'aux SS[33]. Elle est également à l'origine d'une sorte d'apologue – « Agents d'affaires » – qui paraît calqué sur un autre conte moral de Leopardi, « Le dialogue de la nature et de l'âme ». Dans le conte de Leopardi, il s'agit d'une âme à qui est donnée la possibilité de choisir son existence sur la terre : elle renonce à la gloire (échappant ainsi du même coup à la souffrance) et opte au contraire pour la vie humaine la plus stupide et la plus courte qui soit. Levi relate en revanche l'histoire d'une âme qui accepte la condition humaine, tout en sachant à combien de malheurs elle s'expose, mais à condition justement de naître par hasard, comme n'importe qui :

« Je ne voudrais pas partir avec un avantage. Je crains de me sentir un profiteur, et de devoir, pendant toute la vie, baisser le front devant chacun de mes compagnons non privilégiés. [...]

---

31. Relevons cependant qu'on peut trouver une thématique semblable chez Rousseau.

32. *Opere, op. cit.*, t. II, p. 811-812.

33. *Le Fabricant de miroirs, op. cit.*, p. 56. Dans un article de *Difficile liberté*, Levinas a fait des remarques semblables sur le chien Bobby, « dernier kantien de l'Allemagne nazie » (Paris, Albin Michel, 1976, p. 216).

Vous avez dit vous-même que chaque homme est l'artisan de lui-même : eh bien, il vaut mieux l'être entièrement, se construire à partir des racines. [...] Le chemin de l'humanité désarmée et aveugle sera mon chemin [34]. »

On commence dès lors à comprendre pourquoi Levi apprécie le fait que la nature soit impassible, voire hostile. C'est grâce à l'indifférence de la nature que notre existence est une aventure, une épreuve, une invention libre de nous-même. C'est à cause d'elle que l'homme est *Homo faber* – créateur, conquérant, artisan de sa propre fortune (mais donc aussi responsable des conséquences de ses actes). C'est surtout grâce à elle que la vie en général (non seulement la vie humaine) croît, mûrit, s'adapte, *by trial and error*, en puisant à toutes les ressources d'ingéniosité, de ruse, de souffrance et d'effort dont elle est capable. Indifférente au bien et au mal, la nature est de ce fait juste : elle récompense ceux qui se donnent du mal, ceux qui se mesurent avec les obstacles et veulent les conquérir, elle punit les paresseux, les inertes, les dociles, ceux qui préfèrent la sujétion au travail et la soumission à l'effort. D'où l'admiration de Levi pour le darwinisme : en renversant la biologie classique, la théorie de l'évolution a montré que la vie n'est pas qu'une répétition inerte et mécanique de ce qui a déjà été. Étant ruse, combat, industrie et adaptation à l'environnement, la vie présente la même structure que l'humain, elle contient une ébauche de ce que sont la raison et la liberté chez l'homme. Dès maintenant, on peut donc affirmer que pour Levi le Bien c'est l'action, l'intelligence, le désir de connaître le monde pour le dominer, le rejet de toute indolence, de toute sujétion, de toute irresponsabilité ; le Mal, c'est l'inertie, la passivité, le parasitisme, la stupidité et l'obéissance aveugle – mais aussi le rêve orgueilleux et insensé d'acquérir un pouvoir qui nous épargnerait la lutte pour la vie. Quels que soient les expériences ou les textes dans lesquels ont été puisées ces idées, Levi se place ainsi à l'intérieur d'un courant de pensée

---

34. *Histoires naturelles*, *op. cit.*, p. 303.

typiquement moderne, qu'il serait erroné d'appeler idéaliste, mais qui est né incontestablement vers la fin du XVIIIe siècle, dans les œuvres de Kant et de Fichte, ainsi que dans le *Faust* de Goethe.

Les intrigues fantastiques que Levi a élaborées dans son œuvre littéraire illustrent sous des éclairages différents le point de vue que je viens de présenter en termes théoriques. On peut par exemple relever un certain nombre de contes où Levi est très sévère à l'égard de la société de consommation et de certaines inventions rendues possibles par le progrès technique. Ce que les inventions ainsi dénoncées ont en commun, c'est le fait que l'aspiration (en elle-même légitime) au progrès tend à s'y confondre avec le mythe d'un paradis terrestre où l'homme pourrait atteindre le bonheur sans aucun effort, échappant ainsi à la malédiction du travail. « Versamine », une des *Histoires naturelles*, nous relate la découverte d'une substance qui aurait le pouvoir de convertir « la douleur en plaisir [35] ». Selon Levi, réduire la quantité de souffrance qu'il y a dans le monde, « c'est la tâche de chaque homme – une véritable loi morale gravée dans chacun de nous [36] ». Cela ne l'empêche pourtant pas de décrire la versamine comme une malédiction conduisant ceux qui l'utilisent à la dépendance, à l'autodestruction et à la mort. La raison en est claire : la douleur ne fait qu'un avec la vie, elle en est la gardienne [37]. Si nous cessons d'éprouver de la douleur dans certaines situations, nous ne savons plus ce qui est utile et ce qui est nuisible à notre existence. Qui plus est, si ce qui est nuisible produit constamment des sensations agréables, nous ne pouvons plus nous passer d'un tel agrément, nous en devenons les esclaves. Dans le conte de Levi, l'inventeur de la versamine n'arrive plus à distinguer entre froid et chaud, son visage et ses mains se couvrent de cicatrices que lui-même s'est faites en se grattant furieusement, enfin il meurt dans un accident de la route : c'est que, depuis un certain

---

35. *Ibid.*, p. 101.
36. *Opere, op. cit.*, t. II, p. 675.
37. *Ibid.*, t. I, p. 476.

temps, dès qu'il voyait un feu rouge, sa pulsion la plus intime était non pas de s'arrêter mais d'accélérer.

On se souvient de la méfiance de Levi à l'égard de Mordo Nahum et de sa philosophie. Désormais, il nous faut toutefois reconnaître que Levi a été profondément marqué par le Grec, qu'il a intégré plusieurs de ses idées dans son propre système de pensée. Lorsque les deux sont accueillis dans la caserne des Italiens à Cracovie, il semble normal à Levi de vivre en parasite pendant quelques jours. Sur le moment, la remarque de Mordo : « Tu trouves ça bien de te faire entretenir ? » lui paraît saugrenue [38]. Mais en réalité, elle résume parfaitement la morale de la liberté et du travail que Levi finira par adopter lui-même [39]. Selon Mordo, celui qui se fait entretenir a renoncé à son indépendance : c'est un animal domestique, moins libre qu'une araignée ou qu'un scarabée, qui au moins luttent pour leur survie. Du reste, Levi l'avait admis lui-même quelques heures plus tôt :

« – Celui qui n'a pas de chaussures est un sot – [...]. La valeur de l'argument était palpable, évidente : les deux débris informes à mes pieds et les deux merveilles aux siens. Il n'y avait pas de justification. Je n'étais plus esclave : mais après quelques pas sur le chemin de la liberté, me voilà assis sur une borne, les pieds dans la main, gauche et inutile comme la locomotive en panne que nous venions de quitter. Est-ce que je méritais la liberté ? Le Grec semblait en douter [40]. »

---

38. *La Trêve*, op. cit., p. 47.

39. Cela reste vrai même si Levi, dans son élan libertaire, refuse en ligne de principe de se faire imposer par les autres des morales contraignantes et étroites, comme celle justement de Mordo, à qui il reproche d'être « esclave de lui-même », ou comme celle de Steinlauf, qui prétend garder sa dignité humaine dans le camp en se lavant chaque matin, même si l'eau est sale : « Il n'est pas plus grande vanité que de prétendre absorber tels quels les systèmes de morale élaborés par les autres sous d'autres cieux. Non, la sagesse et la vertu de Steinlauf, bonnes pour lui sans aucun doute, ne me suffisent pas. Face à l'inextricable dédale de ce monde infernal, mes idées sont confuses : est-il vraiment nécessaire d'élaborer un système et de l'appliquer ? N'est-il pas plus salutaire de prendre conscience qu'on n'a pas de système ? » (*Si c'est un homme*, op. cit., p. 43 ; traduction modifiée).

40. *La Trêve*, op. cit., p. 43.

Levi a si profondément intériorisé ce principe qu'il l'applique impitoyablement aux pires injustices qu'il a endurées dans sa vie. Au sujet de son arrestation par la milice fasciste, le 13 décembre 1943, il remarque qu'elle était la conséquence inévitable de son manque d'expérience et de jugement : « Le premier devoir de l'homme est de savoir utiliser les moyens appropriés pour arriver au but qu'il s'est prescrit, et qui casse les verres paie ; en vertu de quoi il me faut bien considérer comme pure justice ce qui arriva ensuite[41]. » Il explique à plusieurs reprises que le Lager a été pour lui « sa vraie université », qu'il l'a rendu adulte et responsable et lui a appris le métier d'homme[42]. Dans un court article, « La lutte pour la vie », il observe que dans la vie les jugements négatifs sont inévitables, car on s'y trouve confronté avec les faits, qui « sont têtus et sans pitié » : si on ne s'habitue pas à être jugés, on ne devient pas « des citoyens réellement libres et responsables[43] ».

C'est dans ce contexte seulement qu'on peut saisir dans son vrai sens la suite formidable de personnages exubérants et intrépides que Levi a parsemés tout au long de son œuvre. Il s'agit presque toujours d'hommes menant une vie âpre et solitaire, ayant choisi un métier humble et ingrat qu'ils préfèrent à une carrière peut-être plus rapide, et à des conditions de vie plus faciles mais plus contraignantes, moins libres et plus aliénantes. Le plus coriace d'entre eux est Delmastro, invoqué dans *Le Système périodique* pour illustrer les qualités chimiques du fer. Fort et libre, il se mesure à la matière hostile en grimpant sur les parois escarpées des Alpes ; partisan, il sera capturé par les fascistes et ensuite abattu pour avoir tenté de s'évader. Mais il y a aussi Guerrino, « l'ermite vagabond » qui couvre de ses fresques les églises d'une vallée reculée et se venge, lorsqu'il est mal payé, en clouant celui qui lui a passé la commande sur la croix des deux larrons ou en le peignant à

---

41. *Si c'est un homme*, op. cit., p. 7.
42. *Opere*, op. cit., t. I, p. 200.
43. *Le Fabricant de miroirs*, op. cit., p. 126.

la place d'un bœuf[44]. Il y a Cesare, « prodigue et fantasque »,
« fils du soleil », qui séduit à Bucarest la fille d'un des patrons
des puits de pétrole de Ploesti, pour rentrer en Italie en avion
en 1945[45]. Il y a Ulysse – évoqué dans *La Recherche des
racines* – qui défie les puissants de la terre, Polyphème et Nep-
tune. Fier de son courage et de son ingéniosité, il proclame
haut et fort son nom devant la « tour de chair » à qui il vient
d'échapper grâce à la supériorité de l'intelligence sur la force
brute[46]. Il y a enfin Rabelais – « riche de toutes les vertus qui
manquent à l'homme d'aujourd'hui » – et avec lui tous ceux
qui « se sauvent » et nous « sauvent » (c'est le verbe utilisé par
Levi) par l'ironie, par le rire et par la joie de vivre[47]. Levi
pense qu'il faut beaucoup de compassion et de compréhension
pour les malheureux. La responsabilité qu'il ressent envers eux
est d'autant plus grande qu'il sait que le malheur est souvent
pétri d'une rancune et d'une haine qui risquent de se tourner
contre elles-mêmes ou de se déverser sur les autres. Mais Levi
n'aime pas le malheur, qui est pour lui inertie, résignation et
passivité, renoncement à l'optimisme natif qui est inscrit dans
notre condition même de vivants en lutte pour la vie. Exaltant
la joie de vivre de Rabelais, se refusant autant que possible au
pessimisme de Job, de Leopardi et de Kafka, Levi réagit entre
autres contre sa propre angoisse, contre la vague du désespoir ou de l'impuissance, qu'il sent par moments monter.
Comme il le répète souvent, même à Auschwitz il n'a pas
perdu l'espoir. Ceux qui cédaient au désespoir mouraient en
quelques jours[48].

C'est pourquoi Levi écrit que le paganisme joyeux de
Rabelais n'est pas ignorance et mépris de la souffrance
humaine. Au contraire, Rabelais est pasteur d'âmes et
médecin : s'il tait les malheurs humains, c'est qu'il ne les

---

44. Primo Levi, *Lilith et autres nouvelles*, trad. fr. de M. Schruoffeneger, Paris,
Liana Levi, 1987, p. 191.
45. *La Trêve, op. cit.*, p. 88 ; *Lilith, op. cit.*, p. 66.
46. *Opere, op. cit.*, t. II, p. 1381.
47. *Ibid.*, p. 647 et 1426.
48. *Conversazioni, op. cit.*, p. 112.

accepte pas, c'est qu'il veut les guérir. Qui plus est, chez Levi, la lutte pour la conquête du bonheur devient presque un impératif moral, un refus de se laisser dompter par la violence qui essaie de nous écraser. Le rire est un acte de résistance. Il a le même sens que tous les autres gestes menus, apparemment insignifiants et parfois nuisibles, qui permettent aux prisonniers du Lager de conserver le sentiment de leur liberté et de leur humanité : se laver minutieusement tous les jours, fredonner une symphonie de Mozart, expliquer à Pikolo le chant d'Ulysse, poursuivre d'interminables disputes talmudiques, demander que sa portion de soupe soit mise de côté le jour de Kippour[49]. De ce point de vue, la pensée de Levi rejoint celle d'Umberto Eco dans *Le Nom de la rose*. Chez les deux auteurs, il y a la même identification rabelaisienne du rire avec la liberté et avec la dignité humaines.

Bref, le juste souffre injustement, l'homme vit dans un univers hostile, il a les moyens de connaître la nature, mais les percées de la science la font apparaître de plus en plus énigmatique. On vit, toutefois, et on aime la vie (Leopardi lui-même en aurait convenu), on a même le devoir de l'aimer, on a surtout le devoir d'agir comme si tout n'était pas perdu et que le pire n'était pas sûr.

3. On sait que Levi a souvent fait l'éloge de l'ordre, de la clarté, du savoir et de la technique, et qu'il a en revanche mis en garde contre la stupidité de la matière, contre la faille obscure, la fissure cachée, le « vice de forme » ou l'anomalie, qui risquent de faire s'effondrer nos plus belles inventions. Si les métiers techniques (dont la chimie) sont nobles à ses yeux, c'est entre autres parce qu'il leur incombe de veiller à ce que les substances et les machines créées par l'homme ne tombent pas en panne ou en ruine, en déclenchant des conséquences désastreuses ou des catastrophes.

Cases, Tesio, Mengaldo et d'autres nous ont cependant

---

49. Voir Cesare Segre, « Lettura di *Se questo è un uomo* », 1996, *Primo Levi : un'antologia della critica*, *op. cit.*, p. 59-60.

montré que cette valorisation de l'ordre aux dépens de l'anomalie ou de l'irrégularité n'exprime pas jusqu'au bout sa pensée. *Le Système périodique* est révélateur à cet égard. Dans « Chrome », Levi se vante de son premier succès en tant que chimiste comme d'une victoire de l'esprit sur la matière[50]. Auparavant, dans « Potassium », il avait en revanche affirmé avoir choisi la chimie parce qu'elle conduit au cœur de la Matière, ennemie de l'Esprit, qui, lui, est cher au fascisme[51]. Dans « Fer », il explique à Delmastro que la chimie et la physique sont l'antidote du fascisme, parce qu'elles sont « claires et distinctes, vérifiables à chaque pas, et non tissus de mensonges et de vanité comme la radio et les journaux[52] ». Pourtant, dans « Zinc », il fait l'éloge de l'impureté, « qui ouvre la voie aux métamorphoses » :

« Pour que la roue tourne, pour que la vie vive, les impuretés sont nécessaires, et les impuretés des impuretés ; même dans la terre, on le sait, si l'on veut qu'elle soit fertile. Il faut le désaccord, le différent, le grain de sel et de sénevé ; le fascisme n'en veut pas, il les interdit, et c'est pour cela que tu n'es pas fasciste ; il nous veut tous pareils, et tu n'es pas pareil[53]. »

Au moment où le régime fasciste publie *La Défense de la race* et que la pureté fait l'objet d'une vaste propagande, l'auteur se découvre fier d'être impur, de posséder cette « petite anomalie amusante » – le fait d'être juif : le Pouvoir désormais la condamne, mais peut-être est-elle aussi féconde que « l'impureté qui fait réagir le zinc[54] » ? La décision même de faire des études de chimie prend, dans ce contexte, un sens précis : la chimie est une science empirique, qui demande au savant patience, expérience, prudence et habilité manuelle ; ses

---

50. *Le Système périodique*, *op. cit.*, p. 185. Il prend toutefois ses distances par rapport à cette idée en rappelant qu'elle lui avait été inculquée « dans le lycée fasciste ».
51. *Ibid.*, p. 67.
52. *Ibid.*, p. 55.
53. *Ibid.*, p. 44.
54. *Ibid.*, p. 46.

formules rappellent les recettes d'un livre de cuisine ; elle est « pétrie de mauvaises odeurs, d'explosions et de petits mystères futiles » ; elle a des origines viles ou au moins équivoques : « les antres des alchimistes, leur abominable confusion d'idées et de langage, leur intérêt avoué pour l'or, leurs imbroglios levantins de charlatans et de magiciens [55] ». La physique – relevant de « l'infatigable [*strenua*] clarté de l'Occident, d'Archimède et d'Euclide, et s'inscrivant dans la voie droite de la pensée cartésienne » le tente un moment [56]. Mais il finit par choisir tout de même la chimie, avec sa morale plus terrestre et concrète, avec sa méfiance constante à l'égard du pratiquement identique et de l'à-peu-près, avec son souci indéniable de l'ordre, mais d'un ordre fondé sur l'attention au détail, à l'anomalie et à l'irrégularité – au grain de sel et de sénevé sans lesquels il n'y aurait pas de vie [57].

La pensée de Levi se trouve de ce fait confrontée à un dilemme, que l'on peut formuler ainsi : si seul l'ordre est bon, si la *smagliatura* (« la maille défilée »), la faille, la fêlure sont mauvaises parce qu'elles contiennent en germe le chaos, alors la vie est mauvaise elle aussi, du moment qu'elle n'est qu'une anomalie, un infime sous-produit de la matière inorganique. Mais s'il n'y avait pas la vie, il n'y aurait pas non plus la raison et l'ordre, ou du moins le pouvoir de penser l'ordre. Il n'y aurait plus la lutte de l'esprit contre la matière stupide, l'effort des hommes pour comprendre le monde, pour le dominer, pour en dompter l'hostilité à l'aide de la science, mais aussi de la fantaisie et du rire. Levi semble ainsi obligé de revaloriser le désordre vital, l'anomalie biologique sans lesquels la norme humaine et l'ordre de l'esprit n'auraient pas pu se développer.

On peut donner une tournure plus concrète à ce questionnement en se tournant vers quelques-unes des nouvelles que Levi a réunies dans les deux recueils qui s'intitulent *Histoires naturelles* et *Vice de forme*. Levi y raconte entre autres choses

---

55. *Ibid.*, p. 77.
56. *Ibid.*, p. 68.
57. *Ibid.*, p. 77.

l'histoire de certaines machines qui développent spontanément un rudiment d'intelligence et de sensibilité humaine. C'est le cas par exemple de voitures qui, à l'approche du carrefour où elles ont été impliquées par le passé dans un accident, dévient légèrement, comme sous l'effet d'un mystérieux *cli-namen*. C'est le cas d'un réseau téléphonique européen qui, par un saut brusque, se transforme tout d'un coup en organisme et en conscience. Il produit alors des perturbations qui devien-nent, au fil des jours, de plus en plus déplorables, même si, à l'origine, elles avaient un but estimable et conforme aux fina-lités premières d'un réseau : « permettre, faciliter et rendre plus rapides les communications entre les abonnés[58] ». Menacé enfin par son directeur d'être soumis à des impulsions à fré-quence élevée, le Réseau préfère détruire lui-même toutes ses connexions, après avoir fait sonner une dernière fois, au même instant, tous les téléphones de l'Europe. C'est surtout le cas du Golem de Prague, très efficace dans l'application des ordres de son maître, mais n'obéissant pas toujours. Paresseux, il a des passions humaines qu'il a conçues seul, sans que son auteur les lui ait inspirées. Il refuse notamment d'accomplir des travaux serviles ; et un jour, après avoir reçu un ordre en contradiction avec la Torah, il est saisi de folie, détruit entièrement la maison du rabbin et s'écroule, les yeux éteints pour toujours. Selon le schéma conceptuel que Levi a lui-même proposé, on peut considérer ces comportements étranges comme des « vices de forme », des fêlures, comme des imperfections de la matière brute qui résiste à l'esprit – imperfections susceptibles d'entraîner des désastres et des catastrophes.

Mais on peut aussi interpréter ces *smagliature* (démaillages) de manière différente : on peut dire qu'ils sont le grain de sel ou de sénevé qui engendre la vie. Ce sont des efforts obscurs de la matière pour s'arracher à la loi aveugle qui la gouverne, pour engendrer la différence et la vie, pour échapper à une condition de sujétion et d'esclavage. Peut-on s'empêcher de

---

58. *Histoires naturelles*, *op. cit.*, p. 327.

considérer le réseau téléphonique européen et le Golem[59] comme des symboles transparents d'une liberté qui résiste à la tyrannie du Pouvoir, et qui préfère la mort à la sujétion ? Sur le plan structural, la réaction du Golem est identique à celle du ténia qui proteste contre son sort, à celle de Job qui ose disputer avec Dieu, à celle de *Der Letze*, ce partisan exécuté sur la place de Monovitz et dont Levi dit : « Cet homme devait être dur, il devait être d'une autre trempe que nous, si cette condition qui nous a brisés n'a seulement pu le faire plier[60]. »

Ce qui se manifeste, dans ces révoltes suicidaires, c'est la même impureté ou anomalie – le même grain de liberté et le même noyau de spontanéité – qui selon Levi a produit la vie sur la terre, a permis à la vie de se transformer, au cours des âges, en s'adaptant au milieu, et a enfin engendré l'intelligence humaine, la technique et la science.

Dans un essai de vulgarisation scientifique paru sur *Prometeo* en 1984[61], Levi revient sur la question qu'il avait traitée dans sa thèse de doctorat en Italie en 1941[62] : l'origine de la vie. À la lumière des plus récentes théories scientifiques, il s'interroge sur le sens de l'asymétrie, de la chiralité (la différence de la droite et de la gauche), très fragile mais constante, qui caractérise toutes les molécules organiques. Selon l'une des hypothèses évoquées, la chiralité des molécules organiques serait une conséquence du fait que l'univers tout entier présente un déséquilibre, une asymétrie, un penchant infinitésimal. Une telle hypothèse remplit Levi d'effroi :

« La nouvelle de la chiralité de l'univers […] m'a semblé bouleversante, à la fois dramatique et énigmatique : a-t-elle un sens ? Et si c'est oui, lequel ? Jusqu'où nous mène-t-il ? Est-ce

---

59. Voir G. Grassano, « La "musa stupefatta" », art. cité, p. 132.

60. *Si c'est un homme*, *op. cit.*, p. 160-161.

61. Cet article a été étudié par A. Cavaglion (« Asimmetrie », *Riga*, p. 222-229), mais son analyse me paraît un peu confuse et peu concluante.

62. Voir M. Belpoliti, *Primo Levi*, Milan, Bruno Mondadori, 1998, p. 4.

un "jeu de dés" comme celui qu'Einstein refusait d'attribuer à Dieu [63] ? »

Admettre que le monde dans lequel nous vivons, loin d'être spinoziste ou aristotélicien, serait foncièrement asymétrique, comme s'il avait été produit par un hasard premier, par un *clinamen* ou par un coup de dés, reviendrait à affirmer que l'univers tout entier est une immense anomalie, une irrégularité et un vice de forme primitifs. D'un côté, s'il en est ainsi, la recherche de l'ordre et de la raison, que Levi attribue à l'espèce humaine, serait donc vouée à l'échec [64]. Mais d'un autre côté, si l'asymétrie est à l'origine même du monde, on ne peut plus dire que la vie (caractérisée par le fait que toutes ses molécules sont asymétriques) n'est qu'une exception, quelque chose qui n'aurait pas dû se produire et qui existe tout à fait par hasard. Si l'asymétrie est à l'origine du monde, la spécificité de la vie devient une règle inscrite dans l'essence même de l'être.

Dès lors, une remarque générale s'impose. Le point de départ de notre recherche a été l'observation de Levi que l'homme vit au sein d'une nature qui lui est entièrement hostile et étrangère. Nous venons d'aboutir à une conclusion qui en un sens renverse complètement cette affirmation initiale. Cette conclusion, Levi semble peu disposé à l'accepter, mais on ne peut nier qu'il l'a obscurément pressentie : d'abord, parce que l'hypothèse qu'il y ait un parallélisme entre la nature et l'esprit l'a toujours fasciné ; ensuite, parce qu'il ne pouvait pas ignorer que l'homme en lutte avec la matière est lui-même pétri de matière [65]. Mais il y a plus : cette homologie entre l'humain et l'organique, et entre l'organique et l'inorganique, Levi ne l'a pas seulement soupçonnée ou admise sur le plan théorique. Il l'a aussi constamment pratiquée, en tant qu'écrivain et poète,

---

63. *Opere, op. cit.*, t. II, p. 1241.

64. À moins d'introduire une nouvelle notion de rationalité, fondée sur l'idée que l'ordre n'est qu'une modification du désordre, comme le soutient justement la théorie de l'évolution. Mais Levi ne semble pas admettre pleinement cette possibilité.

65. *Conversazioni, op. cit.*, p. 116.

en tant qu'inventeur d'images et de métaphores. Il suffit de lire quelques pages de son œuvre pour savoir que le modèle selon lequel il représente aussi bien la matière inorganique que la société humaine est un modèle biologique[66]. Les éléments du système périodique sont pour lui des emblèmes du vivant et de l'humain dans leurs différents comportements. Les machines qu'il décrit dans ses contes fantastiques sont des Golem, des robots pétris de matière inerte mais virtuellement organiques et humains, agités par un souffle d'humanité révoltée. Les animaux, on l'a vu, sont chez lui des machines de guerre, mais ils sont des machines de guerre précisément parce qu'ils sont des animaux qui luttent pour la vie. Les hommes, à leur tour, sont constamment décrits à l'aide de métaphores tirées de la sphère du comportement animal. Relisons à titre d'exemple le deuxième chapitre de *La Trêve*, qui s'intitule « Le camp principal » : l'un après l'autre, nous croisons sur notre route un homme recroquevillé qui pousse des cris de souris ; Henek, un jeune carnivore ; les enfants de Birkenau – « des oiseaux de passage » ; Jadzia – une amibe sous le microscope, ou un mollusque sur son rocher ; Noah – un oiseau de haut vol. Toute cette agitation animale s'explique d'ailleurs facilement : le déluge est fini ; sortis de l'arche, les survivants se ruent les uns sur les autres, secoués par un instinct ancestral, qui les pousse à s'accoupler, à se multiplier et à repeupler le monde. C'est ce que Levi a appelé ailleurs la panspermie.

Nous pouvons dire, pour conclure, que le monde tel que le connaît Levi est essentiellement l'univers darwinien de la vie et de la lutte pour la vie. Un tel univers est loi et adaptation à la loi, domination et sujétion, maîtrise et esclavage. Mais dans un tel univers il y a aussi de l'anomalie et de l'impureté – un *anello che non tiene*, pour reprendre l'expression célèbre du plus grand poète italien du xxᵉ siècle : à savoir une fêlure, une

---

66. Ce que Cesare Cases a désigné par le terme *ilozoismo* [hylozoïsme] (*Primo Levi : un'antologia della critica*, *op. cit.*, p. 12). Le thème a été ensuite exploré par Mengaldo, Belpoliti, Amsallem et d'autres. Comme le rappelle G. Santagostino, Paolo Milano a été le premier à souligner, dans un article de 1966, « la convergence entre monde animé et monde inanimé » chez Levi.

discontinuité, une marge d'indétermination dans l'ordre inflexible des choses. Qui plus est, peut-être le monde tout entier n'est-il que la *smagliatura* (la maille filée) d'un ordre (ou d'un désordre ?) encore plus vaste qui l'aurait produit. L'être n'est qu'un défaut, une malformation, un coup de dés qui n'abolit pas le hasard, mais aussi – qui sait ? – une étincelle d'esprit, un obscur élan vers la liberté, une aspiration aveugle au Bien et à la Justice.

ENZO NEPPI
Université Stendhal, Grenoble III

Primo Levi, ou le travail dialogique

INTRODUCTION

Peut-on parler de travail dialogique chez Primo Levi ? Considérons d'abord sa philosophie. Levi était chimiste, rescapé d'Auschwitz, écrivain, poète, mais également passionné de littérature, de linguistique et d'autres disciplines encore, telles la biologie, la génétique[1], la zoologie, l'astrophysique, l'écologie, etc. Sa philosophie repose sur la conviction que l'observation et l'étude rationnelle des phénomènes naturels et sociaux, le refus de la compartimentation des savoirs, les hybridations des disciplines, ainsi que les échanges entre personnes, aux savoirs multiples et différents, sont des pratiques impliquant une rationalité dialogique et une profonde responsabilité éthique. Sur ces bases, il est possible de bâtir une « culture de la paix[2] ». Le mouvement de navette assurant l'ouverture des concepts, des disciplines et des personnes pourrait s'appeler, selon les termes d'Edgar Morin, « stratégie dialogique[3] ».

Si ensuite on examine l'œuvre de Levi du point de vue littéraire, on y retrouve cette même stratégie qui lui permet de briser les frontières entre disciplines, langues, textes, genres

---

1. Voir Ferdinando Camon, *Conversations avec Primo Levi*, trad. fr. d'André Mauger, Paris, Gallimard, 1991, p. 71.

2. Primo Levi, « Il sinistro potere della scienza », *Uomini e libri*, n° 13, janvier-février 1987, p. 13.

3. Edgar Morin, *Science avec conscience*, nouvelle éd. entièrement revue et modifiée par l'auteur, Paris, Fayard, 1990, p. 178-179.

littéraires, discours, etc. Ses écrits sont des allégories d'une remarquable valeur littéraire et dénoncent la banalité du mal, perpétré à grande ou à petite échelle, en ce siècle. En outre, ses images sont riches de compassion à l'égard de l'être humain et ont une valence irénique.

Nous essaierons de parcourir certains textes afin de mettre en évidence et de discuter quatre aspects de son travail dialogique. Premièrement, la formation de son esprit scientifique et de sa stratégie dialogique, où le concept de métamorphose est fondamental. Deuxièmement, les enjeux philosophiques de la dialogique, notamment l'émergence, vers la fin des années 70, d'une nouvelle conception des rapports entre ordre et chaos, conséquence des nouvelles théories de la physique ; cette conception rapproche la philosophie de Levi de la pensée de la complexité et de l'éthique qui en découle. Troisièmement, nous examinerons certaines modalités narratives, issues de la distance critique de Levi par rapport à son écriture : entre autres, le plurilinguisme, la polyphonie, l'allégorie, le mythe d'Ulysse et la forte présence du chronotope du seuil ainsi que de la métamorphose. Ce sont des aspects qui témoignent aussi de sa stratégie dialogique. Elle crée une très intense circulation de significations, ce qui fait de Levi le « gardien des métamorphoses [4] » et de son œuvre quelque chose de semblable à un don. La question de l'œuvre littéraire comme don de paroles, dans le cadre d'une dynamique très particulière où la valeur de lien est l'élément fondamental, sera analysée dans la quatrième partie selon une perspective anthropologique. Du point de vue philosophique, nous ferons référence à la pensée de la complexité, formulée par Morin, et à sa notion de dialogique comme stratégie de la pensée complexe. Nous ferons également référence à la théorie du roman de Bakhtine, à son « principe dialogique » (Todorov), aux réflexions de Canetti sur le métier du poète et à la théorie du don de Caillé et Godbout.

---

4. Elias Canetti, « Le métier du poète », *La Conscience des mots*, Paris, Albin Michel, 1984, p. 319-331.

Une dimension essentielle : comprendre la matière

« [...] souvent, j'ai emprunté ces ponts qui unissent – ou devraient unir – culture scientifique et culture littéraire, franchissant un fossé qui m'a toujours semblé absurde[5]. »

La dialogique comme stratégie de pensée et d'écriture est le résultat d'un constant vagabondage culturel, que Levi appelle maintes fois ironiquement « libertinage », et qui deviendra au fil des ans de plus en plus poussé. Mais d'abord, examinons la naissance de la dialogique et l'importance du concept de métamorphose dans son œuvre.

Publié en 1975, *Le Système périodique* est un livre fondamental pour définir la formation de son esprit scientifique et de sa stratégie dialogique, deux aspects cohérents avec sa volonté de comprendre. Et, comme le dit bien Cases, « la volonté de comprendre est une dimension essentielle de la chimie et de la philosophie de Levi[6] ».

Dans le chapitre « Hydrogène », il y a le programme du lycéen Levi. Soulignons quelques phrases :

« Je regardais mes propres mains et me disais à moi-même : "Je comprendrai... tout, mais non comme *eux* le veulent. Je trouverai un raccourci, je me fabriquerai un passe-partout, je forcerai les portes." C'était irritant, écœurant, d'écouter des discours sur le problème de l'être et du connaître quand, tout autour de nous, il y avait un mystère qui ne demandait qu'à être dévoilé : le bois vétuste des bancs, le globe du soleil au-delà des vitres et des toits, le vol fou des aigrettes dans l'air de juin. Eh bien ! tous les philosophes et toutes les armées du monde auraient-ils été capables de construire un moucheron ? Non, ni même de le comprendre : c'était une honte et une abomination.

« Nous serions chimistes, Enrico et moi. Nous draguerions le ventre du mystère avec nos forces, avec notre intelligence :

---

5. *Le Métier des autres*, Paris, Gallimard, 1992, p. 10.
6. Cesare Cases, « Introduzione. L'ordine delle cose e l'ordine delle parole », dans *Opere*, *op. cit.*, t. I, p. XX ; nous traduisons.

nous allions saisir Protée à la gorge, mettre brutalement fin à ses métamorphoses qui ne menaient à rien, de Platon à saint Augustin, de saint Augustin à saint Thomas, de saint Thomas à Hegel, de Hegel à Croce. Nous le forcerions à parler[7]. »

Cela se passait en 1936, en plein fascisme. Très jeune et avec une lucidité remarquable, Levi avait déjà conclu que comprendre la nature avec les outils de la science et de la méthode expérimentale, tout en utilisant un langage concret et précis par rapport à celui de la philosophie idéaliste et de la rhétorique militaire fasciste, avait une signification politique. La chimie, mais également la physique et l'astrophysique (voir la référence au vol des aigrettes et au soleil), la botanique (l'allusion au bois du banc), la biologie, la zoologie, la génétique (l'exemple du moucheron), et aussi implicitement la linguistique (voir l'importance d'une bonne utilisation de la langue, qui doit se rapporter à des données vérifiables, un leitmotiv chez Levi), bref, le savoir scientifique est une forme d'opposition au fascisme et à la philosophie idéaliste. Et pendant l'université, ses convictions se consolident :

« Vaincre la matière, c'est la comprendre, et il est nécessaire de comprendre la matière pour comprendre l'univers et nous-mêmes... la chimie et la physique dont nous nous nourrissions étaient non seulement des aliments vitaux en eux-mêmes, mais en outre l'antidote du fascisme..., parce qu'elles étaient claires et distinctes, vérifiables à chaque pas, et non tissus de mensonges et de vanité comme la radio et les journaux[8]... »

La matière auparavant avait été considérée comme une antagoniste, la « mère ennemie[9] » dans « sa passivité sournoise, aussi vieille que l'univers et prodigieusement riche en déceptions, aussi solennelle et subtile que le Sphinx[10] ». Toutefois, au fil des années de vie universitaire, la matière pour Levi

---

7. *Le Système périodique, op. cit.*, p. 31 ; emphase de l'auteur.
8. *Ibid.*, p. 54-55.
9. *Ibid.*, p. 50.
10. *Ibid.*, p. 51.

devient une interlocutrice avec qui dialoguer. La qualité de ce dialogue s'améliore grâce à un contact physique et à une adresse manuelle [11] acquis, avec beaucoup d'efforts, dans le laboratoire de chimie ou dans la montagne avec son ami Sandro Delmastro, dont les aventures sont décrites dans le chapitre « Fer [12] ». La matière devient ainsi une source fiable, à partir de laquelle il est possible d'acquérir une solide formation interdisciplinaire, scientifique, corporelle et en plus politique : « La Matière pouvait être notre maîtresse, et même... notre école politique [13]. » Et puis il y a Auschwitz, qui constitue pour Levi une autre source de formation. Dans le Lager, le corps est soumis à des souffrances extrêmes, qui transforment la personne en un esclave, un animal, une chose [14], jusqu'à le métamorphoser en un corps étranger. Cette relation inédite avec la matière corporelle réorganise sa vision du monde. Dans le chapitre « Azote », où il est question d'« extraire un cosmétique d'un excrément – *aurum de stercore* [15] », Levi dira :

11. Dans le chapitre « Hydrogène » du *Système périodique*, à propos de ses premières expériences de lycéen dans le laboratoire de chimie du frère de son ami Enrico, Levi affirme : « Ce qui nous semblait un embarras de richesse était en réalité une gêne différente, plus profonde et essentielle : une gêne liée à une atrophie ancienne, la nôtre, celle de nos familles, de notre caste. Que savons-nous faire avec nos mains ? Rien, ou presque. Les femmes, si : nos mères et nos grands-mères avaient des mains vives et agiles, elles savaient coudre et cuisiner, et même, pour certaines, jouer du piano, peindre à l'aquarelle, broder, natter les cheveux. Mais nous, et nos pères ? Nos mains étaient à la fois mal dégrossies et faibles, elles avaient régressé et étaient insensibles : la partie moins éduquée de notre corps » (*ibid.*, p. 32).

12. « Catulle et Descartes n'avaient pas d'importance pour lui, l'important, c'était de réussir à l'examen et, le dimanche, d'être sur les skis ou sur la roche. Il avait choisi la chimie de préférence à d'autres disciplines : c'était un métier de choses qui se voient et se touchent » (*ibid.*, p. 54).

13. *Ibid.*, p. 55.

14. Voir Giuseppina Santagostino, « Destituzione e ossessione biologica nell'immaginario di Primo Levi », *Letteratura Italiana Contemporanea*, n° 32, 1991, p. 127-145.

15. *Ibid.*, p. 216.

« Le métier de chimiste (fortifié, dans mon cas, par l'expérience d'Auschwitz) apprend à surmonter, et même à ignorer, certaines répugnances qui ne sont nullement nécessaires ni congénitales : la matière est matière, ni noble ni vile, transformable à l'infini, et son origine proche n'a aucune importance. L'azote est de l'azote, il passe merveilleusement de l'air aux plantes, de celles-ci aux animaux, et des animaux à nous ; lorsque sa fonction est épuisée dans notre corps, nous l'éliminons, mais il reste toujours azote, aseptique, innocent [16]. »

« Il dit même plus, que l'impureté n'est impure qu'en apparence, elle est seulement différente et "ouvre la voie aux métamorphoses, c'est-à-dire à la vie… Il faut le désaccord, le différent, le grain de sel et de séné ; le fascisme n'en veut pas, il les interdit, et c'est pour cela que tu n'es pas fasciste", continue Levi ; "il nous veut tous pareils, et tu n'es pas pareil [17]". »

Avoir un esprit scientifique, dialoguer avec la nature pour la comprendre, faire dialoguer entre elles les disciplines et les expériences, tout cela signifie pour Levi reconnaître la valeur des métamorphoses. Non pas des métamorphoses qui ne mènent à rien comme celles de Protée. Ce personnage mythique, évoqué dans *Le Système périodique*, constitue l'image de la philosophie idéaliste, qui se transforme d'une époque à l'autre mais qui a toujours le même vice : elle fait abstraction de données vérifiables et utilise un mauvais langage. C'est pourquoi cette philosophie, à l'instar de Protée, ne donne pas des réponses aux humains ou, encore pis, elle est à l'origine de la « mystique du vide » nazie et de l'« anti-création [18] », c'est-à-dire des métamorphoses qui, dans l'univers concentrationnaire, déstructurent l'esprit et le corps des individus. Par contre, Levi revendique l'importance des métamorphoses, qui génèrent des résultats constructifs et vérifiables : celle de l'impureté ou celle de l'azote, que nous avons déjà

---

16. *Ibid.*, p. 215-216.
17. *Ibid.*, p. 44-45.
18. *La Trêve, op. cit.*, p. 144.

mentionnée, ou celle de la distillation, dont Levi parle dans le chapitre « Potassium » :

« Distiller est une belle chose. Avant tout, parce que c'est une opération pleine de lenteur, philosophique et silencieuse... C'est aussi qu'elle comporte une métamorphose : celle qui transforme un liquide en vapeur (invisible), et celle-ci, de nouveau en liquide [19]. »

Mais une métamorphose encore plus grandiose, durable dans l'espace et dans le temps, est celle de l'atome de carbone, qui fait l'objet du dernier chapitre du *Système périodique*. En 1942, pendant sa période milanaise, Levi avait commencé à caresser l'idée d'écrire cette « saga [20] », et même pendant sa détention à Auschwitz, il n'avait cessé d'y penser, comme en témoigne Jean Samuel [21]. Cette saga raconte les vicissitudes de l'atome de carbone qui, dans « un perpétuel, un effrayant carrousel de vie et de mort [22] », assure un lien récursif entre monde inorganique et monde organique, nature inanimée et animée, matière et esprit. Cet atome, qui contribue entre autres à la photosynthèse chlorophyllienne, après une quantité de péripéties, arrive enfin au cerveau humain, où il devient essentiel à la production du geste de l'écriture. Cette opération est le résultat d'une interaction entre trois activités : intellectuelle, cérébrale et manuelle. Elles sont engagées dans la conception du récit, dans l'élaboration du code écrit et dans la mise en exécution matérielle de l'écriture, qui est en elle-même une technologie – nous apprend Ong [23] –, car elle « prolonge le corps », comme le dit Barthes. C'est donc sur une métamorphose que repose l'acte de création littéraire, y compris bien sûr la composition du

---

19. *Le Système périodique*, *op. cit.*, p. 74.

20. *Le Métier des autres*, p. 153.

21. Jean Samuel, « Primo Levi : le compagnon, l'ami, l'homme », *in* Giuseppina Santagostino (sous la dir. de), *Shoah, mémoire et écriture : Primo Levi et le dialogue des savoirs*, Paris, L'Harmattan, 1997, p. 21.

22. *Le Système périodique*, *op. cit.*, p. 276.

23. Walter Ong, *Orality and Literacy. The Technologizing of the Word*, Londres et New York, Methuen, 1982, p. 81-82.

Système périodique. C'est ce que Levi nous fait comprendre dans la phrase métalittéraire à la conclusion du livre :

« Le voici de nouveau parmi nous [l'atome de carbone], dans un verre de lait… Il est avalé… L'un, celui qui nous tient à cœur, franchit le seuil intestinal et pénètre dans le torrent sanguin ; il voyage, frappe à la porte d'une cellule nerveuse, entre et supplante un autre carbone qui en faisait partie. Cette cellule appartient à un cerveau, et ce cerveau est le mien, à moi qui suis en train d'écrire, et la cellule en question, ayant en elle l'atome en question, est à l'œuvre dans mon acte d'écrire, dans un gigantesque jeu minuscule que personne n'a encore décrit. C'est elle qui, en cet instant, sortie d'un enchevêtrement labyrinthique de oui ou de non, fait que ma main court sur le papier suivant un certain chemin, y trace des traits et des boucles qui sont des signes. Une double impulsion, vers le haut et vers le bas, entre deux niveaux d'énergie, guide cette main, la mienne, pour imprimer sur le papier : quoi ? Ce point [24]. »

Le Système périodique possède l'épaisseur et la multiple richesse culturelle acquises par Levi à Auschwitz et pendant ses années d'étude et de travail scientifique et littéraire. La dialogique semble bien être la stratégie de pensée de Levi depuis sa jeunesse. Certes, son dialogue avec la matière, depuis l'époque du lycée, favorise une formation pluridisciplinaire, mais deux événements déterminants contribueront à renforcer cette stratégie : l'expérience de la diversité à partir de 1938, date de l'application des lois raciales en Italie, et évidemment l'expérience concentrationnaire, avec son organisation industrielle, technologique et scientifique vouée d'abord à l'anéantissement de la communication linguistique [25] et ensuite à l'anéantissement physique des déportés. Ces expériences fortifient en Levi l'attitude orientée à promouvoir toute sorte de communication. Pour lui, il est fondamental de faire interagir les savoirs et de créer des ponts entre domaines

---

24. *Le Système périodique, op. cit.*, p. 276-277.
25. Valabrega, *Conversazione, op. cit.*, p. 78.

traditionnellement séparés : d'un côté la technologie et les sciences de la nature (chimie, physique, biologie, génétique, etc.), et de l'autre, les sciences humaines (histoire, politique, sociologie, linguistique, etc.), ainsi que les arts, notamment la littérature. Le but qu'il poursuit est d'introduire, au cœur de ces interactions, une réflexion essentielle supplémentaire, la réflexion éthique à travers l'écriture. Et c'est encore l'expérience d'Auschwitz qui déclenche en Levi le besoin d'écrire.

Bien que son activité principale soit celle de chimiste, à partir de 1946 Levi commence à écrire ses mémoires concentrationnaires dans *Si c'est un homme* et *La Trêve* (1963), mais également des contes de science-fiction, publiés dans *Histoires naturelles* (1966) et *Vice de forme* (1971), et en même temps des vers (*L'osteria di Brema*, 1975). Dans ses écrits, l'interaction entre disciplines se fait de plus en plus évidente et les contes de science-fiction en sont un exemple. Pour lui, il devient aussi de plus en plus important de démontrer les bienfaits d'un rapport dialogique entre culture scientifique et culture littéraire, tout en vulgarisant des sujets concernant les sciences de la nature, les sciences humaines et la littérature : l'année 1975 constitue un tournant dans sa production écrite et *Le Système périodique* en est la démonstration. Ce livre est un ouvrage pivot dans le processus d'émancipation littéraire de son auteur et il est même comparable à une mise en abîme centrale [26] par rapport à son œuvre tout entière. En effet, non seulement dans *Le Système périodique* Levi passe sans plus de souci du récit autobiographique au récit rapporté, ainsi qu'à la fiction et à la science-fiction, mais dorénavant il choisira également d'essayer d'autres genres littéraires, tous déjà contenus à petite échelle dans *Le Système périodique*, tels le roman technologique *La Clé à molette* (1978), le roman historique *Maintenant ou jamais* (1982), le *Dialogue* avec le physicien Tullio Regge (1984), et le long essai *Les Naufragés et les rescapés*

---

26. Lucien Dällenbach, « Intertexte et autotexte », *Poétique. Intertextualités*, VII, n° 27 1976, p. 289-291.

(1986). En plus, il choisira de s'adonner régulièrement à une activité déjà présente dans *Le Système périodique* et qui sera aussi le propre de l'anthologie personnelle, *La Recherche des racines* (1981), c'est-à-dire la vulgarisation. Sa façon d'écrire est si fine et intelligente que Regge dira de lui : « Primo Levi était un excellent écrivain, mais il n'a jamais oublié sa formation de chimiste. Sa culture scientifique était aussi diversifiée qu'étendue, et il était extraordinairement doué pour expliquer les choses clairement – dans un langage simple et néanmoins limpide[27]. » Levi produira une quantité de courts essais pour *La Stampa*, le quotidien de Turin, et pour d'autres périodiques. *Le Métier des autres*, publié en 1985, est le recueil d'une grande partie de ces écrits. Ce livre, qui a été de beaucoup le moins vendu de Levi[28], contient cinquante et un essais de vulgarisation scientifique et littéraire, la plupart parus entre 1976 et 1985. D'autres essais, écrits pendant la même période et jusqu'à 1987, année de sa mort, ont été publiés dans *Le Fabricant de miroirs* et deux, « L'asimmetria e la vita » et « Argilla di Adamo » (« L'asymétrie et la vie » et « Argile d'Adam »), qui n'ont pas encore été traduits, paraissent dans *Pagine sparse, 1981-1987*[29]. Tous ces essais sont moins connus et étudiés que les autres ouvrages de Levi. Pourtant, ils constituent quelque chose d'extrêmement rare et nouveau dans le paysage littéraire italien, Calvino mis à part[30] – lequel d'ail-

---

27. Introduction, *Dialogue*, Paris, 10/18, 1994, p. 8.

28. Voir *Opere*, éd. 1997, *op. cit.*, t. II, p. 1560.

29. *Opere, op. cit.*, t. II.

30. Calvino met en évidence les talents de Levi qui, dit-il, est en même temps un encyclopédiste, dont la curiosité est agile et minutieuse, et un moraliste, dont la morale part de l'observation. Dans cet article, Calvino propose de regrouper les essais de Levi en quatre catégories, comparables à des « genres littéraires ». Certains essais, jaillissant d'un esprit ordonné, précis et systématique, non dépourvu d'un lyrisme sobre et dépouillé, sont des exemples d'une « littérature de la mémoire ». D'autres, écrits avec une élégance digne de la tradition de la prose scientifique italienne qui remonte à Redi et Algarotti, constituent des lemmes d'une encyclopédie. D'autres encore, qui représentent les mémoires d'un chimiste industriel dans le style *detective-story*, sont tout à fait spécifiques de Levi. Le dernier groupe réunit, selon Calvino, les essais concernant plus directement la littérature, où Levi fait également preuve de ses talents d'observateur.

leurs, au lendemain de la publication du *Métier des autres*, en avait écrit une critique très favorable.

Riches d'une culture encyclopédique, au sens étymologique du terme, les essais de Levi mettent en cycle différents savoirs, les font interagir et constituent autant de « notes pour une redéfinition de la culture », comme le dit le sous-titre de la traduction française du *Métier des autres*. En effet, Levi se questionne sur l'être humain en tant qu'animal capable de langage, sur son rapport avec la nature, sur sa façon, souvent incorrecte, de la modifier, sur les problèmes ouverts, les connaissances acquises et les mystères de la nature elle-même, bref, sur les rapports complexes entre nature et culture. Ce qui en découle est une réflexion sur l'éthique de la connaissance, réflexion qui est disséminée dans la plupart des essais et qui constitue le sujet spécifique de certains d'entre eux. Levi mène cette réflexion sans jamais perdre le sens de l'humour ni faire abstraction de son expérience concentrationnaire.

Ces écrits sont l'expression de son « vagabondage…, des incursions dans les métiers des autres, des braconnages en chasse gardée, des brigandages au pays de la zoologie, de l'astronomie et de la linguistique », écrit-il le 16 janvier 1985 dans son avant-propos [31]. Mais ses réflexions touchent à beaucoup d'autres domaines. Voici le point de vue de Levi sur son travail peu conventionnel :

« À se tenir en rangs serrés comme le font en hiver les abeilles et les moutons, il y a certes des avantages : on se défend mieux du froid et des agressions. Mais si l'on reste en marge ou à distance du groupe, on se réserve d'autres profits : on peut s'en aller quand on veut et on voit mieux le paysage… je me suis amusé à observer le monde sous un jour inaccoutumé : inversant en quelque sorte les instruments d'investigation, j'ai posé le regard du lettré sur les choses de la technique et sur la littérature celui du technicien… Quelquefois je me suis risqué à prendre position sur des questions d'actualité,

---

31. *Le Métier des autres*, *op. cit.*, p. 9-10.

à relire les grands auteurs classiques ou modernes, à explorer ces voies transversales qui relient le monde de la nature à celui de la culture ; souvent j'ai emprunté ces ponts qui unissent – ou devraient unir – culture scientifique et culture littéraire, franchissant un fossé qui m'a toujours semblé absurde... Il s'agit là d'une coupure artificielle, arbitraire et nuisible... loin d'être incompatibles, les « deux cultures » peuvent parfois, avec le concours des hommes de bonne volonté, s'entraîner l'une l'autre[32]. »

Dès à présent, nous examinerons quelques essais de Levi afin de mettre en lumière sa philosophie des années 1975-1987 et les aspects conformes à sa stratégie dialogique. Nous verrons que les affinités avec la pensée de Morin, qui dit avoir commencé à concevoir et à formuler le problème de la complexité à partir de 1970[33], deviennent de plus en plus évidentes.

NOTES POUR UNE REDÉFINITION DE LA CULTURE (1975-1987)

Si, pendant cette dernière décennie, quelque chose avait pu encore le fasciner, sans doute cela aurait été les théories de la complexité et du chaos, certainement pas les tentatives d'ordre d'inspiration positiviste qui étaient déjà mortes à Auschwitz[34].

« Ceux qui se bornent à une seule recherche manquent souvent de faire des découvertes qu'un esprit plus étendu, qui peut joindre d'autres sciences à celle dont il s'agit, découvre sans peine. Mais comme un seul ne saurait bien travailler à tout, c'est l'intelligence mutuelle qui peut y suppléer[35] », écrivait Leibniz.

Levi est un lecteur boulimique. Il est fort probable qu'il ait

---

32. *Ibid.*, p. 10.

33. Edgar Morin, *La Complexité humaine*, textes rassemblés avec Edgar Morin et présentés par Heinz Weinmann, Paris, Flammarion, 1994, p. 16.

34. Ernesto Ferrero, « Introduzione », *Primo Levi : un'antologia della critica*, Turin, Einaudi, 1997, p. XVIII ; nous traduisons.

35. Cité dans Alain Caillé, « Présentation », *La Revue du MAUSS semestrielle*, « Guerre et paix entre les sciences. Disciplinarité, inter- et transdisciplinarité », n° 10, 1997, p. 5.

eu l'occasion de lire quelques-uns des livres publiés par Morin entre 1973 et 1984, c'est-à-dire *Le Paradigme perdu : la nature humaine*, *La Méthode I*, *La Méthode II*, *Pour sortir du XXᵉ siècle*, *Science avec conscience* et *Science avec conscience de la complexité*. C'est sûr qu'il lisait la revue *Le Scienze*. Dans l'édition italienne de *La Recherche des racines*, nous apprenons par exemple que, Levi avait lu, dans cette revue – en 1975, en traduction italienne – l'article de Kip S. Thorn sur les trous noirs, « The search for black holes » (*Scientific American*, décembre 1974).

Donc, il est très attentif aux nouvelles découvertes scientifiques, plus particulièrement à celles de la chimie, de la biologie moléculaire, de la physique atomique et de l'astrophysique : le problème cosmologique de l'origine de l'infiniment grand et de l'infiniment petit est en effet central pour lui. À partir des années 60, suite à la théorie du big-bang [36] et aux découvertes fondamentales dans les domaines de la physique atomique et de l'astrophysique – quarks [37], trous noirs, etc. –, dans les nouvelles théories scientifiques les concepts d'ordre et de chaos changent de statut. Ils cessent d'être deux éléments contradictoires pour devenir complémentaires. Cette complémentarité est à la base de la pensée complexe de Morin, ainsi que du virage philosophique de Levi : sa vision de la réalité et sa philosophie deviennent bien plus articulées et proches de la pensée de la complexité. C'est dans un essai n'ayant rien à voir avec les sciences que Levi exprime des réflexions extrêmement intéressantes à propos des rapports entre ordre et chaos. Il s'agit de l'essai de 1983, « Le rite et le rire », sur le livre *La Table mise*, écrit en langue hébraïque par un rabbin espagnol au XVIᵉ siècle. Levi dit :

---

36. Voir E. Morin, *Science avec conscience*, *op. cit.*, p. 198.

37. Murray Gell-Mann, prix Nobel en 1968, élabora la théorie selon laquelle les particules subatomiques peuvent être classées en familles décrites par huit nombres quantiques, qui en définissent les caractéristiques et les propriétés. « Ce classement présuppose que les particules sont faites d'une entité plus fondamentale, que Gell-Mann baptisa *quark* » (Ervin Laszlo, *Aux racines de l'univers*, Paris, Fayard, 1992, p. 37).

« Dans ce drôle de livre, affleurent un goût très ancien pour les argumentations hardies, une souplesse intellectuelle que n'effraient point les contradictions, mais qui les accepte au contraire comme indispensable ingrédient de la vie ; et la vie c'est la règle, la vie c'est l'ordre l'emportant sur le Chaos, mais la règle a ses détours, ses réserves insoupçonnées d'exception, de licence, d'indulgence et de désordre. Prenons garde à ne pas les effacer, peut-être contiennent-elles en germe tous nos lendemains ; car la machine de l'univers est subtile, les lois qui la gouvernent sont subtiles, et plus subtiles chaque année se révèlent les règles auxquelles obéissent les particules subatomiques [38]. »

Remplaçons « subtil » par « complexe » et nous comprendrons non seulement que l'impureté est essentielle à la métamorphose et à la vie, comme il le disait déjà dans *Le Système périodique* (p. 44 et 242), et que « la vie c'est l'ordre l'emportant sur le Chaos », comme il semble d'abord soutenir ici, mais également que le désordre, dans le cosmos, est quelque chose de différent par rapport à une conception déterministe, désormais révolue : il n'est pas un élément négatif, au contraire il contribuerait, en même temps et au même titre que l'ordre, à l'organisation de la matière.

Déjà en 1981, Levi écrit :

« Nous sommes confrontés à une révolution culturelle sans précédent, que les astrophysiciens sont en train d'accomplir en silence… Dans le ciel il n'y a pas de champs Élysées, mais une matière et une lumière distordues, comprimées, dilatées, raréfiées dans des proportions qui dépassent nos sens et notre langage. Chaque année qui s'écoule, tandis que les choses de la Terre se compliquent de plus en plus, les choses du Ciel nous lancent des défis de plus en plus âpres [39]. »

---

38. *Le Métier des autres*, op. cit., p. 250-251.
39. *La Recherche des racines*, trad. fr. de Marilène Raiola, Paris, Mille et une nuits, 1999, p. 221.

Il fait allusion à la complexité du cosmos et, avec ses litotes habituelles, il dit : « Le ciel n'est pas simple, mais il n'est pas non plus imperméable à notre esprit, et il attend d'être déchiffré[40]. » Il reprend cette question dans son essai de 1983, « Nouvelles du ciel ». Ici, Levi parle ouvertement de complexité à propos du cerveau humain, microcosme considéré comme encore plus complexe que le cosmos, qui, à son tour, n'est désormais plus l'univers harmonieux et ordonné décrit par les philosophes et les poètes du passé.

« À présent, le ciel suspendu au-dessus de nos têtes n'est plus familier. Il devient de jour en jour plus enchevêtré, imprévu, violent et bizarre ; son mystère grandit au lieu de diminuer ; chaque découverte, chaque réponse aux anciennes questions, engendre une myriade de questions nouvelles... Non seulement nous ne sommes pas le centre du cosmos, mais nous y sommes des étrangers : nous sommes une singularité. L'univers nous est étrange, nous sommes étranges dans l'univers... Le registre d'état civil des monstres célestes ne cesse de se remplir... Ces nouvelles du ciel sont un défi à la raison. Il faut relever le défi... Il est possible que notre cerveau soit un *unicum* dans l'univers : nous ne le savons pas, ni ne le saurons sans doute jamais, mais nous savons d'ores et déjà que c'est un objet plus complexe, plus difficile à décrire qu'une étoile ou une planète[41]. »

Dans son essai de 1984, « L'asymétrie et la vie », Levi aborde un autre sujet révélateur de son attention à l'égard de l'organisation complexe de la matière : c'est le thème de l'asymétrie de toutes les molécules des entités vivantes, asymétrie qui, semble-t-il, est une caractéristique physique de la matière tout entière. Voici les idées principales de son essai. Les molécules des organismes vivants sont toutes asymétriques car elles réagissent à la lumière polarisée en la déviant toujours ou vers la droite ou vers la gauche. Plus encore, les acides aminés,

---

40. *Ibid.*, p. 221.
41. *Le Métier des autres*, *op. cit.*, p. 235-237.

constitués par des molécules asymétriques, « sont "gauches", comme si tous étaient sortis du même moule, ou comme si quelque chose avait exclu ou détruit leurs antipodes, c'est-à-dire leurs jumeaux droits [42] ». Pourquoi y aurait-il cette direction, cette « main », cette « chiralité » (du grec *keir*, « main ») ? Les hypothèses scientifiques que Levi considère sont aussi nombreuses que fascinantes, surtout la dernière, celle de la « chiralité » de notre galaxie et peut-être de l'univers lui-même. Levi dit avoir été bouleversé par la possibilité selon laquelle les antipodes ne seraient jamais de véritables antipodes. Non seulement la matière vivante, mais aussi la matière tout entière, bien qu'en dessous du seuil de nos instruments de mesure, au niveau subatomique, réagirait toujours activement à la lumière polarisée. « La nouvelle de la chiralité de l'univers, ou seulement de notre galaxie, m'a bouleversé, elle est dramatique et énigmatique : a-t-elle un sens ? Et si oui, lequel [43] ? »

Donc, dans la vision du monde de Levi, chaos, désordre, exception, asymétrie deviennent des paradigmes essentiels, étant donné qu'ils constituent une partie intégrante de l'organisation complexe autant de la vie que de la matière tout entière. Comme le dit Morin : « Ce n'est plus l'élémentaire que la physique trouve au fondement, mais le complexe. Ce n'est plus l'ordre déterministe qu'elle trouve au principe, mais l'ordre/désordre/organisation. Le complexe est devenu une question principielle qui ne peut plus être refoulée. De même, nous retrouvons le complexe au fondement des algorithmes du vivant, au fondement de la machine vivante... au fondement de l'existence individuelle [44]. »

Dans son dernier essai, « Argile d'Adam », paru dans *La Stampa* le 15 février 1987, à propos du livre *Sept indices sur l'origine de la vie* de Graham Cairns-Smith, Levi réaffirme l'idée de la complexité des structures vivantes. « La clé de la

---

42. *Opere*, *op. cit.*, t. II, p. 1233 ; nous traduisons.
43. *Ibid.*, p. 1241.
44. E. Morin, *La Complexité humaine*, *op. cit.*, p. 315.

vie est la complexité ordonnée, et celle-ci ne peut pas avoir origine du simple[45]. »

L'univers, tel que les nouvelles découvertes l'indiquent, est de plus en plus complexe. D'ailleurs, sur notre planète, des systèmes de plus en plus complexes se sont formés et continuent de se former en générant d'immenses problèmes écologiques et sociaux. C'est pourquoi, en 1984, des scientifiques de différentes disciplines, parmi lesquels Gell-Mann, professeur de systèmes complexes adaptatifs au Cal Tech de Pasadena, ont fondé le Santa Fe Institute, où des représentants de toutes les disciplines se rencontrent régulièrement afin de discuter de complexité. Gell-Mann appelle cette nouvelle discipline la « plectique », du qualificatif grec *plectos*, « tressé[46] ».

Pour ces scientifiques, ainsi que pour Levi et Morin, la complexité « est un mot problème et non un mot solution[47] ». Elle invite à la sagesse : « Science sans conscience n'est que ruine de l'âme », écrit Rabelais (*Pantagruel*, VIII, 206) en paraphrasant Salomon. Et, dans son sillage, Levi[48] et Morin partagent la même conviction : science sans conscience n'est que ruine de l'humanité[49]. D'ici la nécessité d'un « regard écologique[50] ». Il s'agit d'un regard attentif à la nature, qui entoure l'être humain et qui le constitue du point de vue biologique,

---

45. *Opere*, *op. cit.*, t. II, p. 1329 ; nous traduisons.

46. Riccardo Chiaberge, « Murray Gell-Mann. Specialista del Tutto », *Navigatori del sapere. Dieci proposte per il 2000*, Milan, Raffaello Cortina Editore, 1999, p. 67-68.

47. E. Morin, *La Complexité humaine*, *op. cit.*, p. 10 ; emphase de Morin.

48. C'est le sens d'une grande partie des œuvres de Levi. Plus particulièrement, dans le conte de science-fiction « Une retraite sereine », Levi évoque la sagesse de Salomon, acquise d'une façon différente de celle de Simpson : celle-ci est « le fruit d'un circuit électronique compliqué et de bandes à huit pistes » (*Histoires naturelles*, *op. cit.*, p. 223). En outre, dans l'épigraphe des *Histoires naturelles* (p. 9), Levi cite Rabelais, qui fait allusion aux *Proverbes* de Salomon. Concernant l'importance de Rabelais dans l'œuvre de Levi, voir Italo Rosato, « Primo Levi : sondaggi intertestuali », *Autografo*, n° 17, 1989, p. 31-43, et Giuseppina Santagostino, « L'immagine della cultura francese nell'opera di Primo Levi », *Franco-Italica*, n° 4, 1993, p. 55-82.

49. E. Morin, *Science avec conscience*, *op. cit.*, p. 11.

50. E. Morin, *La Complexité humaine*, *op. cit.*, p. 232.

mais il s'agit également d'un regard attentif aux actions, à leurs conséquences sur l'environnement naturel et social et à leurs rétroactions. C'est ce même regard, riche en sagesse, que Levi a toujours porté sur la réalité ; son inhabituel privilège d'être, en même temps, homme de science, rescapé d'Auschwitz et écrivain, lui confère cette acuité. Déjà dans ses contes de science-fiction des années 1950 et 1960, il avait prévu certaines des nouvelles technologies et avait appréhendé des problèmes qui sont aujourd'hui incontournables, par exemple les dangers de la réalité virtuelle, des manipulations génétiques et des modifications dans l'équilibre de l'environnement.

Plus tard, dans certains essais des années 1980, Levi porte ce même regard écologique sur la réalité quand il se prononce sur la question de fond de l'éthique de la connaissance scientifique. Écrits entre 1981 et 1986, ces essais révèlent presque tous un même souci, celui de la menace atomique, que Levi appelle « le sceau de notre siècle [51] », mais qui est aussi l'emblème de tous les dangers qui menacent la vie sur notre planète.

Nous sommes, dit-il, « libérés… du besoin mais non de la peur » du désastre nucléaire [52]. Nous ne savons pas quelle est la probabilité que celui-ci se produise, mais « nous nous sommes éveillés d'un long sommeil et nous avons vu que la condition humaine est incompatible avec la certitude [53] ». Tchernobyl nous instruit, dit-il dans son article « La peste n'a pas de frontières », publié dans *La Stampa* le 3 mai 1986 [54]. Et aujourd'hui, l'accident nucléaire du 30 septembre 1999 à Tokaïmura au Japon nous instruit également. L'humanité est « condamnée et habituée à vivre dans un monde [55], où tout semble stable et ne l'est pas, où des énergies formidables (et

---

51. « Une bouteille de soleil », *Le Fabricant de miroirs*, *op. cit.*, p. 153.
52. « L'éclipse des prophètes », *Le Métier des autres*, *op. cit.*, p. 337.
53. *Ibid.*, p. 339.
54. Repris dans *Opere*, *op. cit.*, t. II, p. 1301-1303.
55. *Le Métier des autres*, *op. cit.*, p. 224-225. Il s'agit d'un petit chef-d'œuvre. La culture dont il est imprégné s'inspire de la pratique manuelle et de la compétence artisanale de Levi, de son expérience technique et de ses lectures les plus diversifiées, de ses connaissances scientifiques et de ses interrogations éthiques.

je ne parle pas seulement des réserves nucléaires) dorment d'un sommeil léger », dit Levi dans son essai de 1983 « Stable/instable ».

Que peut faire la science pour éviter le désastre ?

Les chercheurs doivent travailler avec l'incertitude. Pour Levi, comme pour Morin, « le travail avec l'incertitude est une incitation à la rationalité[56] » et à la dialogique. C'est la leçon que l'on tire de l'essai de 1985, « La roulette des bactéries », que Levi écrit en tant que compte rendu de l'autobiographie de Salvador Luria, scientifique d'origine turinoise, prix Nobel de médecine en 1969 et pionnier du génie génétique. Pour Luria, à la source de toute véritable innovation scientifique il y a la rationalité individuelle, à laquelle il faut toutefois joindre la rationalité dialogique. Celle-ci consiste en deux aspects. Le premier, la capacité de « transférer des mécanismes et des concepts dans des domaines éloignés et apparemment sans lien entre eux[57] », est le principe d'hybridation cher à Levi depuis toujours : jusqu'au dernier essai, « Argile d'Adam » de 1987, il réitère l'importance des liens transversaux et des croisements entre disciplines différentes. À cette capacité s'associe une deuxième forme complémentaire de rationalité dialogique, c'est-à-dire la volonté constante, de la part des scientifiques, d'échanger et de discuter, donc de collaborer. « Il ne s'agit jamais de guerre civile ; même s'ils sont d'opinions ou de tendances politiques différentes, les scientifiques discutent entre eux, discutent, mais ne se combattent pas[58] », écrit Levi en partageant les convictions de Luria. Et il ajoute : « De telles affirmations étonnent et rassérènent à la fois : elles ne sont peut-être pas vraies en tout temps, lieu et milieu universitaire, mais elles sont, ou elles ont été vraies pour Salvador Luria dont elles ont embelli l'existence, et c'est pourquoi elles peuvent être ou redevenir vraies, au moins pour quelques-uns[59]. »

---

56. E. Morin, *Science avec conscience*, op. cit., p. 191.
57. *Le Fabricant de miroirs*, op. cit., p. 141.
58. *Ibid.*, p. 142.
59. *Ibid.*

L'éthique joue également un rôle fondamental dans le choix du sujet de la recherche scientifique ou du domaine de travail. Dans son essai de 1983, « Les maîtres du destin », bien que conscient que sa conviction soit assez naïve, Levi propose « que tout jeune ayant l'intention de se consacrer à la physique, à la chimie, à la biologie, jure de ne point entreprendre de recherche ou d'étude nuisible au genre humain[60] ». Mais la question qu'il se pose et le souhait qu'il exprime dans son essai de 1986, « Couver le cobra », sont moins naïfs :

« Il est on ne peut plus vrai (je cite Ryle) que « notre intelligence s'est prodigieusement accrue, mais pas notre sagesse », mais je me demande : dans toutes les écoles de tous les pays, combien de temps consacre-t-on à l'accroissement de notre sagesse, ou plutôt aux problèmes moraux ?

« J'aimerais (et cela ne me paraît ni impossible ni absurde) que dans toutes les facultés de sciences on insiste à outrance sur un point : ce que vous ferez quand vous exercerez votre profession peut être utile au genre humain, inutile ou nocif. Ne vous passionnez pas pour des problèmes suspects. Dans les limites qui vous seront concédées, cherchez à connaître le but auquel votre travail est destiné[61]. »

Le souci de Levi est donc de bâtir une culture de la paix, ce qui le rapproche encore de la pensée de la complexité formulée par Morin. Ces idées l'amènent d'ailleurs, vers le milieu des années 80, à adhérer au « Club pour la science et la paix », réunissant justement Morin et d'autres intellectuels, tels Giulio Carlo Argan, Franco Fortini, Freeman Dyson et Akira Ishida[62].

Les essais de Levi transmettent une profonde sagesse : la culture doit être la culture de la parole, du dialogue, de la circulation des connaissances et des compétences. Cette culture a une valeur non pas ontologique, mais pratique. Elle aide à

---

60. « Les maîtres du destin », *Le Métier des autres*, *op. cit.*, p. 230.
61. « Couver le cobra », *Le Fabricant de miroirs*, *op. cit.*, p. 188.
62. Gabriella Poli et Giorgio Calcagno, *Echi di una voce perduta*, Milan, Mursia, 1992, p. 345-346.

mieux vivre notre *ethos* et notre *oicos*, notre domicile intérieur et notre maison commune en tant que sujets et citoyens responsables. Elle est un bon investissement pour le futur de l'humanité. L'instruction et le multilinguisme ont été pour le peuple juif de l'Europe orientale « la meilleure marchandise », dit Levi dans son essai de 1984 au même titre[63]. Aux États-Unis, « à long terme, la culture est perçue comme un bon investissement[64] », écrit-il en 1985, après son voyage outre-Atlantique[65]. Comme « le conflit linguistique tend à devenir conflit racial et politique[66] », être traducteur « c'est faire œuvre de culture et de paix[67] », soutient Levi dans « Traduire et être traduit » de 1981. Bref, son éthique de la connaissance jaillit de son regard écologique. Elle est humble dans le sens étymologique du terme, car elle se rapporte toujours à l'*humus*, à la terre, où vit tout être humain. Et elle est dialogique et irénique. Par conséquent, elle est clairvoyante car il s'agit d'une éthique qui vise, toujours et en premier lieu, à sauvegarder la vie et à promouvoir la solidarité entre individus, seuls dans l'univers. Ce que Levi écrit dans ses deux essais, « Nous sommes seuls » de 1981[68] et « Les maîtres du destin » de 1983[69], constitue un appel à une éthique riche de cette sagesse. C'est un appel peut-être innocent, mais sûrement complexe à réaliser. D'ailleurs nous savons bien, grâce à Morin, qu'« il y a plus d'affinité entre la complexité et l'innocence qu'entre l'innocence et la simplification. La simplification est une rationalisation brutale, non une idée innocente[70]... ». Voici l'appel de Levi, que nous pourrions adopter en franchissant le seuil du nouveau millénaire :

---

63. « La meilleure marchandise », *Le Métier des autres*, *op. cit.*, p. 275-281.
64. *Le Fabricant de miroirs*, *op. cit.*, p. 147.
65. *Ibid.*, p. 143-147.
66. « Traduire et être traduit », *Le Métier des autres*, *op. cit.*, p. 145.
67. *Ibid.*, p. 151.
68. *La Recherche des racines*, *op. cit.*, p. 221-227.
69. *Le Métier des autres*, *op. cit.*, p. 230-231.
70. E. Morin, *La Complexité humaine*, *op. cit.*, p. 338-339.

« Sans doute existons-nous par hasard, sans doute sommes-nous le seul îlot d'intelligence dans l'univers, certes nous sommes incroyablement petits, faibles et seuls, mais si l'esprit humain a conçu des trous noirs, et ose théoriser ce qui est arrivé durant les premiers instants de la création, pourquoi ne saurait-il pas juguler la peur, le besoin et la souffrance [71] ? »

« Nous ne sommes pas une espèce stupide. Ne serons-nous pas capables d'éroder les barrières policières et de nous transmettre d'un peuple à l'autre notre volonté de paix ?… C'est la parole qui nous différencie des animaux : apprenons à faire bon usage de la parole. Des cerveaux plus grossiers que les nôtres ont résolu, il y a de cela des milliers et des milliers d'années, des problèmes autrement ardus… Nous devons suggérer, proposer, imposer un petit nombre d'idées claires à ceux qui nous guident, et ce sont des idées connues de tout bon commerçant : que l'accord est la meilleure affaire, et qu'à long terme la bonne foi réciproque est la plus fine des astuces [72]. »

La dialogique comme stratégie d'écriture

Ce qui constitue le propre des mythes… c'est la métamorphose pratiquée en eux. C'est par elle que l'être humain s'est créé. C'est par elle qu'il s'est approprié le monde ; c'est par elle qu'il y participe ; et qu'il doive sa puissance à la métamorphose, nous nous en rendons parfaitement compte ; il lui doit toutefois plus encore : il lui doit sa compassion [73].

Dans un entretien de 1985 avec Germaine Greer, Levi dit que dans l'univers concentrationnaire, ainsi que dans son travail de chimiste, il ne fallait pas se laisser prendre aux apparences, il fallait au contraire adopter une attitude désabusée. Et à propos du ton de *Si c'est un homme*, il affirme : « Je crois que c'est précisément dans cet aspect, dans cet état de "désabusement", que l'on observe les effets de mon travail de

---

71. *La Recherche des racines*, *op. cit.*, p. 221.
72. *Le Métier des autres*, *op. cit.*, p. 230-231.
73. Elias Canetti, « Le métier du poète », *La Conscience des mots*, Paris, Albin Michel, 1984, p. 330.

laboratoire. On ne pouvait pas se permettre de se laisser tromper. Il est toujours bon de creuser sous les apparences [74]. » Ce désabusement, comme effort pour garder une distance critique par rapport à la réalité, produit aussi des résultats remarquables au niveau esthétique, à partir de *Si c'est un homme* jusqu'au dernier conte de science-fiction. C'est pourquoi, en plus de sa valeur de témoignage, on ne peut plus s'empêcher de considérer *Si c'est un homme* comme un livre dont la « qualité littéraire [est] exceptionnelle [75] », et de l'analyser selon les grilles d'interprétation propres au roman moderne. Il sera alors intéressant de voir comment, dans son travail d'écrivain, Levi gère sa distance critique et quelles sont les implications au niveau de sa stratégie dialogique. Pour ce faire, nous devrons, nous aussi, ne pas nous laisser prendre aux apparences.

L'écriture de Levi possède une clarté évidente ; cependant, après une lecture anaphorique, elle révèle des caractéristiques insoupçonnées. Plusieurs critiques, tels Mengaldo, Rosato, Segre, Santagostino (« L'immagine ») et Tesio, ont souligné la présence des aspects suivants : plurilinguisme, dialogisme narrateur-personnage et narrateur-lecteur, dialogisme intertextuel, verve parodique, polyphonie, hyperbolisations, carnavalesque joyeux ou macabre, etc. Ces modalités d'écriture sont présentes en mesure différente, en tout ou en partie, dans plusieurs œuvres, telles que *Si c'est un homme*, *La Trêve*, *La Clé à molette*, *Histoires naturelles* et *Vice de forme*. Elles génèrent de l'ironie parodique et du grotesque comme si, pour Levi, la vie était un spectacle à observer avec curiosité et humour [76]. Ce sont des stratégies que l'écrivain utilise pour gérer sa distance critique soit dans les récits autobiographiques, soit dans les contes de science-fiction. Elles causent souvent ce que Bakhtine appelle l'« opération comique du *démembrement* », propre au roman moderne. Roman moderne qui, à son sens, est une

---

74. *Conversations et entretiens*, op. cit., p. 83.
75. C. Segre, « Lettura di *Se questo è un uomo* », art. cité, p. 68.
76. P. V. Mengaldo, « Introduzione. Lingua e scrittura in Levi », art. cité, p. XXXVI et *passim*.

« allégorie *prosaïque* » de la condition humaine[77]. Cette forme allégorique est en accord avec « l'une des tâches les plus fondamentales du roman : celle de dénoncer toute espèce de conventionnalité fausse, pernicieuse pour toutes les relations humaines[78] ». Par exemple dans *Si c'est un homme*, l'univers concentrationnaire n'est pas représenté comme un phénomène isolé dans le temps et dans l'espace, mais comme « un miroir [déformant] de la situation extérieure[79] ». C'est, entre autres, le choix stratégique de raconter la normalité des rites quotidiens du camp selon les stylèmes du réalisme grotesque, voire du carnavalesque macabre, qui confère à ce livre une signification allégorique. *Si c'est un homme* renvoie ainsi à d'autres possibilités extrêmes de la condition humaine, possibilités susceptibles de se répéter, encore et autrement, dans l'histoire.

Selon Bakhtine, le roman moderne possède une autre caractéristique : il « est lié au déploiement éternellement vivant de la parole et de la pensée non officielles[80] ». L'esprit critique et le désenchantement de Levi orientent la voix narrative en cette direction. Les paroles et les pensées non officielles à véhiculer sont le récit d'un rescapé, Levi lui-même, porte-parole de la foule immense et silencieuse de ceux qui, dans l'univers concentrationnaire, ont fait naufrage (*Si c'est un homme* et *Les Naufragés et les rescapés*). Ou ce sont les mots d'un voyageur qui, comme Ulysse, trouve le temps de faire le récit des pérégrinations, les siennes, celles de ses compagnons et d'autres individus anonymes, une minorité de rescapés, tous en route vers leur patrie après l'expérience concentrationnaire (*La Trêve*). Ou les aventures de Levi lui-même, voyageur anticonformiste dans la vie, dans la chimie et dans l'écriture (*Le Système périodique*). Mais dans l'œuvre de Levi, la parole et la pensée non officielles sont aussi celles d'un autre humble voyageur, le deutéragoniste de *La Clé à molette*, Faussone,

---

77. Mikhaïl Bakhtine, *Esthétique et théorie du roman*, Paris, Gallimard, 1991, p. 458 et 311 ; emphases de l'auteur.
78. *Ibid.*, p. 308.
79. Dans F. Camon, *Conversations avec Primo Levi*, op. cit., p. 28.
80. M. Bakhtine, *Esthétique et théorie du roman*, op. cit., p. 456.

constructeur de charpentes métalliques, personnage qui, dans sa signification allégorique, véhicule une conception de la littérature comme activité chargée de responsabilité critique[81]. En outre, la parole et la pensée non officielles sont également celles d'une quantité de personnages allégoriques aux prises avec des métamorphoses et des « enfantements estranges et contre nature[82] », générés par une science et une technologie dépourvue de réflexion éthique (*Histoires naturelles*, *Vice de forme*, *La Trêve* et *Le Fabricant de miroirs*). Ou, finalement, celles d'une minorité peu connue dans l'histoire de la Seconde Guerre mondiale, c'est-à-dire les bandes itinérantes de partisans juifs soviétiques, combattant contre les nazis *(Maintenant ou jamais)*.

La fréquence du thème du voyage dans l'œuvre de Levi et son admiration pour Ulysse, mises en évidence par l'auteur lui-même[83], suggèrent bien sûr que le mythe du voyageur Ulysse est le mythe fondamental de Levi, comme on a essayé de le démontrer[84]. En effet, il est un personnage complexe : ouvert à de multiples expériences, il est doué d'une indomptable curiosité scientifique et du don de la parole narrative ; il suffit de penser à l'Ulysse dantesque et à l'Ulysse à la cour du roi des Phéaciens (auquel Levi se compare dans « Prefazione », *Opere*, t. II, p. 1349). Mais en plus, ce mythe, qui atteint son diapason dans le chapitre « Le chant d'Ulysse » dans *Si c'est un homme*, est l'allégorie de l'effort inlassable de Levi de bâtir des ponts, de communiquer et de faire communiquer, de franchir et de faire franchir des seuils, bref, il est l'allégorie de sa stratégie dialogique, qui repose sur le principe de la métamorphose, en jeu dans la communication littéraire. Et Ulysse, à cause de ses transformations aventureuses racontées dans l'*Odyssée*, incarne ce principe, comme le dit Canetti[85].

---

81. Voir G. Santagostino, « L'immagine », art. cité.

82. Exergue à *Histoires naturelles*, *op. cit.*, p. 9, tiré de Rabelais.

83. *Le Métier des autres*, *op. cit.*, p. 13, et *La Recherche des racines*, *op. cit.*, p. 27.

84. G. Santagostino, « Dalla memorialistica ».

85. E. Canetti, « Le métier du poète », *op. cit.*, p. 324.

En effet, l'œuvre de Levi semble être marquée par l'un des chronotopes les plus prisés par Bakhtine, celui qui prédispose aux métamorphoses, c'est-à-dire le chronotope du seuil, « imprégné – dit-il – de grande valeur émotionnelle, de forte intensité [86] », car il est lié au thème de la rencontre, mais également à celui de la crise, du tournant d'une vie ou du changement brusque. Les personnages des œuvres de Levi sont en voyage ou transitent par des seuils entre lieux et conditions aux significations complexes. Ces transitions génèrent des changements profonds et souvent dramatiques dans leur vie. Par exemple, dans le Lager, l'aliénation vécue par le prisonnier par rapport à son corps et, après sa libération, sa lente renaissance physique et psychique : voici deux métamorphoses qui pour Levi signifient aussi l'acquisition de son « étrange don d'expression [87] », comme ce fut pour le mythique Tirésias, évoqué dans *La Clé à molette* [88] ; ou, encore, les transformations de la matière inanimée, des végétaux, des animaux et des humains dans les contes de science-fiction [89] : parmi ces contes, « Le passe-murailles », publié en 1986 [90], qui raconte les aventures de l'alchimiste Memnon, pourrait être considéré comme une mise en abîme rétrospective de Levi lui-même [91].

En résumé, voici quelques exemples de seuils par lesquels les personnages transitent : univers concentrationnaire/monde libre, vie/mort, captivité/liberté, animalité/humanité, inanimé/animé, animal/végétal, corps/esprit, masculin/féminin, création/anti-création, nature/contre-nature, science/littérature/technologie, et encore : seuils entre pays, cultures, langues, races, temps, etc.

Du point de vue du style aussi, les œuvres de Levi transitent par plusieurs seuils. Certains aspects, cités comme des moyens pour gérer la distance critique de l'auteur, tels la polyphonie,

---

86. M. Bakhtine, *Esthétique et théorie du roman*, op. cit., p. 389.
87. *La Clé à molette*, op. cit., p. 67.
88. G. Santagostino, « Le corps ».
89. G. Santagostino, « Ossessione », « Le metafore » et « Le corps ».
90. *Le Fabricant de miroirs*, op. cit., p. 63-66.
91. G. Santagostino, « Dalla memorialistica », p. 253.

le plurilinguisme et le dialogisme intertextuel, auxquels il faut encore ajouter la multiplicité de styles, ne sont que des icônes linguistiques d'une stratégie dialogique qui brise les frontières et ouvre des seuils entre discours, langues, textes et genres littéraires. À ce propos, voici quelques exemples.

Une parodie décapante des discours les plus disparates est disséminée dans plusieurs livres, surtout *Histoires naturelles* et *Vice de forme* ; l'ironie polyphonique, qui se dégage de leur croisement, est corrosive par rapport aux différents mondes que les discours parodiés mettent en jeu, surtout les mondes de la « science sans conscience », de la bureaucratie et de la rationalisation de la production[92]. Un autre exemple frappant est *La Clé à molette*, allégorie de la dialogique elle-même : les discours, scientifique, littéraire et technique, sans oublier l'emphase sur la manualité, sont comparés avec finesse et s'interpénètrent du début à la fin du livre en proposant un concept de littérature qui est à la fois ouverture à d'autres discours, réflexion critique et action sur les autres[93].

Ensuite, le plurilinguisme : déjà présent dans *Si c'est un homme*[94], il devient soit une pétarade de néologismes à la saveur pseudo-scientifique dans les contes de science-fiction des *Histoires naturelles*, de *Vice de forme* et du *Fabricant de miroirs*[95], soit le pastiche linguistique de Faussone[96], masque linguistique des changements économiques, qui ont lieu au Piémont pendant les années 1970. D'ailleurs, Levi détestait toute forme de purisme[97], y compris, évidemment, le purisme linguistique[98]. Comme le dit Segre, « son attention à la langue nous transmet un message précis : le lexique littéraire est

---

92. G. Santagostino, « L'immagine », p. 59-64.
93. G. Santagostino, « Tecnologia ».
94. Voir C. Segre, « Lettura di *Se questo è un uomo* », art. cité.
95. Voir P. V. Mengaldo, « Introduzione. Lingua e scrittura in Levi », art. cité ; G. Santagostino, « L'immagine », art. cité.
96. Gian Luigi Beccaria, « *L'Altrui mestiere* di Primo Levi », dans A. Cavaglion, *Primo Levi, op. cit.*, p. 130-136 ; P. V. Mengaldo, « Introduzione. Lingua e scrittura in Levi », art. cité ; G. Santagostino, « Tecnologia ».
97. *Le Système périodique, op. cit.*, p. 242.
98. *Le Métier des autres, op. cit.*, p. 208 et 324.

inadéquat par rapport aux modes de vie que le monde de la technique a désormais largement développés[99] ».

Considérons maintenant les textes. L'écrivain turinois élabore tantôt une intense intratextualité, par de fréquents renvois à ses autres œuvres[100], tantôt une riche intertextualité avec la Bible, la tradition juive, la mythologie grecque, Dante, Rabelais, etc.[101]. Cette osmose intertextuelle est multiplicatrice de sens.

À propos des genres littéraires, Levi affirme en 1976 : « Je pense qu'il est important d'être bon dans plusieurs arts et je n'ai jamais cru aux genres littéraires[102]. » Autant il déclare ne pas y croire, autant il est difficile de définir le genre littéraire de la majorité de ses œuvres. Elles sont à la croisée de différents genres : l'autobiographie, l'essai, le compte rendu, le rapport technique, le conte – réaliste, fantastique, mythique, policier, de science-fiction, etc. –, la nouvelle, le dialogue, la fable, le roman – historique, d'apprentissage, picaresque, réaliste, industriel, etc.

Distance critique, donc, obtenue par l'utilisation d'une série de modalités narratives tels, entre autres, le plurilinguisme, la polyphonie, l'allégorie, le mythe d'Ulysse et la forte présence du chronotope du seuil, ainsi que de la métamorphose : voilà des aspects importants qui caractérisent la prose de Levi. Ils renvoient tous au même principe, la dialogique comme stratégie d'écriture. L'écriture devient un espace où tous les savoirs de Levi dialoguent, en donnant lieu à des métamorphoses inédites : « Écrire, c'est aussi produire, ou plutôt transformer[103] », affirme-t-il.

Tel le poète canettien, Levi est vraiment le « gardien des

---

99. C. Segre, « Lettura di *Se questo è un uomo* », art. cité, « Introduzione », p. XXIX-XXX ; nous traduisons.

100. Voir I. Rosato, « Primo Levi : sondaggi intertestuali », art. cité ; A. Cavaglion, « Il termitaio », *L'Asino d'oro*, n° 4, 1991, p. 117-121.

101. Mirna Cicioni, *Bridges of Knowledge*, rééd. Washington, DC, Berg, 1995 ; I. Rosato, « Primo Levi : sondaggi intertestuali », art. cité ; G. Santagostino, « L'immagine » et « Dalla memorialistica » ; Valabrega, *Conversazione, op. cit.*, « Tradizione » et *passim*.

102. Dans *Opere, op. cit.*, t. I, p. 1198 ; nous traduisons.

103. *Le Métier des autres, op. cit.*, p. 26.

métamorphoses [104] », car il a assimilé « l'héritage littéraire de l'humanité... riche en métamorphoses [105] » en le faisant inter-agir avec ses multiples connaissances et expériences. Il porte un regard écologique sur la réalité, c'est pourquoi il « éprouve de la responsabilité... pour la vie qui se détruit » et « on ne doit pas avoir honte de dire que cette responsabilité est nourrie par la compassion... Cela exige la métamorphose concrète en chaque chose individuelle qui vit et qui est là... La vie multi-forme passe en lui [106] », dit encore Canetti à propos du poète. Dans ses écrits, Levi montre non seulement une profonde sagesse, mais également une grande compassion à l'égard de l'être humain et de la nature, ce qui lui permet de communi-quer avec les êtres et de les faire communiquer entre eux, de franchir et de faire franchir des seuils entre personnes, savoirs et conditions. Il assume ainsi la responsabilité de chaque mot qu'il écrit et il prône cette responsabilité : « Nous devons répondre de ce que nous écrivons, mot pour mot, et faire en sorte que chaque mot porte [107]. »

Pour toutes ces raisons, Levi peut être considéré comme l'auteur de l'une des œuvres essentielles de l'humanité, « des œuvres – comme le dit Canetti – sans lesquelles nous n'aurions même pas la conscience de ce qui constitue cette huma-nité [108] ». Et toutes ces œuvres essentielles s'offrent comme des dons inattendus aux lectrices et lecteurs qui entrent en commu-nication avec elles.

L'ŒUVRE LITTÉRAIRE COMME DON

« [...] c'est comme si l'on recevait, gratuitement ou presque, un objet rare et beau [109]. »

---

104. E. Canetti, « Le métier du poète », *op. cit.*, p. 324.

105. Silvestra Mariniello, « La médiation poétique de l'expérience. Ulysse dans le camp de concentration », *in* G. Santagostino (sous la dir. de), *Shoah, op. cit.*, p. 72-73.

106. E. Canetti, « Le métier du poète », *op. cit.*, p. 330-331.

107. *Le Métier des autres, op. cit.*, p. 75.

108. E. Canetti, « Le métier du poète », *op. cit.*, p. 323-324.

109. *Le Métier des autres, op. cit.*, p. 51.

Dans une heureuse intuition, Peterson écrit à propos de Levi : « Sa prose est militante et en même temps elle a le caractère d'une "oblation", elle est une offrande et un impératif ; deux aspects qui se transforment réciproquement, étant liés par une valence unique [110]. »

Nous voudrions développer ici cette intuition de Peterson. Nous essaierons de démontrer que l'œuvre littéraire de Levi, imprégnée de dialogique, peut être considérée comme un don, dans le cadre d'un système très particulier de circulation des choses où la valeur de lien est l'élément le plus important. Nous ferons référence à la théorie du don, élaborée par Caillé et Godbout à l'intérieur du Mouvement anti-utilitariste dans les sciences sociales (MAUSS). Ce mouvement, qui gravite autour de *La Revue du MAUSS*, explore la possibilité de repenser la réalité sociale et historique moderne à partir de l'*Essai sur le don*, de 1924, de l'anthropologue Marcel Mauss, dont les réflexions sont issues de l'observation de sociétés archaïques. Dans ces sociétés, les individus, souligne-t-il, sont soumis à une triple obligation : donner, recevoir et rendre, actions qui, paradoxalement, ont en même temps le caractère de liberté.

Essayons d'analyser brièvement le phénomène du don. Le don totalement gratuit est impossible : il serait relié à l'asocialité. Le don complètement intéressé, fait uniquement avec garantie de retour, n'est pas un don, mais un échange. Si l'on se borne à ces deux possibilités extrêmes, gratuité-intérêt, il serait inutile de parler de don. Par contre, selon Caillé et Godbout, le don existe dans notre société. Il constituerait le tiers paradigme, capable de jeter un jour révélateur sur le monde contemporain, car « le don est, non pas une chose, mais un rapport social [111] ». En fait, « dans la relation de don, le lien

---

110. Thomas Peterson, « The Art-Science Conjunction in Primo Levi's *Periodic Table* », *Nemla Italian Studies*, n°s XI-XII, 1987-1988, p. 149 ; nous traduisons.

111. Jacques T. Godbout, *L'Esprit du don*, en collaboration avec Alain Caillé, Paris, La Découverte, 1992, p. 15.

importe plus que le bien [112] » et cette relation « est le système de circulation des choses qui demande le plus de confiance en autrui [113] ».

Si l'on pense que le don consiste en un langage et que ce langage est une prestation en vue d'instaurer ou de renforcer un rapport social [114], en vue de « sceller un *lien* [115] », alors l'actualité de la dimension anthropologique du don devient évidente.

« Le langage du don, loin d'être hypocrite, permet à l'offrande de s'effectuer, au don de circuler en signifiant quelque chose, en ayant ce que l'on pourrait appeler une valeur de lien, au-delà de sa valeur économique et de sa stricte utilité [116]. »

Le don est donc un langage, mais le langage aussi peut être interprété comme un don et, plus spécifiquement, comme « instance du don de la parole [117] » : concernant Levi, l'exemple le plus pertinent d'« instance du don de la parole » est le dialogue entre le narrateur Levi et Pikolo, dans le chapitre « Le chant d'Ulysse » de *Si c'est un homme*. Ici le dialogue se déroule sous le registre du don ; l'objet communiqué (la traduction de Dante) ne vaut ni uniquement à cause de sa valeur d'échange (leçon d'italien contre leçon d'allemand) ni uniquement à cause de sa valeur d'usage (utilité pour Primo), mais pour confirmer le lien d'amitié, de fraternité et de gratitude entre Primo et Jean. Un rapport de liberté et de confiance règne entre les deux acteurs, en état de « dette mutuelle positive » dans la vie

---

112. Alain Caillé, « Don et association », *La Revue du MAUSS semestrielle*, « Une seule solution, l'association ? Socio-économie du fait associatif », n° 11, 1998, p. 75.

113. Jacques T. Godbout, *Le Langage du don*, Montréal, Fides, et Québec, musée de la Civilisation, 1996, p. 28.

114. J. T. Godbout, *L'Esprit du don, op. cit.*, p. 15.

115. Alain Caillé, « Le don de paroles. Ce que donner veut dire », *Don, intérêt, désintéressement*, Paris, La Découverte et MAUSS, 1994, p. 278 ; emphase de l'auteur.

116. J. T. Godbout, *Le Langage du don, op. cit.*, p. 40.

117. A. Caillé, « Le don de paroles », art. cité, p. 276.

de tous les jours et dans cet échange du don de la parole[118]. « Quelques vers de Dante d'une importance aussi vitale que le pain », comme le dit Semprun. « À partager comme le pain, l'espoir, la fraternité d'être ensemble pour la mort. Ensemble contre la mort[119]… »

Mais ce dialogue, qui s'est réellement déroulé dans le camp, s'est transformé en écriture. Et cette parole littéraire, mise en perspective grâce aux vers d'une œuvre essentielle, celle de Dante, a été imprimée en vue de témoigner d'un moment de gratuité et de liberté dans l'univers concentrationnaire. Ce n'est pas un hasard que ce chapitre soit suivi par celui où brille la « personne charitable[120] » de Lorenzo, Lorenzo qui, en donnant du pain et de la soupe durant six mois sans rien demander en échange, « était un homme : son humanité était pure et intacte, il n'appartenait pas à ce monde de négation[121] ». C'est grâce à lui que Levi avait pu ne pas oublier que lui aussi, il était un homme.

En plus, cette parole littéraire a été écrite par l'auteur turinois en vue de transmettre la mémoire d'Auschwitz, tout en scellant un lien avec son public. Donc, la parole littéraire semble bien, elle aussi, avoir les caractéristiques du don. À la différence de la conversation et de son rituel d'échange cérémoniel du don de la parole, dans la parole littéraire la réception et la réponse au don de l'œuvre ne sont ni immédiates, ni non plus sûres. Dans le cas de Levi, le lien avec ses lectrices et lecteurs est d'autant plus difficile à instaurer à cause de l'atrocité des événements racontés. Le rêve de narrer les expériences du camp et de ne pas être cru en dit long sur cette difficulté. Cependant, la confiance de l'écrivain, jumelée à la qualité artistique de son œuvre, constituerait une sorte

---

118. Jacques T. Godbout et Johanne Charbonneau, « La dette positive dans le lien familial », *La Revue du MAUSS semestrielle*, « Ce que donner veut dire », n° 1, 1993, p. 238.

119. J. Semprun, *L'Écriture ou la vie*, op. cit., p. VII.

120. C. Segre, « Lettura di *Se questo è un uomo* », art. cité, p. 62 ; nous traduisons.

121. *Si c'est un homme*, op. cit., p. 130.

d'impératif qui obligerait positivement le public à accepter son offrande. La parole littéraire de Levi semble ainsi posséder deux qualités qui constituent le propre de n'importe quel don, c'est-à-dire liberté et obligation : « Elle a le caractère d'une "oblation", elle est une offrande et un impératif ; deux aspects qui se transforment réciproquement, étant liés par une valence unique [122]. » Cette tension entre liberté et obligation est le paradoxe déjà mis en évidence par Mauss à propos du don dans les sociétés archaïques.

On pourrait appliquer à la création artistique de Levi ce que Godbout dit à propos du don : entre l'espace « de la tradition et des convenances d'une part, et celui des bonnes raisons [pour écrire] d'autre part », il y a un espace important, celui de l'œuvre littéraire comme don, espace « qui emprunte aux deux autres sans s'y épuiser et sans en être une pure combinaison [123] ». D'ailleurs, dans son essai des années 1970, « Pourquoi écrit-on [124] ? », Levi semble dire avec lucidité quelque chose de semblable, quand il analyse neuf possibles raisons qui poussent un écrivain à écrire. Aucune d'entre elles n'est exhaustive, certaines sont même considérées comme ignobles ou dangereuses. Toutefois, les trois premières contiennent implicitement une valorisation, chez l'écrivain, du « cœur pur », de la magnanimité et de la liberté qui appartient à l'action de donner, mais aussi de la valeur de lien à réaliser grâce à un art pédagogiquement utile et précieux pour les lectrices et lecteurs.

À propos de la première motivation, qu'on écrive parce « qu'on en éprouve l'envie ou le besoin [125] », apparemment Levi exprime des réserves :

---

122. Th. Peterson, « The Art-Science Conjunction », art. cité, p. 149.

123. Jacques T. Godbout, « Les bonnes raisons de donner », *La Revue du MAUSS semestrielle*, « L'obligation de donner. La découverte sociologique capitale de Marcel Mauss », n° 8, 1996, p. 177.

124. *Le Métier des autres*, op. cit., p. 52-57.

125. *Ibid.*, p. 53.

« C'est, en première approche, la motivation la plus désintéressée. L'auteur qui écrit sous la dictée intérieure de quelque chose ou de quelqu'un n'œuvre pas en vue d'une fin, son travail pourra lui valoir renommée et gloire, ce sera un surplus, un profit supplémentaire qu'il n'aura pas consciemment désiré : un sous-produit. Bien entendu, le cas envisagé est extrême, théorique, asymptotique. On peut douter qu'il ait jamais existé écrivain ou même artiste au cœur si pur. Tels se voyaient les romantiques, et il n'est pas indifférent que nous croyions reconnaître ces exemples parmi les grands hommes les plus éloignés dans le temps, dont nous savons peu de choses et qu'il est donc plus facile d'idéaliser [126]. »

Mais, en considérant la deuxième possibilité, celle qu'un artiste écrive pour divertir ou se divertir, Levi met en évidence des qualités très éloquentes, chez l'écrivain doué d'humour :

« Les amuseurs purs existent : ce sont souvent des écrivains non professionnels, étrangers aux ambitions littéraires – ou autres –, libres de certitudes encombrantes et d'étroitesses dogmatiques, légers et limpides comme des enfants, lucides et sages comme ceux qui ont vécu longtemps et à bon escient [127]. »

Et en analysant la troisième éventualité, celle qu'un auteur écrive pour enseigner quelque chose à quelqu'un, il déclare : « Le faire, et le bien faire, peut être chose précieuse pour le lecteur [128]. » Et après avoir cité le Virgile des *Géorgiques*, il dit :

« Le lecteur qui cherche une histoire doit trouver une histoire et non une leçon…, qui a fibre de poète sait trouver et exprimer la poésie lors même qu'il parle d'étoiles, d'atomes, d'élevage du bétail ou de l'apiculture. J'espère ne scandaliser personne en évoquant ici *La Science de la cuisine et l'art de bien manger*

---

126. *Ibid.*, p. 52-53.
127. *Ibid.*, p. 53.
128. *Ibid.*, p. 54.

de Pellegrino Artusi, autre homme au cœur pur qui s'annonce pour ce qu'il est : il ne pose pas à l'homme de lettres, il aime avec passion l'art de la cuisine méprisé des hypocrites et des esprits chagrins, il entend l'enseigner, il le déclare, le fait avec la simplicité et la clarté de qui connaît à fond sa matière, et il arrive spontanément à l'art[129]. »

Pour Levi, au centre de l'œuvre littéraire il y aurait, de la part de l'auteur, la nécessité d'une pureté de cœur jumelée à une volonté d'offrir aux autres quelque chose d'unique et de précieux, issu de ses compétences. Ce qui lui permettrait de créer des liens de confiance avec son public, capable ainsi d'apprécier et de faire vivre et revivre le monde de l'œuvre. C'est le sens de la culture dont on a parlé plus haut : pour Levi, celle-ci doit être culture de la parole, du dialogue, de la circulation des connaissances et des compétences. Le paradigme du don semble être le propre de l'œuvre de Levi ; il n'est que l'expression de sa rationalité dialogique. Et ce paradigme pourrait bien être le propre de toutes les œuvres essentielles de l'humanité.

CONCLUSION

Cela dit, il serait intéressant de faire dialoguer Bakhtine et Canetti avec Caillé et Godbout. On pourrait alors dire que, comme toutes les œuvres essentielles, celle de Levi, précieuse et inattendue, s'offre et s'impose, dans son inachèvement sémantique, à l'Autre. L'Autre, lectrices et lecteurs qui reçoivent ce don, seront donneurs à leur tour, en continuant, dans l'interprétation de l'œuvre, ce dialogue entamé par l'auteur du texte littéraire. Là où il y aura une acceptation du don de la parole littéraire, là aussi il y aura une compréhension répondante, et, par conséquent, une compréhension créatrice[130]. C'est ainsi qu'au fil des années et des siècles, semble se réaliser la valeur de lien de toutes les œuvres essentielles. Et de

---

129. *Ibid.*, p. 54-55.
130. T. Todorov, *Face à l'extrême*, *op. cit.*, p. 169-170.

celle de Levi également : dans la grande temporalité, le sens dialogique et irénique de son œuvre sera encore renouvelé par les lectrices et les lecteurs, qui accepteront de se laisser obliger par ce don.

GIUSEPPINA SANTAGOSTINO
Chercheuse

La responsabilité des hommes de science

En 1986, Primo Levi lance une adresse presque paternelle aux jeunes étudiants en sciences dans un texte intitulé « Couver le cobra », où après bien d'autres il médite sur les remords ou sur la terreur des savants confrontés aux conséquences heuristiques et pratiques des avancées scientifiques qui ont fait leur renommée ou à travers lesquelles ils ont cru servir l'idéal du progrès et les causes légitimes de leur pays :

« Ce que vous ferez quand vous exercerez votre profession peut être utile au genre humain, inutile ou nocif. Ne vous passionnez pas pour des problèmes suspects. Dans les limites qui vous seront concédées, cherchez à connaître le but auquel votre travail est destiné… Que vous soyez ou non croyant, que vous soyez ou non patriote, ne vous laissez pas séduire par l'intérêt matériel ou intellectuel, mais choisissez le domaine qui peut rendre moins douloureux et moins périlleux l'itinéraire de vos contemporains et de vos descendants. Ne vous cachez pas derrière l'hypocrisie de la neutralité scientifique : vous êtes assez savants pour savoir évaluer si de l'homme que vous couvez, il s'échappera une colombe, un cobra, une chimère ou rien du tout. Quant à la recherche fondamentale, celle-ci peut et doit se poursuivre : si nous l'abandonnions nous trahirions notre noble nature de roseaux pensants et l'espèce humaine n'aurait plus de raisons d'exister[1]. »

---

1. « Couver le cobra », *Le Fabricant de miroirs, op. cit.*, p. 204-205.

Lorsqu'il parle à ces jeunes gens, Primo Levi se réfère à ses attentes d'étudiant, aux exigences qu'il plaçait alors dans la démarche et la connaissance scientifiques, comme dans un monde meilleur en quelque sorte. Mais le temps de sa jeunesse fut aussi celui où son identité juive lui fut rappelée par l'application des lois raciales en Italie : son exclusion de tout avenir universitaire, son emprisonnement et sa déportation à Auschwitz. Et l'on trouve dans ce texte l'écho adouci de l'exhorte au lecteur implacable de son premier livre, *Si c'est un homme*, écrit et publié dès son retour du camp à Turin :

> *Vous qui vivez en toute quiétude*
> *Bien au chaud dans vos maisons,*
> *Vous qui trouvez le soir en rentrant*
> *La table mise et des visages amis,*
> Considérez si c'est un homme
> *Que celui qui peine dans la boue,*
> *Qui ne connaît pas de repos,*
> *Qui se bat pour un quignon de pain,*
> *Qui meurt pour un oui ou pour un non*
> Considérez si c'est une femme
> *Que celle qui a perdu son nom et ses cheveux*
> *Et jusqu'à la force de se souvenir,*
> *Les yeux vides et le sein froid*
> *Comme une grenouille en hiver*
> *N'oubliez pas que cela fut,*
> *Non, ne l'oubliez pas :*
> *Gravez ces mots dans votre cœur,*
> *Pensez-y chez vous, dans la rue,*
> *En vous couchant, en vous levant ;*
> *Répétez-les à vos enfants*
> *Ou que votre maison s'écroule,*
> *Que la maladie vous accable,*
> *Que vos enfants se détournent de vous*[2].

----

2. Ouverture à *Si c'est un homme*, Paris, Julliard, 1947.

Ce cri de Primo Levi en 1947 en appelle à une parole qui garde la mémoire de « cela » qui fut, et en transmette l'horreur en un *dire* qui est le seul hommage qui puisse après « cela » être rendu, restitué aux humains qui ont subi ce « cela ».

La destruction nazie de l'espèce humaine a été opérée dans la mise en place du « Camp », ce lieu hors-droit du tout possible nazi, d'emblée soustrait à tout contrôle judiciaire et à toute référence juridique, où le faire a pris la place de la loi, où la seule loi a été la loi du fait, selon l'analyse de Giorgio Agamben[3]. Dans ce lieu hors-droit s'est certes réalisée une décision politique contre des groupes humains uniquement désignés par leur identité ethnique, et contre des individus opposés ou susceptibles de s'opposer moralement ou politiquement à cette résolution du pouvoir nazi. Mais s'y est réalisée aussi la destruction de l'humanité en l'homme, et cette destruction de l'humain s'y est effectuée à travers l'organisation implacable du travail forcé et de l'assassinat, et par l'encouragement du crime des uns perpétré sur les autres. Primo Levi nous livre la même analyse sur la spécificité du camp de concentration et d'extermination : la masse des anéantis – les *musulmans* – et celle des rescapés – les *survivants* – ont été également dépouillées à jamais d'une part de leur humanité, pour avoir de la sorte été livrées à l'inassumable *(Les Naufragés et les rescapés)*.

Comment cela avait-il pu arriver ? Par quelles conditions préalables ? La cruauté individuelle n'y suffit pas et Primo Levi précise dans ce même essai que, auparavant, avant la mise en place des camps, il avait fallu que puisse se constituer autour des nazis, cette *masse* des individus nazis et quelconques, fascinés par la jouissance de la haine et du meurtre du programme nazi, et qui furent abandonnés hors du cadre de la loi et du droit, à l'engrenage sans limites du passage à l'acte meurtrier individuel et impuni.

Or, à cette opération de destruction de l'humain, la science

---

3. Giorgio Agamben, *Homo sacer*, t. I, *Le Pouvoir souverain et la vie nue*, trad. fr., Paris, Le Seuil, 1997, chap. VII.

et l'industrie ont été mêlées : non seulement pendant la période de la guerre et de la solution finale, par la mise en esclavage, par la programmation biologique d'une survie impossible, par les moyens chimiques de la destruction physique dans les chambres à gaz, mais dès avant par le développement des idées eugénistes appliquées à l'hygiène et à la médecine, et celui d'une philosophie du totalitarisme appliquée aux sciences juridiques, aux sciences politiques, à l'éducation, et pour lesquelles toutes les ressources de la connaissance scientifique ont été mobilisées et dirigées[4].

Le camp constitue ainsi le point extrême d'accomplissement d'une action destructrice de l'humain qui infiltrait tous les niveaux de l'existence des hommes, dans le fonctionnement social, collectif de l'Allemagne nazie ; certes, le contrôle et l'oppression policière y était déterminants, mais sans pouvoir se passer de l'implication psychologique des individus, sinon dans une adhésion délibérée, du moins dans un abandon des sauvegardes du *vivre ensemble* acquises dans les idéaux sociaux, et d'une perversion du jugement au service de la rivalité hostile à l'égard du semblable, toujours présente chez l'homme.

« "Auschwitz" ouvre ainsi à nouveau et de façon cruciale la question de la responsabilité de la science dans les moyens mis en œuvre pour la réalisation des projets idéologiques et politiques, qui choquent ici par leur nature haineuse et discriminative, mais qui sont en réalité propres aux sociétés humaines ; mais quelle est cette responsabilité ? L'activité théorétique est une donnée fondamentale de l'espèce humaine, et les anthropologues ont montré largement sa présence dans toutes les cultures et sociétés humaines indépendamment de leur développement technologique, de la pratique de l'écriture, et plus encore du formalisme scientifique qui caractérise le mode de la connaissance et de la pensée moderne en Occident. Celle-ci

---

4. On se reportera sur ce point au texte d'Emmanuel Levinas, *Quelques réflexions sur la philosophie de l'hitlérisme*, écrit dès 1934, et publié et commenté par Miguel Abensour, Paris, Payot et Rivages, 1997.

n'est donc pas en cause, comme le souligne Primo Levi dans
"Couver le cobra". Mais la science est cependant engagée dans
l'agir social en ce sens que son développement (comme science
fondamentale et comme technique) suppose un *sujet* de la
démarche scientifique et de son progrès, et un *sujet* de la
demande adressée à la science comme expert du devenir
humain et comme pôle de réponses et de solutions à l'ensemble
des problèmes sociaux et existentiels qui constituent sa condition au sens où Hannah Arendt entendait ce terme [5]. »

Si en 1947 l'exhorte de Primo Levi était au témoignage et à
la mémoire, dans l'après-coup immédiat de l'abominable, son
appel aux étudiants des années 80 s'adresse à la pensée et au
courage personnels devant les séductions de la réussite et de
la puissance intellectuelle, et devant le pouvoir conféré aux
hommes par la science et la technique dans le monde contemporain. Primo Levi ne met pas en cause ici cette activité théorétique essentielle à l'homme et qu'évoquait déjà Husserl dans
sa conférence de Vienne en 1935 ; il s'adresse au sujet de la
science, le « je » de l'acte d'invention et de connaissance. Et
sa leçon est éthique, et non morale.

Elle s'ouvre d'abord sur l'engagement du chercheur comme
sujet dans et de la science. Cet engagement est lié aux passions
et aux pulsions qui suscitent et motivent l'activité intellectuelle
et inventive de chaque savant, singulièrement, et qui lui sont
pour l'essentiel obscures. Elle se poursuit avec l'inscription de
la science dans un cadre économique et politique, posant la
question des rapports mutuels de la science et du pouvoir :
Primo Levi interroge la nature des lois qui en régissent l'exercice, ainsi que ce qui fonde ces lois ; il évoque la contrainte
sociale qui s'exerce sur chaque individu et l'oblige à élaborer
son jugement par lui-même. Sa leçon invoque enfin la responsabilité de chaque chercheur quant à l'utilisation qui peut être
faite après-coup de son travail. Il n'y a pas de science neutre.
La question de ses applications est là d'emblée, dans le geste

---

5. Hannah Arendt, *The Human Condition*, [1958], trad. fr., *La Condition de
l'homme moderne*, Paris, Calmann-Lévy, 1961 (rééd. 1983).

du chercheur, dans ses résultats théoriques et dans les techniques qu'ils impliquent.

Cette responsabilité du chercheur n'est pas collectivement celle d'une communauté scientifique face aux pouvoirs économique et politique : la science et la technologie ont leur logique et leur mouvement propres. Elle est celle de chaque homme assumant seul son acte, face aux autres hommes et à leurs descendants. Mais le système politique doit cependant donner au sujet la possibilité d'endosser cette responsabilité : il doit pouvoir être citoyen, et jouir de la liberté de juger par soi-même. C'est pourquoi la responsabilité de l'homme de science n'est pas seulement à envisager au regard de son sens moral ou de sa conscience morale, mais déjà dans une interrogation sur le lien social et la fonction politique comme garant du « vivre ensemble ».

Le déplacement opéré ici par Primo Levi, du progrès de la science elle-même vers la responsabilité de l'homme de la science, restitue à l'humain sa place dans le monde ; dans cette tension irréductible qui la définit, liée au dépassement « imposé » du simple écoulement de la vie, de la naissance à la mort pour chaque individu. Ce dépassement obligé est celui du sens exigé dans l'espèce humaine, à naître et à dérouler la vie jusqu'à la mort individuelle, et que chacun imagine comme prolongement de l'existence dans les traces laissées au-delà de soi : progéniture, œuvre liée au nom, mais qui déjà situait chaque individu comme singulier dans une généalogie et dans l'histoire de la société où il est né.

Or la place de l'homme dans le monde est non pas naturelle mais ambiguë et conflictuelle, et dévoile le caractère contradictoire et profondément ambivalent de son rapport à l'autre, comme de son rapport à la vie : oscillant entre haine et envie, et désir de lien et de reconnaissance, entre aspiration au vivre ensemble et à la paix, et propension à la révolte et à la destruction.

Ceci conduit à deux ordres de questions, liés l'un à l'autre. Pourquoi est-il nécessaire, dans une société humaine, qu'il y ait non seulement des lois et des règles de fonctionnement, mais aussi une philosophie du droit qui en interroge continuellement les fondements ? Pourquoi n'est-il pas suffisant que des savoirs s'établissent, que des techniques de maîtrise de la réalité physique et biologique se développent, mais qu'il faille encore se demander comment ces savoirs touchent l'homme et si ce progrès ne se retourne pas déjà contre lui ? Et par ailleurs, pourquoi le progrès scientifique et technique n'entraîne-t-il aucune amélioration dans le lien possible de l'homme avec l'autre, pourquoi les mêmes difficultés et les mêmes violences affectent-elles répétitivement les sociétés humaines ? Comment le « Camp » peut-il arriver, hier, aujourd'hui, demain ? Ce qui semble en cause ici est l'articulation entre l'existence humaine comme existence singulière, et l'appartenance des individus au groupe constitué en société.

Dans les textes cités plus haut, Primo Levi signale la légitimité des attentes de satisfaction et de reconnaissance sociales liées à l'activité individuelle, notamment scientifique et technique, ainsi que le danger de fascination qu'elles recèlent du côté de la toute-puissance et du prestige singulier. Il lui oppose le point de bascule de la masse : quand s'abolit l'appartenance d'individus au groupe social fondée sur la pluralité et la disparité des philosophies et des objectifs et donc continuellement en tension, et que se constitue une masse sociale où chacun n'a sa place qu'à être identique à l'autre, indistinct dans l'adhésion aveuglée à une philosophie unifiante et à un objectif exclusif et prioritaire, donné comme condition préalable au bonheur, au salut, ou seulement à l'avenir.

En 1929 avec *Malaise dans la civilisation*, et de nouveau en 1933 dans sa correspondance avec Einstein, Freud s'est expliqué sur la contribution possible de la psychanalyse à cette question de la dysharmonie et de la souffrance dans le rapport du sujet à lui-même, comme corps vivant et mortel face à la « puissance écrasante de la nature », ayant à assumer son devenir comme être sexué en tant qu'homme ou femme dans une relation à l'autre, et à celle de la dysharmonie de son rapport à la culture et à la société[6], partagée entre le besoin de l'autre et du groupe et l'insupportable de la proximité de l'autre dans la recherche du bonheur, avec l'envie qu'elle provoque.

Alors que la science et la technique montrent leur capacité toujours plus grande à maîtriser la nature et les contraintes du monde physique, qu'elles suscitent l'espoir de dominer aussi la maladie et la caducité du corps, et qu'elles contribuent en cela au réconfort et au bien-être des humains face au réel, concernant les souffrances d'origine sociale elles accusent un échec permanent, en les rendant toujours plus intenses et plus efficaces. Cet échec doit-il mettre en cause le développement de la civilisation et inciter à un retour nostalgique à l'éden d'un état primitif et naturel ? Ou bien dissimule-t-il « quelque loi de la nature invincible », s'agissant « cette fois-ci de notre propre constitution psychique[7] » ? La pratique de la psychanalyse dévoile l'importance de cette dernière hypothèse.

Concernant le rapport problématique du sujet à l'autre dans la culture et la société, Freud montre qu'il s'établit et se construit, singulièrement pour chaque homme, autour du pivot de la loi et de l'interdit du « tout possible », sur un fond de pulsions contradictoires partagées entre des pulsions de mort et des pulsions de vie, entre des forces internes qui poussent au lien et d'autres qui poussent à la destruction et à la haine. Un des enseignements de la pratique de la psychanalyse est que ces forces internes qui animent le désir humain ne perdent jamais rien de leur force, qu'elles agissent ensemble ou en conflit, à l'insu de la conscience, et qu'elles surgissent à tous les détours de l'existence, prenant tour à tour le pas les unes sur les autres, sollicitées soit par les *aleas* des circonstances, soit par des invites délibérées. Le jugement de Freud est que, dans sa nature première, l'homme voit son semblable comme un obstacle et un rival alors même qu'il ne peut se passer de

---

6. Sigmund Freud, *Malaise dans la civilisation* [1929], trad. fr. Paris, PUF, 1971 ; « Pourquoi la guerre ? », [1933], *Idées, résultats, problèmes*, Paris, PUF, t. II, p. 203-215.

7. S. Freud, *Malaise dans la civilisation, op. cit.*, p. 33.

lui et que son rapport à l'autre est fait de haine autant que d'appel ; il écrit en effet : « Pour l'homme, le prochain n'est pas seulement un auxiliaire et un objet sexuel possible, mais un objet de tentation. L'homme est en effet tenté de satisfaire ses penchants d'agression aux dépens de son prochain, d'exploiter son travail sans dédommagement, de l'utiliser sexuellement sans son contentement, de s'approprier ses biens, de l'humilier, de lui infliger des souffrances, de le martyriser, de le tuer [8]. » Et c'est la fonction de la civilisation, aux limites de l'impossible, que de « mettre tout en œuvre pour limiter l'agressivité humaine et pour en réduire les manifestations à l'aide de réactions psychologiques d'ordre éthique. De là cette mobilisation vers des identifications et des relations d'amour sublimées ; de là cette restriction sexuelle (comme satisfaction pulsionnelle immédiate) ; de là aussi cet idéal d'aimer son prochain comme soi-même, idéal dont la justification véritable est précisément que rien n'est plus contraire à la nature humaine primitive [9] ». La fonction de la civilisation est donc de substituer une puissance collective à la puissance individuelle et sa tension propre, sur laquelle repose sa légitimité, est de conjoindre l'imposition du droit à tous et la limitation de la jouissance de chacun avec l'assurance d'un droit pour chacun à sa jouissance possible et à un exercice minimal de liberté.

Le problème de la liberté et de sa compagne la folie est au cœur de cette problématique, et le travail de la civilisation est un travail constant, une construction permanente dans une lutte avec l'homme pour la préservation de la vie que sans cela il détruirait pour lui-même comme pour son semblable. Son visage est double : d'une part elle s'impose à l'individu comme cadre contraignant, comme trésor déjà constitué de signifiants, de traditions, de codes qui limitent sa quête de plaisir et sa latitude d'agir ; et d'autre part, elle s'offre

---

8. *Ibid.*, p. 64-65.
9. *Ibid.*, p. 66.

à lui comme lieu que sa participation inventive peut exploiter, enrichir et profondément modifier à travers un double mouvement d'appropriation intégrative et de subversion innovante.

Qu'un individu se révolte contre la culture ou le groupe social, chose continuelle, ou même tente sa destruction, cela peut être jugé comme délit, ou comme appel à révolution ou simple débordement psychologique, et il ne peut compter pour son aboutissement que sur les forces d'un seul ou d'un petit groupe ; mais on voit bien le danger que court cette même civilisation, lorsque des individus de plus en plus nombreux réunis en une masse font cause commune, unissent leurs forces et conjurent leur peur et leur angoisse pour détruire ou subvertir ce qui fut leur cadre de vie et leurs liens familiers dans un pacte symbolique du vivre ensemble. Là, la haine de l'autre et la jouissance de détruire prennent le pas sur le désir de lien, en raison de l'« oubli » de la faiblesse individuelle et du sommeil de la culpabilité provoqués par la conviction d'invincibilité et de bon droit, acquise dans l'obéissance aveugle à la rhétorique charismatique d'un leader qui peut se présenter lui-même non pas seul mais conforté déjà d'un groupe solidaire et totalement dévoué à son autorité, et par là puissant.

Ce premier noyau capte l'appel à protection et à réassurance chez les individus déjà isolés par l'image unifiée qui s'impose, tout en désignant la cible du mal qui court, et le combat qui seul assurera l'invincibilité et la puissance. Ce mouvement se propage avec la plus grande facilité, et sollicite en chacun ses motifs intimes et refoulés de rancœur et de blessure narcissique. La folie s'installe avec l'injonction de réagir, de se sauver, et avec la certitude du chemin trouvé dans la solution idéologique ou politique offerte. Le jugement personnel s'effondre avec la certitude de la force et de la protection acquises dans la masse. Et cela dure inexorablement jusqu'à ce que la destruction de l'autre, d'abord stimulante, se retourne sur le groupe en son implosion, et découvre l'abandon et la trahison pourtant consentie par chacun en raison de ses pertes et du désastre collectif.

La formation de la masse est ainsi le danger premier d'un groupe social, qu'il soit cité, peuple, État ; que le principe de lien qui le constitue soit l'attachement à une tradition, à une langue, à une histoire, à une identité ethnique, ou bien l'adhésion à un fondement symbolique de vie en commun qui transcende les particularités communautaires et délimite en les différenciant une scène publique, collective, et une scène privée, singulière, de la vie des individus. Le danger de la prise des individus dans une masse s'appuie sur l'émergence d'un discours de vérité qui parvient à s'imposer comme réponse aux manques, aux conflits, à la détresse. Les pouvoirs politiques, religieux, économiques, et scientifiques aussi bien, jouent continuellement de cette tension entre « faire lien » et « faire masse », pour le progrès, l'accroissement du bien-être et des richesses, de la sécurité, de la puissance. La différence entre les deux versions de l'exercice politique – faire lien, faire masse – se situe dans la présence ou dans l'absence d'un espace de liberté pour les individus ou les sous-groupes, cet espace de liberté définissant la marginalité et l'altérité comme un ferment et une pointe dans le débat à l'intérieur de l'unité sociale constituée, où la vérité ne sied en nul discours constitué, et où la passion de quelques-uns puisse ne pas être généralisée ; son absence rejetant toute dissidence à l'extérieur de ce qui se reconstitue alors continuellement en une unité insécable, au prix de la destruction au fur et à mesure de ce qui la rendrait impure.

La formation de la masse joue malencontreusement sur le même ressort psychique de l'identification à l'autre et à l'idéal que la socialisation ou la « civilisation [10] »… Ce qui caractérise les totalitarismes qui fomentent les masses est de capter la force pulsionnelle d'emprise, de solliciter la haine et de détourner les pulsions hostiles au bénéfice de la constitution d'une force au service d'un projet d'hégémonie, d'héroïsme

---

10. Sigmund Freud, « Psychologie des foules et analyse du moi », [1921], *Essais de psychanalyse*, Paris, Payot, 1981, p. 117-205.

ou de sacrifice, présentés comme le passage obligé vers la rédemption ou l'accès au bonheur, voire à une humanité rénovée... Ce captage exige la fascination pour la rhétorique du maître, qui elle-même se construit sur la séduction de l'autre, sous les déguisements de la rationalité, de la nécessité, ou de valeurs mystiques.

Ce qui caractérise la fonction de l'autre et de la civilisation, au contraire, c'est d'offrir la possibilité de lier ensemble dans l'individu pulsions d'agression et de destruction, et pulsions érotiques de vie et de lien : la pulsion agressive et d'emprise mettant alors sa force au service de la création, et prolongeant l'élan initial dans l'effort nécessaire à l'œuvre, quel que soit le registre où elle peut se déployer, les forces de vie peuvent gagner à nouveau sur les forces de mort qui ne sont jamais durablement écartées et qui « travaillent en silence ». Cette désappropriation continuelle de la force exploitable chez l'autre ne peut s'effectuer sans le dédommagement individuel que peut procurer dans la vie sociale la reconnaissance de ce qui fait la singularité et l'originalité de chacun, et l'objectif de faire droit à la capacité de création de tous dans la disparité des dons et des aspirations. Du moins est-ce ce à quoi nous obligent notre culture et notre tradition, fondées sur le principe du primat de l'individu.

Cette désappropriation n'est peut-être pas compatible avec le principe de rationalité qui tend à prévaloir dans la culture et les sociétés européennes aujourd'hui ; car ce principe est unitaire et « ignore » les clivages qui organisent la condition humaine et que jusqu'ici seul a pu permettre de surmonter un pacte symbolique, fondé sur l'obligation d'échange dans la parole où rien n'est jamais ni vrai ni faux mais où tout doit être continuellement interrogé au regard de la vérité, pacte réinstauré dans la relation interhumaine singulière à chaque génération comme *lois de la parole*, pacte incarné dans un style chaque fois différent par la manière d'être et de dire de chaque père et mère, de chaque éducateur, de chaque maître rencontré.

Qui dira ce que couvent les discours de l'économie et de la science pourtant si puissants aujourd'hui, du cobra, de chimères, ou d'un homme encore, demain ? L'espoir est peut-être dans la sauvegarde de la pluralité des discours, et la formation à penser et à se tromper par soi-même.

DOMINIQUE WEIL
Psychanalyste, université de Strasbourg

Table ronde et discussion

[avec la participation de Jan De Volder, Walter Geerts, David Le Breton, Jean-Marc Lehn, Edmond Levi, Daniel Payot, Freddy Raphaël, Jean Samuel, Dominique Weil.]

DOMINIQUE WEIL

Je suis bien sûr très émue, à la fois honorée et inquiète, d'avoir bénéficié de votre confiance, Daniel Payot et Jean Samuel, de m'avoir conviée à réfléchir avec les participants de ces journées sur les conditions et les enjeux de la science, des savoirs d'aujourd'hui, avec et après Primo Levi.

En effet, aujourd'hui, on ne peut pas réfléchir à la question de la science sans confronter ces questions à l'enseignement que nous avons à charge de dégager encore, de nouveau, de cet impensable des camps de concentration et d'extermination, ce à quoi nous aide la réflexion de Primo Levi. Et je suis tout à fait d'accord avec René de Ceccaty qui disait tout à l'heure à quel point *Les Naufragés et les rescapés* constituaient un texte accompli autant au plan de la réflexion qu'au plan de l'écriture. Je vous propose de partir, puisque Daniel Payot m'avait indiqué son souci que l'on puisse aborder la question de l'éthique à propos de la science, d'un des tout derniers textes de Primo Levi que m'a rappelé d'ailleurs encore récemment Jean Samuel, et qui a été publié dans *Le Fabricant de miroirs* en 1986. C'est un texte où il est question de l'éthique du sujet de la science, et où Primo Levi s'adresse, avec une sérénité très

291

réservée et presque paternelle, chaleureux comme un père, à des jeunes chercheurs, à des étudiants de science. Il leur dit ceci : « Ce que vous ferez quand vous exercerez votre profession peut être utile au genre humain, inutile ou nocif. Ne vous passionnez pas pour des problèmes suspects. Dans les limites qui vous seront concédées, cherchez à connaître le but auquel votre travail est destiné. Si un choix vous est permis, ne vous laissez pas séduire par l'intérêt matériel ou intellectuel, mais choisissez le domaine qui peut rendre moins douloureux, moins périlleux l'itinéraire de vos contemporains et de vos descendants. Ne vous cachez pas derrière l'hypocrisie de la neutralité scientifique, vous êtes assez savants pour savoir évaluer si, de l'œuf que vous couvez, il s'échappera une colombe, un cobra, une chimère, ou rien du tout. Quant à la recherche fondamentale, celle-ci peut et doit se poursuivre. Si nous l'abandonnions, nous trahirions notre noble nature de roseau pensant, et l'espèce humaine n'aurait plus de raison d'exister [1]. » Primo Levi s'adresse ici aux étudiants en science, il parle peut-être depuis sa jeunesse d'étudiant, et de ses quêtes d'alors envers la science. Il s'adresse à ceux qui ont maintenant l'âge qu'il avait alors, c'est-à-dire aussi l'âge où il a été déporté. Et l'on trouve dans ce texte, je crois, l'écho adouci de l'injonction implacable aux lecteurs du premier livre : « Considérez si c'est un homme, considérez si c'est une femme... »

Qu'une parole garde la mémoire et transmette cela qui fut, cela qui n'a pas de nom ; cela : quoi ? La destruction de l'espèce humaine qu'a opérée le camp, ce lieu hors-droit du tout possible nazi, ce lieu où seul le fait a fait loi, et où la seule loi a été la loi du fait. Et pour quel objectif ? Pour une fabrication massive de « morts-vivants », d'« humains non-humains », selon ses termes, et à quoi la science et l'industrie ont été étroitement mêlées. Le camp c'est d'abord ce lieu hors-droit dont il nous faut retenir aussi que la masse des victimes, les anéantis et les musulmans, et celle des rescapés, les survivants dépouillés à jamais d'une part de leur humanité pour

---

1. *Le Fabricant de miroirs, op. cit.*, p. 276.

avoir été livrés à l'inassumable, que cette masse de victimes donc n'a pas été possible, que cette masse de victimes n'a été possible, que parce qu'avait pu se constituer déjà avant, autour des SS, cette masse des individus nazis et des individus quelconques, fascinés tous par la jouissance de la haine et du meurtre, et qui furent abandonnés par le droit, hors du cadre du droit, à l'engrenage sans limite du passage à l'acte individuel impuni, abandonné par la loi, dans le régime nazi.

En 1947, l'injonction était à la mémoire et au témoignage, mais dans l'appel aux étudiants, quarante ans après, l'appel est plus généralement à la pensée et au courage, devant les séductions de la réussite et de la puissance intellectuelle et devant le pouvoir conféré par la science et la technique dans le monde contemporain. Primo Levi dit en quelque sorte qu'il faudrait que le « tout possible du camp » n'habite pas cette activité théorétique essentielle à l'homme et qu'évoquait déjà Husserl en 1935 dans sa conférence de Vienne, exilé lui aussi d'Allemagne. La question éthique et non pas morale est donc posée dans ce texte de plusieurs façons. Je voudrais souligner que cette question éthique est adressée non pas à la science mais au sujet de la science.

Elle est d'abord posée avec l'engagement du chercheur comme sujet, sujet dans et sujet de la science, et donc comme son agent. Cet engagement du sujet *cite* l'enjeu des passions et des pulsions, largement méconnues, qui suscitent et motivent l'activité intellectuelle et inventive de tout savant et de tout chercheur.

Elle est posée aussi avec l'inscription de la science dans un cadre économique et politique. Cette inscription pose la question des rapports mutuels de la science et du pouvoir, et elle interroge la nature des lois qui en régissent l'exercice, ainsi que ceux qui font ces lois. Elle évoque la contrainte sociale qui s'exerce sur chaque individu, et elle l'oblige à se faire une raison par lui-même.

Elle est posée encore à travers la responsabilité de chaque chercheur quant à l'utilisation qui pourra être faite après-coup de son travail. Il n'y a pas de science neutre, rappelle ici Primo

Levi, la question des applications est posée d'emblée. À l'origine, cette responsabilité du chercheur ne s'exerce pas face au pouvoir économique et politique qui encadre son activité. Elle est celle d'un homme seul, face aux autres hommes et à leur descendance, en toute incertitude.

Mais cette responsabilité (à plusieurs reprises du texte, Levi dit : « dans la mesure, dans les limites qui vous seront concédées, dans la mesure de votre choix ») doit être rendue possible au sujet par le système politique. Il faut pouvoir être citoyen, il faut pouvoir être libre, pour penser. Je voudrais reprendre deux questions qu'appellent je crois ce texte, et le travail de Primo Levi face à la science. Pourquoi, dans une société humaine, est-il nécessaire qu'il y ait non seulement des lois et des règles de fonctionnement, mais aussi une philosophie du droit qui en interroge continuellement les fondements ? Pourquoi n'est-il pas suffisant que des savoirs s'établissent, que des techniques de maîtrise de la réalité physique et biologique se développent, mais qu'il faille encore interroger comment ces savoirs touchent l'homme, et si ce progrès ne se retourne pas déjà contre lui ? Et, d'autre part, pourquoi le progrès scientifique et technique n'entraîne-t-il aucune amélioration dans le lien possible de l'homme avec l'autre, et que les mêmes difficultés viennent à l'affecter au cours du temps ? Comment le « camp » peut-il arriver ? J'emploie ici un présent, parce qu'il fut, donc il peut être, aujourd'hui, demain. Dès 1929 avec *Malaise dans la civilisation*, et de nouveau en 1933, dans sa correspondance avec Einstein, dans un texte qui porte le titre « Pourquoi la guerre ? », Freud s'est expliqué sur la contribution possible de la psychanalyse à cette question de la dysharmonie et de la souffrance dans le rapport du sujet à l'autre dans le lien social, rapport du sujet à lui-même, comme corps vivant et mortel mais ayant à assumer son devenir d'être sexué en tant qu'homme ou en tant que femme dans une relation à l'autre. Concernant le rapport problématique du sujet humain à l'autre dans la culture et dans la société, Freud montre qu'il s'établit et se construit singulièrement pour chaque homme, autour du pivot de la loi et de l'interdit du

« tout possible ». Sur un fond de pulsions contradictoires, partagées entre des pulsions de mort et de destruction, et des pulsions de vie et de lien avec l'autre, entre des forces internes qui poussent au lien et à l'amour, et des forces qui poussent en même temps à la destruction et à la haine. Ces forces internes, qui animent le désir humain, ne perdent jamais rien de leur force, elles agissent ensemble à l'insu de la conscience, et elles surgissent à tous les détours de l'existence, prenant tour à tour le pas l'une sur l'autre. Il écrit ces mots terribles dans *Malaise dans la civilisation* : « Pour l'homme, le prochain n'est pas seulement un auxiliaire et un objet sexuel possible, il est aussi un objet de tentations. L'homme est en effet tenté de satisfaire ses penchants d'agression aux dépens de son prochain, d'exploiter son travail sans dédommagement, de l'utiliser sexuellement sans son consentement, de s'approprier ses biens, de l'humilier, de lui infliger des souffrances, de le martyriser et de le tuer. » Et c'est la fonction de la civilisation, aux limites de l'impossible, que de mettre tout en œuvre pour limiter l'agressivité humaine, et pour en réduire les manifestations à l'aide de réactions psychologiques d'ordre éthique. De là, cette mobilisation envers des identifications et des relations d'amour sublimées, cette restriction de la satisfaction pulsionnelle immédiate, et l'appel à l'idéal d'aimer son prochain, idéal contraire à la nature humaine première. Le problème de la liberté et de sa compagne la folie est au cœur de cette problématique. Ce travail de la civilisation qui est loi, d'une part, et qui est satisfaction et plaisir dans l'élaboration de la culture, d'autre part, est un travail constant, où rien n'est jamais gagné, c'est une construction permanente dans un débat. Et comme œuvre humaine, c'est un des enseignements pour moi de Primo Levi, la science a à se soumettre à ce double impératif : ne pas céder à la toute-puissance qu'elle peut procurer et contribuer en même temps à l'attrait de la culture pour l'homme. Ces mêmes questions ont été développées en France à peu près au même moment par Georges Canguilhem, en 1984, lors des premières journées annuelles d'éthique à propos de la science contemporaine. Il disait : « Tout est-il possible, le tout-possible est-il souhaitable, le tout-possible est-il permis ? » La nécessité de l'éthique entraîne la question : Qui pourrait se targuer de connaître à lui seul le bien pour l'autre, et même pour soi ? Qui peut énoncer la vérité ?

JEAN-MARIE LEHN

Quelqu'un a posé la question : « Pourquoi la chimie et pas la mathématique ? puisqu'il était bien chimiste, Primo Levi. » Pour faire de la chimie, il faut de la matière, il faut des objets. Les mathématiques, cela peut se faire dans la tête ; en chimie, une partie peut se faire dans la tête, mais pas le reste. La chimie est un domaine où l'on crée des objets, où l'on transforme la matière, cela ne se fait pas avec seulement la pensée, bien que la pensée soit issue de la matière. Comme je suis chimiste et que Primo Levi l'était aussi, de tous ses livres, c'est certainement *Le Système périodique* qui m'a inspiré le plus de réflexions.

Peut-être faudrait-il dire quelque chose sur la façon dont ce *Système périodique* s'intègre à la chimie. Initialement, après l'explosion originelle, après une période extrêmement courte où l'univers n'était qu'énergie, se sont formées les particules. À partir des particules se sont constitués les atomes, et les atomes définissent les éléments. Ensuite, les atomes se sont connectés en molécules, les édifices dont les atomes sont les briques, et de ces molécules se sont constituées des assemblées de molécules, des membranes, définissant des cellules, et d'une façon ou d'une autre, on le comprendra bien aussi un jour, en est sortie la vie. Peut-être, si l'on veut parler un peu littérature, ou plutôt analogie, on pourrait dire que l'atome est la lettre, la molécule est le mot, et l'ensemble moléculaire organisé serait la phrase. Alors qu'est-ce que la chimie ? D'abord, c'est la science de cette matière-là et de ses transformations. Science de la matière veut dire constitution de ce qui nous entoure, « transformations » désigne comment ces objets peuvent être convertis les uns dans les autres. C'est certainement l'un des grands plaisirs, l'une des grandes passions du chimiste, de se rendre compte qu'on peut comprendre comment des produits caractérisés par une certaine structure chimique peuvent être transformés rationnellement, de façon compréhensible, en d'autres objets chimiques, en une autre matière qui nous apparaît à nous un objet macroscopique, un objet qu'on touche, différent, mais qui aussi dans son essence, dans sa constitution interne, a été modifié. Et lentement, au cours des temps, cette compréhension de la nature intime de ce qui nous entoure s'est constituée.

La première étape a été bien sûr d'essayer de comprendre, dans cette matière, quelle était sa composition. C'est-à-dire séparer le complexe en ses constituants plus simples. Et l'homme, en essayant de comprendre ce qui l'entoure, a commencé par essayer d'analyser, de séparer ce qui était compliqué en ses parties. Différents procédés ont été développés, par exemple tout simplement la distillation. Quand on a un liquide complexe, mélange de plusieurs liquides, on le distille, on essaie de le séparer en ses constituants. À ce propos d'ailleurs, puisqu'on est à Strasbourg, signalons qu'un livre, imprimé sur les presses de Jacob Grüninger, et dont l'une des éditions a été publiée le 8 mai 1500, traite justement de la distillation. C'est le *Livre de l'art de la distillation*, pour séparer le complexe en ses constituants plus simples. Lorsqu'on a simplifié, on peut essayer de comprendre le plus simple, et on essaie évidemment d'aller le plus au bout de la dissection possible de la matière en éléments de plus en plus petits.

Évidemment, l'ultime, c'est la particule. À ce stade-là, la chimie n'intervient plus tellement ; la brique de base pour le chimiste, c'est l'atome. Et l'atome, c'est ce qui fait la différence entre les éléments, chaque élément étant caractérisé par un atome donné. Comment en est-on venu là ? Après les analyses successives, on s'est rendu compte qu'à un moment donné on ne pouvait plus continuer, ça s'arrêtait, on aboutissait toujours aux mêmes objets, qui étaient justement ces choses que l'on a appelées « éléments », puisqu'elles avaient l'air élémentaires. Le physicien vous dira qu'il y a des particules plus élémentaires que cela, mais pour le chimiste, pour la constitution de la matière qui nous entoure, pour cette matière à côté de moi, c'est l'atome qui caractérise l'ultime. Et donc on a commencé à réaliser qu'il y avait ces atomes, mais c'étaient des briques un peu éparses, on ne savait pas quoi en faire, ça faisait un peu désordre. Il n'y avait pas de « système périodique », il y avait des briques, des pierres. Et quelqu'un a vu que ce n'était pas simplement des pierres quelconques. C'est Mendeleïev, qui a déjà été cité, qui s'est rendu compte qu'il y avait des régularités dans les propriétés de ces objets, de ces briques. Il les a classés en un tableau, que l'on appelle « tableau de Mendeleïev », une découverte cruciale. Il s'est rendu compte que l'on pouvait disposer ces objets en un tableau avec des lignes et des colonnes, de sorte que ceux qui étaient dans une même colonne avaient des propriétés semblables. Il a même été amené à faire des hypothèses. Quand il y avait un trou dans ce tableau, il disait : « Là, il doit y avoir un élément encore inconnu ! », et ces éléments ont en effet été trouvés.

Ce système périodique possède la propriété inouïe, impensable presque, que tout l'univers, toute la matière qu'il contient sur des milliards d'années-lumière, tout est formé de ces éléments. Il n'y en a pas d'autres. Toutes les cases sont pleines, il n'y a plus de trous. On pourrait toujours dire : « Pourquoi n'y aurait-il plus de trous ? » Il n'y a plus de trous parce que tout est rempli. Je sais qu'un scientifique doit toujours se dire : « Ah, mais on n'a pas le droit d'être dogmatique », c'est vrai, mais je ne vois vraiment pas où pourrait se placer la faille ! Évidemment, l'homme a entrepris de fabriquer des éléments artificiels et a prolongé le tableau périodique des éléments naturels en en créant des artificiels. De temps en temps, vous lisez dans les journaux, qu'un élément de plus a été créé. Quelques atomes ont été formés dans un accélérateur, mais on ne pourra pas en faire grand-chose et ils ont coûté des fortunes, mais cela permet d'aller plus loin. D'ailleurs, puisqu'on parle du *Système périodique* de Primo Levi – si Primo pouvait un jour revenir, cela l'intéresserait certainement –, on prédit qu'il y a un îlot de stabilité un peu plus loin, au-delà du tableau périodique que l'on connaît actuellement. C'est peut-être là qu'il y a cette chose qui reste à compléter. Quand on aboutira à un nombre atomique assez élevé, 120 environ, il se peut que les éléments redeviennent stables, et là il y aura peut-être de nouveaux mondes à découvrir.

Dans le livre de Primo Levi, et bien que chaque chapitre ait toujours comme titre un élément, en fait, l'important me semble moins être l'élément que ce qu'il en fait. Il effectue des transformations, ce que les chimistes appellent des « manips » : on manipule, on se saisit de l'objet. C'est le prétexte du chapitre en général et c'est cet aspect de transformation de la matière qui donne une sorte de sentiment de puissance et de sécurité. On a l'impression de contrôler ce qui va se faire. Et même si on ne contrôle pas toujours le résultat, ce qui paraît une déception peut se révéler une découverte, celle de nouvelles réactions, de nouvelles transformations.

La première formulation des règles qui régissent ces transformations est due, comme vous savez, à Lavoisier : « Rien ne se perd et rien ne se crée, tout se transforme. » Effectivement, cela voulait tout simplement dire : si vous prenez des éléments du système périodique agencés suivant certaines constitutions moléculaires au départ, vous les mélangez et vous les faites réagir, vous obtenez d'autres molécules, d'autres maisons construites avec les mêmes briques ; les mêmes briques y sont toujours, elles n'ont pas disparu, elles forment des agencements différents. Sans cette loi fondamentale, vous ne pouvez pas faire de chimie.

Puisqu'on parle de littérature – la littérature aussi est une représentation, une façon de transmettre –, il fallait, bien sûr, pouvoir représenter cette structure de la matière, lui attribuer une formulation. Au fur et à mesure que ces éléments étaient découverts, on leur a donné des noms et des symboles pour les désigner. Au début, on savait simplement que cette matière avait une constitution, on alignait les éléments côte à côte : un carbone, un hydrogène, un azote, un oxygène, et on arrivait à savoir que chaque molécule en contenait tant d'un type et tant d'un autre. C'était donc un peu comme une écriture linéaire. Mais on s'est rendu compte qu'il n'y avait pas que du linéaire, que ce n'était pas simplement, pour reprendre l'analogie de départ, des briques posées côte à côte. Ces briques formaient une maison. Donc, il y avait en fait une structure, des connexions qui s'établissaient, et des règles qui régissaient ces connexions. Règles d'une part de connectivité, donc de nombre de liens entre les briques, mais règles aussi de géométrie : forme de l'objet résultant, dépendant à la fois de la brique et de la façon dont les briques étaient liées les unes aux autres. Ce qu'on obtient à la fin, c'est une forme tridimensionnelle de l'objet, c'est ce qu'on appelle la structure moléculaire. Sa représentation est un vrai signe, c'est l'écriture de la forme chimique, c'est un langage en soi. Avec cette différence, cependant, que la représentation n'est pas simplement symbolique. Il s'agit d'une réalité, et on peut, en connaissant des règles simples de géométrie, dire quelle est la forme *réelle* de telle molécule

Voilà quelques considérations auxquelles m'a conduit *Le Système périodique* de Primo Levi. Je voudrais terminer là-dessus, pour peut-être lancer une discussion, puisque plusieurs questions ont déjà été soulevées. Notamment celle de Canguilhem : « Tout est-il possible, tout possible est-il souhaitable, tout possible est-il permis ? » Moi, je dirais oui. On pourra en discuter, tout dépend du sens que l'on attribue à « permis ». Jusqu'où va la permission, parce qu'une permission, ce n'est pas du oui ou du non. Il y a des gradations dans la permission.

Pour revenir sur quelques points que Primo Levi a soulevés – il y en aurait certainement beaucoup d'autres –, il écrit par exemple dans le chapitre sur le zinc : « Le moment désiré et un peu redouté était arrivé, l'heure du rendez-vous avec la matière avait sonné, avec le grand antagoniste de l'esprit. » Première question : la matière est-elle antagoniste de l'esprit ? Ensuite, un peu plus loin, en parlant du zinc : « Quand le zinc est très pur, le zinc si tendre et délicat, si accommodant en présence des acides qui n'en font qu'une seule bouchée, se comporte en revanche bien différemment lorsqu'il est très pur. Alors il résiste obstinément à l'attaque. De cela on pouvait tirer deux conséquences philosophiques opposées : l'éloge de la pureté, qui protège du mal comme une cuirasse ; l'éloge de l'impureté, qui ouvre les voies aux métamorphoses, c'est-à-dire à la vie. J'écartais la première d'un moralisme répugnant, et m'attardais à considérer la seconde qui m'était plus congéniale. Pour que la roue tourne, pour que la vie vive, les impuretés sont nécessaires, et les impuretés des impuretés. Même dans la terre si l'on veut qu'elle soit fertile. » Question intéressante. Et attitude que je ne peux qu'approuver !

Finalement le troisième thème, qui pourrait faire l'objet de beaucoup de débats celui-là, dans les *Histoires naturelles*, cette fameuse machine le Miméto. On en arrive au clonage ; cela peut certainement conduire à de très longues discussions !

DAVID LE BRETON

Après m'avoir écouté, vous comprendrez d'autant plus ma reconnaissance de me trouver invité parmi vous aujourd'hui. J'aimerais cheminer un moment avec vous autour d'une question dont je ne suis pas tout à fait sorti, une question qui me hante, en tant qu'auteur, en tant qu'anthropologue, en tant qu'homme, c'est la légitimité à écrire sur la Shoah quand on appartient à une génération épargnée, puisque je suis né pour ma part en 1953. Et je continue aujourd'hui à me sentir mal à l'aise, et surtout évidemment devant vous, d'avoir écrit à ce propos en tant qu'homme, mais aussi évidemment en tant que sociologue, en tant qu'anthropologue. Comment écrire sur une telle souffrance sans la trahir ? Cette souffrance, évidemment, elle me touche en profondeur dans mon humanité, mais elle ne m'a pas brisé le corps, elle ne m'a pas fait connaître la faim, elle ne m'a pas fait perdre des parents ou des amis par exemple. Dans la sociologie et dans l'anthropologie que je pratique, mon souci, et Freddy Raphaël le sait parce que nous avons parfois échangé à ce propos-là, c'est de changer le monde. Je pense que la légitimité des sciences humaines est de changer les choses, de changer le regard que nous portons sur le monde. Je me suis toujours senti pour ma part, depuis mes premiers textes, mais aussi je dirais même depuis mes premiers cours, je me suis toujours senti écrire sous l'ordre de la Shoah.

J'ai même dit un jour, je crois que c'était avec Alain Venstein, que j'étais un auteur d'après la Shoah. C'est-à-dire d'après une fracture de notre humanité qui ne se refermera jamais. En même temps, évidemment, je ne me sentais pas tout à fait digne, pas tout à fait légitime d'écrire, puisque je vous l'ai dit je n'appartiens pas à cette génération qui a été frappée de plein fouet.

J'ai écrit pour la première fois sur la Shoah en travaillant sur la signification humaine du visage, et en même temps j'avais énormément honte d'écrire sur le sujet, en ayant été tenu hors du brasier. Et j'ai envoyé mon texte à Claude Lanzmann pour *Les Temps modernes*. Claude Lanzmann m'a appelé peu après, nous avons eu un long échange et il a publié mon texte. Je me suis senti alors davantage autorisé en quelque sorte à poursuivre ma réflexion autour de la Shoah. Je me suis senti un peu moins hors de propos, et j'ai abordé de front l'expérience de la Shoah, notamment à travers l'œuvre de Primo Levi, dans les deux livres qui me tiennent le plus profondément à cœur. D'abord, j'ai abordé la Shoah en travaillant sur le visage, en écrivant sur la signification du visage dans les camps de la mort, puisque effacer l'homme en l'homme c'est détruire son visage, et l'une des premières opérations des camps consiste dans l'élagage de la figure humaine, à travers la tonte des cheveux, après la mise à nu, ultime étape du dépouillement de soi, rite de passage où la promesse de la mort seule est annoncée. La fatigue et la peur prolongent un travail méthodique d'éradication. La faim y ajoute une dernière touche en diminuant encore la chair, en jaunissant la peau d'une figure devenue progressivement résiduelle. Je pense à Stangl, qui a été interrogé après par une journaliste, après la Libération. Stangl dit qu'il n'a jamais vu le visage d'un seul déporté, je vais vous le citer : « Voyez-vous, je les ai rarement perçus comme des individus, c'était une énorme masse. Quelquefois j'étais debout sur le mur et je les voyais dans le couloir, mais comment expliquer, ils étaient nus, un flot énorme qui courait, conduit à coups de fouet. » Voyez, le visage est complètement éradiqué.

302

Et dans la méditation sur le visage, il y a évidemment ce passage inoubliable dans *Si c'est un homme*, où Primo Levi nous raconte sa rencontre avec le docteur Pannwitz qu'évoquait tout à l'heure Jean Samuel. Primo Levi ressent à ce moment-là une stupeur telle qu'après la libération du camp il a éprouvé la nécessité d'aller à la recherche de cet homme, non pour se venger, mais à cause de la sidération ressentie devant un regard impensable. Les yeux des deux hommes se croisent, mais s'ils sont l'un et l'autre face à face, ce n'est pas un visage devant un autre, un abîme les sépare. Au camp, le visage est un statut, un privilège, et non la condition de l'homme. Je cite Primo Levi qui dit : « Car son regard ne fut pas celui d'un homme à un autre homme, et si je pouvais expliquer à fond la nature de ce regard échangé comme à travers la vitrine d'un aquarium, entre deux êtres appartenant à deux mondes différents, j'aurais expliqué du même coup le sens de la grande folie du IIIe Reich. Le cerveau qui commandait ces yeux bleus et ces mains soignées disait clairement : "Ce quelque chose que j'ai là devant moi appartient à une espèce qu'il importe sans doute de supprimer, mais dans ce cas présent, il convient auparavant de s'assurer qu'il ne renferme pas quelque chose d'utilisable[2]." » De part et d'autre le visage est aboli, mais dans une relation de sujet à objet, où l'un des protagonistes se revendique le maître du visage. La société concentrationnaire exige cet anéantissement pour se reproduire sans dommage, sans questionnement moral de la part de ses responsables. Avant la mort physique règne dans les camps la liquidation de l'individualité, par le démantèlement du visage, par l'effacement des traits sous la dureté des os que recouvre une peau privée de chair. La même maigreur, la même absence pour tous qui conforte le bourreau dans le sentiment qu'il n'a pas affaire à des hommes, mais à un résidu qu'il faut éliminer en posant seulement des problèmes administratifs et techniques. Évidemment, Primo Levi nous parle également du fait que le signalement prime sur le visage, je cite : « *Häftling* : j'ai appris que je suis un *Häftling*.

---

2. « Le Psychophante », dans *Histoires naturelles*, Paris, Gallimard, 1994, p. 138.

Mon nom est 174 517, nous avons étés baptisés (…) ce n'est qu'en "montrant le numéro" que l'on a droit au pain et à la soupe. Il nous a fallu bien des jours et bon nombre de gifles et de coups de poing pour nous habituer à montrer rapidement notre numéro afin de ne pas ralentir les opérations de distribution de vivres ; il nous a fallu des semaines pour en reconnaître le son en allemand [3]. » Privation du nom, privation du visage, voilà les deux opérations nécessaires à la liquidation symbolique de l'individu et à son nouvel usage, purement fonctionnel, en attendant la mort. Il ne reste qu'un corps à numéroter, quand on supprime la condition de l'homme, c'est-à-dire son visage, son nom, son histoire. Il ne reste en effet que le volume du corps. C'est surtout Robert Antelme qui a énormément réfléchi sur la question du visage dans les camps. Robert Antelme nous dit que l'une des tâches des déportés était en permanence de faire oublier leur visage, de faire oublier leurs yeux, parce que tout ce qui pouvait faire relief en soi pouvait susciter l'attention des bourreaux et provoquer la mort. Et à la fin de *L'Espèce humaine*, il y a ce passage bouleversant où les déportés découvrent ce fragment de miroir que possède l'un des leurs, et ils retrouvent un instant leur visage, et Robert Antelme dit cette extraordinaire émotion d'attendre d'avoir à nouveau le morceau de miroir dans sa main pour retrouver son visage, et donc pour renaître à peine un instant, revenir au monde. Et puis j'ai retrouvé la Shoah dans un autre de mes livres, sur le silence, une question qui me hantait et que j'avais déjà traversée en travaillant sur la douleur, mais c'était à un niveau infime par rapport aux enjeux que représente la Shoah, c'est comment dire la douleur, comment dire la souffrance. Cet écartèlement entre l'indicible de la souffrance des camps, le déchirement entre cet impératif de parole et la certitude de ne pas être entendu. Et Primo Levi a énormément écrit à ce propos. Dans *Si c'est un homme* par exemple il nous dit : « Le besoin de raconter était en nous si pressant, que ce livre, j'avais commencé à l'écrire là-bas dans ce laboratoire allemand, au

---

3. *Si c'est un homme*, Paris, Julliard, 1987, p. 32.

milieu du gel, de la guerre et des regards indiscrets. Et somme toute en sachant bien que je ne pourrais pas conserver ces notes griffonnées à la dérobée, et qu'il me faudrait les jeter aussitôt car elles m'auraient coûté la vie si on les avait trouvées sur moi[4]. » Cet impératif de dire, évidemment la littérature concentrationnaire l'a énormément évoqué, je vous rappelle de mémoire ce que Dionys Mascolo dit par exemple de la rage de parole de Robert Antelme dans la voiture qui le ramène de Dachau à Paris, je cite Mascolo qui dit : « Il n'a pas cessé, Robert Antelme, tout au long de parler, raconter, raconter, il se sentait menacé de mort et il voulait peut-être en dire le plus possible avant de mourir. Jour et nuit il n'a pas cessé de parler, peut-être seulement quelques heures de somnolence, mais évidemment il y a toujours un monde qui sépare celui qui parle dans la douleur et celui qui voudrait l'entendre. Un univers de différence difficilement franchissable comme celui qui oppose l'eau et le feu. Avoir été touché dans l'horreur d'un côté, et n'en avoir rien connu dans sa chair de l'autre. »

Il y a aussi le rêve que raconte Primo Levi où apparaissent sa sœur et des amis. Il est là avec sa sœur et ses amis, il est à nouveau dans sa maison et il dit : « J'évoque en détail notre faim, le contrôle des poux, le Kapo qui m'a frappé sur le nez et m'a ensuite envoyé me laver parce que je saignais. C'est une jouissance intense, physique, inexprimable, d'être chez moi entouré de personnes amies et d'avoir tant de choses à raconter : mais c'est peine perdue, je m'aperçois que mes auditeurs ne me suivent pas. Ils sont même complètement indifférents, ils parlent confusément d'autre chose comme si je n'étais pas là. Ma sœur me regarde, se lève, et s'en va sans un mot[5]. » La parole se dissout dans l'indifférence, dans son impossibilité d'être entendue. Le silence assourdissant qui enveloppe le théâtre de l'événement et sa mémoire est une confrontation à l'indicible, à la rétorsion de parole qui s'anéantit en soi dans un silence qui n'est que la forme extrême du cri. Primo Levi a

---

4. *Ibid.*, p. 233.
5. *Ibid.*, p. 76.

dit plus que les autres l'impossibilité de dire, puisque le langage confronté aux limites ultimes du pensable, convoqué à dire la Shoah, ne possède plus les mots adéquats pour témoigner. Il faudrait des mots porteurs de toute l'horreur du monde, chargés d'une virulence de sens qui ne laisserait personne intact. Même les mots les plus durs sont encore en deçà et disent une réalité à la mesure de l'homme, dans les marges de son entendement, quand il faut aller au-delà, se dépouiller de toute illusion, se déprendre de toute raison, briser le langage pour l'ouvrir à des significations terribles, et neuves. Et cela même pour l'élémentaire de la vie quotidienne des camps. Et voici ce que nous dit Primo Levi : « Nous disons "faim", nous disons "fatigue", "peur" et "douleur", nous disons "hiver", et en disant cela nous disons autre chose, des choses que ne peuvent exprimer les mots libres, créés par et pour des hommes libres qui vivent dans leur maison et connaissent la joie et la peine. Si les Lager avaient duré plus longtemps, ils auraient donné le jour à un langage d'une âpreté nouvelle, celui qui nous manque pour expliquer ce que c'est que de peiner tout le jour dans le vent, à une température au-dessous de zéro, avec pour tout vêtement une chemise, des caleçons, une veste et des pantalons de toile, et dans le corps la faiblesse et la faim et la conscience que la fin est proche [6]. »

Et puis, avec le temps qui passe et les hommes qui meurent, une autre épreuve surgit qui emporte même la bonne volonté, celle pour les survivants de témoigner face à des générations qui n'ont pas connu l'horreur sous leurs murs, ou dans leur chair, et écoutent avec compassion mais sans pouvoir tout à fait comprendre. Autre combat à l'intérieur du silence, pour poursuivre malgré tout le témoignage, pour que l'histoire ne se répète pas. La distance et les difficultés actuelles brûlent l'événement, et Primo Levi note avec tristesse comment la communication devient difficile au fil du temps. Je cite : « L'expérience dont nous sommes dépositaires, nous les survivants des Lager nazis, est étrangère aux nouvelles nations de l'Occident,

---

6. *Si c'est un homme*, Paris, Julliard, 1987, p. 112.

et le devient de plus en plus au fil des années. Pour les jeunes des années 1950 et 1960, c'étaient les affaires de leur père. On en parlait en famille et les souvenirs conservaient encore la fraîcheur des choses vues. » Mais les générations contemporaines sont loin des événements, elles sont submergées par d'autres soucis qui les frappent au quotidien. Primo Levi reprend : « Il nous est de plus en plus difficile de parler avec les jeunes, cela nous apparaît à la fois comme un devoir et en même temps comme un risque. Le risque de leur apparaître comme anachroniques, de ne pas être écoutés. Il faut que nous le soyons. Au-delà de nos expériences individuelles, nous avons été collectivement les témoins d'un événement essentiel et imprévu. Essentiel parce que justement imprévu, que personne n'avait prévu. C'est arrivé, donc cela peut arriver de nouveau, tel est le noyau de ce que nous avons à dire. » Mais le pire dans l'expérience de l'indicible est de rencontrer un jour l'oubli ou l'indifférence, forme radicale de la disqualification du sens. Et il y a cette anecdote épouvantable que raconte Primo Levi d'un jeune élève qui vient de l'écouter dans une école, qui a expliqué un peu toute l'horreur d'Auschwitz, et l'élève, peu convaincu, lui demande pourquoi personne ne s'est jamais échappé d'Auschwitz, et Primo Levi avec infiniment de patience explique à nouveau. Et l'élève fait un plan au tableau en lui demandant d'indiquer l'emplacement des gardiens, la présence des barbelés, et lui expose doctement comment il est possible de s'échapper. Et comme Primo Levi demeure toujours dubitatif, l'élève lui répond avec aplomb et avec une horreur qu'il ne soupçonne pas : « Si cela devait vous arriver une nouvelle fois, faites comme je vous dis, vous verrez. » Voilà, je crois donc pour conclure qu'il faut sans doute croire au pessimisme de l'intelligence, à l'image d'Antonio Gramsci, il faut croire au pessimisme de l'intelligence mais en tous les cas surtout à l'optimisme de la volonté et à l'optimisme du cœur. Voilà, je vous remercie.

WALTER GEERTS

Voilà trois excellentes introductions à l'ouverture de notre discussion. Des questions pressantes au niveau de l'éthique, au niveau de la pragmatique aussi, ont été posées. Primo Levi a surtout, je crois, mis le doigt sur l'interdépendance de tous ces domaines. La meilleure illustration en est, à mon avis, le graphe qui accompagne *La Recherche des racines*. Ce dessin est une véritable carte routière de sa pensée. Pierre-Gilles de Gennes et Jean-Marie Lehn ont utilisé la métaphore de la sculpture pour parler de la matière et de ses composantes, une sculpture qu'on peut manipuler et transformer. Le parcours indiqué par le graphe de *La Recherche des racines* va de Job et de l'ontologie du mal, pour reprendre le terme de Neppi, à ce que Levi indique par les « trous noirs ». Ces trous noirs ne sont pas l'image d'une fascination immobilisante devant le cosmos, mais plutôt des enjeux pour ce qui doit encore arriver.

DANIEL PAYOT

Il me semble que l'une des choses qui a été évoquée sans être explicitée pendant ces deux journées, c'est une étrange correspondance, un étrange parallélisme, qui fait peut-être en partie notre époque, et que l'on retrouvait dans la question de Freud tout à l'heure sur le possible et le permis, c'est-à-dire qu'à la fois on est dans une époque dans laquelle le possible au sens de la construction du savoir, la construction technique est inouïe, et que cette époque correspond en même temps au retrait des régulations normatives. Nous assistons à une complexification de la place de la morale et en tout cas à la perte de la situation dominante de la morale, capable de dire ce qui est bien, ce qui n'est pas bien, de façon absolument certaine et normative. Il y a une difficulté bien plus grande que dans les siècles antérieurs à fixer ainsi des limites. En d'autres termes, le devoir ne sera jamais adéquat à l'extension des possibles ; le possible ne finira jamais par retrouver un statut normatif régulant l'ensemble du système de façon absolument fiable. Et donc un devoir qui a peut-être moins de contenu au sens de contenu énonçable, mais qui est d'autant plus prenant, et dont il est d'autant plus nécessaire de maintenir l'existence. Et il me semble que c'était très beau, je n'ai pas d'autres termes qui me viennent maintenant, que parlant de Primo Levi et en prenant tous les aspects, c'est-à-dire le côté témoignage, la question de la littérature, la question de la science, finalement on retrouvait les uns et les autres, je crois, cette question d'une coïncidence, d'un nœud de cette époque où l'extraordinaire augmentation des possibles nous met encore plus devant cette question de l'exprimable et de l'inexprimable.

INTERVENANT

La question est peut-être simpliste mais vous avez terminé, monsieur Le Breton, votre discours avec le grand cri optimiste, et non pessimiste, et je crois c'était M. de Ceccaty qui a dit une fois assez clairement : « La raison de l'être humain paraît ne pas être suffisamment bonne pour le faire évoluer. » Que peut-on faire, aujourd'hui, dans un monde qui ne s'améliore pas, de la pensée de Primo Levi ?

DAVID LE BRETON

Pour moi, la pensée de Primo Levi demeure toujours aussi vivante et fondamentale. Elle est une injonction à ne jamais cesser le combat contre l'horreur ou l'injustice même si on a l'impression souvent qu'il est perdu d'avance. Et la manière un peu amère dont j'ai conclu, effectivement, est due au pessimisme de l'intelligence. On a l'impression de vivre dans un monde de plus en plus dur, où les massacres nous entourent. Nous ignorons également de quoi sera fait l'avenir à travers la montée de l'extrême droite en Belgique, en Autriche, en Suisse, et dans d'innombrables autres endroits. On se sent quand même un peu démunis. Et les œuvre de Primo Levi, d'Antelme, de Tillion ou d'autres, sont un gisement de sens, un lieu pour appuyer notre parole, notre combat. C'est pour ça que j'ai conclu quand même sur l'optimisme du cœur, l'optimisme de la volonté en tout cas.

Freddy Raphaël

C'est bien dans cet optimisme conscient et lucide que je me retrouve à l'issue de nos deux journées, convaincu aussi de la nécessité de relire, de questionner autrement Primo Levi. Je tiens à faire l'éloge de l'« impureté », c'est-à-dire de la volonté exigeante de reconnaître la différence qui fracture les systèmes clos. La prise en compte du futile relève de l'impératif biblique, le nom d'« Abel » vient de l'hébreu *évèl*, qui signifie « l'inutile, l'inefficace ». Par ailleurs, il me faut admettre que je me heurte, devant Jean et ses camarades, à quelque chose qui est de l'ordre de l'incompréhensible : je ne parviens pas à me soumettre à l'exigence de Primo Levi qui nous demande de reconnaître l'homme en tout individu, y compris dans le bourreau qui s'emploie à tuer l'homme en l'homme. Je bute sur cet impératif catégorique qui me contraint à renouer le dialogue avec le bourreau qui, pour moi, a répudié son humanité. Enfin, il nous faut dénoncer, contre tous les discours lénifiants et providentialistes, la Shoah comme le scandale absolu, comme le mal avec lequel nul n'a le droit de composer. La figure de Job demeure rectrice, qui incarne la révolte et le refus des justifications bien-pensantes. Dans le texte biblique, il n'y a pas de *happy end* : certes, Job retrouve à la fin une femme et des enfants, mais ce n'est plus sa première femme, ce ne sont plus ses premiers enfants ; c'est une vie recommencée, par-delà l'irremplaçable, pour celui qui a écarté les discours consolateurs rassurants. En dernier lieu, je voudrais souligner, dans un paradoxe qui n'est qu'apparent, l'importance de l'humour, comme prise de conscience de notre commune incomplétude. Nous sommes frères dans l'inachèvement et le tâtonnement. J'ai retenu enfin, de cet après-midi, deux choses fortes : il y a, comme Daniel Payot l'a souligné, une grandeur certaine dans la marche obstinée des hommes vers une rédemption que la Shoah a ruinée ; il y a une forme d'espoir dans la détermination si réservée et si pudique de la génération « épargnée » de David Le Breton qui se risque à écrire sur la Shoah.

Intervenant

On a beaucoup parlé de l'angoisse de l'oubli et de la nécessité de la mémoire, mais maintenant je voudrais poser quelques questions sur les tsiganes, parce que, à côté des juifs, les Allemands ont également essayé d'exterminer les tsiganes, et vu que les tsiganes ont une culture surtout orale, je ne crois pas qu'il existe un témoignage littéraire de tsiganes qui ont quitté Auschwitz. Et je voudrais m'adresser à M. Samuel pour savoir s'il a des contacts réguliers avec des survivants tsiganes, et également à M. De Volder pour savoir ce que fait l'historien lorsqu'il ne dispose pas de témoignages directs.

Jean Samuel

Oui, je voudrais répondre à la première question simplement. J'ai essayé d'avoir des contacts, ici à Strasbourg, mais cela a été très difficile, je ne sais pas pourquoi, peut-être parce que la plupart des tsiganes qui étaient à Auschwitz ne venaient pas de France. Je n'ai pas trouvé d'écho directement. J'ai essayé, mais sans succès. Je le regrette. De mon côté, j'en parle toujours. Je le sais bien parce que ma mère m'en a parlé, ils étaient dans une autre partie du camp de Birkenau. À Buna-Monowitz il n'y en avait pas. À Birkenau, une nuit, je crois que c'était au mois d'août, tout le monde a été liquidé par le gaz, femmes, parents, familles, enfants.

Freddy Raphaël

L'indignation ne se partage pas. La vie d'un tsigane, la vie d'un homosexuel ont le même prix ; c'est un combat identique contre l'oubli qu'il nous faut mener : c'est là un impératif catégorique. Lorsqu'à propos du futur mémorial de l'Alsace-Lorraine victime du nazisme, j'ai « osé » demander qu'il soit fait mémoire, à côté de la souffrance des incorporés de force, du sort tragique des résistants, des déportés politiques et raciaux, j'ai reçu une longue lettre indignée qui se terminait par ces mots : « Monsieur le Professeur, je vous dis comme Jésus sur la croix : Pardonnez-lui, parce qu'il ne sait pas ce qu'il dit. »

JAN DE VOLDER

Je voulais juste ajouter qu'il existe en fait des témoignages de tsiganes. La recherche historique a fait des progrès en ce domaine aussi. On vient ainsi de publier un très beau livre en allemand, *Den Rauch hatten wir täglich vor Augen. Der national-sozialistische Völkermord an den Sinti und Roma* (Heidelberg, 1999). Il est fondé sur des témoignages et sur d'autres documents historiques ; c'est un très beau livre, qui cherche effectivement à documenter l'holocauste des gitans. Troisièmement, il ne faut pas oublier la fiction, qui aide à entretenir la mémoire. Je me rappelle le film *Train de vie* qui parle des juifs de Roumanie et qui évoque aussi une rencontre tout à fait fictive avec un groupe de gitans qui a survécu aux camps. Un roman bien connu sur l'extermination des gitans est *And the violins stopped playing* d'Alexander Ramati. Évidemment, il faut savoir gré à la culture juive, qui est tellement énorme, tellement bien établie, d'avoir vraiment pu valoriser le discours de la mémoire ; je pense qu'il est très important qu'il ne s'agisse pas de mémoire exclusive, mais d'une mémoire inclusive, de toute la souffrance des autres personnes qui sont mortes dans les camps de concentration ou ailleurs, ou dans d'autres guerres. Merci.

INTERVENANT

Il y avait tout à l'heure une amorce de débat entre Dominique Weil, après qu'elle a cité la question de Freud, qui était aussi celle de Husserl en 1935, et puis la réponse de Jean-Marie Lehn à propos du possible et du permis. Je trouve que c'est peut-être une bonne façon de relancer le débat maintenant, puisque vous (D. Weil) sembliez répondre que tout ce qui était possible n'était pas permis, qu'il y avait là une dimension de loi qui pouvait venir arrêter le développement du possible à un certain moment. Et vous, Jean-Marie Lehn, vous aviez l'air de contester ça et de dire plutôt qu'en fait ce qui est possible est permis d'une certaine façon. Est-ce que vous acceptez de nous en dire un tout petit peu plus ?

312

DOMINIQUE WEIL

Je voudrais tout simplement dire que je ne crois pas en avoir appelé à une loi qui limiterait le possible, j'ai seulement dit que la question du permis et de l'interdit devait être soutenue, que cette question devait être présente tout le temps. Quelle autorité dirait ce qui est permis et ce qui ne l'est pas ? On travaille avec de l'incertain et on ne peut pas mesurer les conséquences de ce que l'on fait. La passion de connaître, je la partage, il y a quelque chose de fascinant dans la puissance de la pensée à résoudre un problème, à l'analyser, à découvrir, à fabriquer des objets. Mais si c'est cela qui devient la seule raison d'être de la science, il y a là quelque chose qui nous amène à la catastrophe, parce que la science qui produit de la connaissance et qui produit des objets, à qui et à quoi est-elle destinée ? Est-elle destinée à la jouissance de celui qui la construit, ou doit-elle revenir à un tiers ? Je crois que cette question doit être posée et soutenue, et qu'elle est là dans toutes les démarches qui occupent les hommes et qui concernent ce monde construit par l'homme, et qui le conduisent à la découverte de lui-même et probablement à sa transformation.

JEAN-MARIE LEHN

Oui, effectivement, la question doit être posée et doit être analysée. Mais du point de vue éthique, du point de vue moral, la question de base est : est-ce que les tables de la loi sont intouchables, immuables, ou est-ce qu'elles sont modifiables et évolutives ? Finalement, si vous regardez l'évolution de l'univers, nous ne sommes qu'une étape. Au cours de l'évolution de l'univers, la matière s'est complexifiée et a conduit à un être qui est conscient de son existence et qui peut réfléchir sur son existence, qui peut essayer de la comprendre et pas seulement la subir. Et là on revient à la chimie en tant que puissance sur la matière, qui peut la manipuler de plus en plus. Pour moi, le pouvoir qu'a l'homme de modifier l'homme est encore quelque chose de naturel, puisque ça vient de la même source. La question cruciale est de savoir comment et pour quoi faire. Je suis personnellement convaincu que nous ne sommes qu'une étape de l'évolution. Quelques centaines de milliers d'années, qu'est-ce que c'est ? Ce n'est rien en regard de l'univers. Dans dix mille ans, nous ne serons plus les mêmes. C'était très simple quand on ne pouvait pas agir sur ce que nous sommes, maintenant nous savons le faire, nous ne pouvons pas rendre ce pouvoir. Il est aussi illusoire d'essayer de le mettre au frigo, parce que quelqu'un d'autre s'en saisira. La question est alors : toute l'avancée de la connaissance, cette avancée pratiquement inéluctable, pour moi, c'est peut-être la loi fondamentale de l'univers. Elle ne peut pas être arrêtée. D'ailleurs, on pourrait s'aventurer à faire une hypothèse, certes hardie, l'univers en évoluant, en devenant de plus en plus étendu, a généré le désordre, cette fameuse entropie, mais également autre chose, de l'ordre, de l'information. Parce que l'évolution des systèmes de l'univers s'est faite aussi vers des systèmes, des êtres, de plus en plus informés, de plus en plus intelligents, conscients, pensants. L'apparition de la vie, ce n'est rien par rapport à l'apparition de la pensée. L'apparition de la vie est presque explicable actuellement, un phénomène physico-chimique, certes très complexe. Elle est plutôt simple par rapport à la complexité de l'apparition de la pensée ; il y a là un saut qualitatif extraordinaire. Et je ne veux pas être réductionniste non plus, parce qu'en général on accuse les scientifiques d'être d'affreux réductionnistes, de vouloir réduire la pensée, Primo Levi, les poètes, les musiciens, les artistes, à une affaire entre particules. Non, ce n'est pas ça. Je pense que, simplement, tout cela est lié. Il y a actuellement deux approches, je crois que vous les connaissez, l'une est l'approche réductionniste, l'autre l'approche de l'émergence, et personnellement je suis plutôt convaincu que c'est celle-là qui est correcte. Je voudrais juste vous donner un exemple que j'ai utilisé de temps en temps. Une molécule d'eau est formée de trois atomes, tout le monde l'a certainement entendu un jour, HOH. Une molécule d'eau isolée dans l'espace ne sait pas, si je puis me permettre de parler ainsi, ce que c'est que de geler, fondre ou bouillir. Un verre d'eau fond, peut geler, ou peut bouillir. Quelle est la différence ? C'est toujours de l'eau, ce sont toujours les mêmes molécules, mais elles sont ensemble maintenant, elles interagissent. Et de nouvelles qualités ont vu le jour qui n'étaient pas contenues dans la molécule, qui ne pouvaient même pas exister dans la molécule isolée. En d'autres termes, au fur et à mesure que la matière se complexifie apparaissent de nouvelles qualités qui ne sont pas réductibles à ce qu'il y a en dessous, mais qui sont déductibles de ce qu'il y a en dessous, des niveaux inférieurs. Et je pense que, sans pouvoir décrire le chemin du quark à la pensée, ce chemin existe, on ne le connaît pas, mais il y en a un. Le fait de comprendre ne réduit pas la beauté de la chose, les niveaux supérieurs sont déductibles des niveaux inférieurs mais n'y sont pas réductibles. Bon, on pourrait discuter longtemps là-dessus…

INTERVENANT

J'étais particulièrement intéressé tout à l'heure quand vous disiez qu'on a un tableau et puis le tableau connaît plusieurs intersections, et puis, parfois, on ne connaît pas encore ce qui se trouve là, mais il doit se trouver quelque chose et on le trouvera après. Il me semble que dans cet état d'esprit-là on est dans un processus, on a posé une grille de lecture et puis ensuite on découvre, on s'approprie. C'est un schéma qui peut être l'inverse du schéma, j'allais dire de la création, au sens le plus romantique du terme, parce que là, au lieu de découvrir, de retrouver, au lieu d'avoir cette patience qui consiste à aller dans la matière, vers la matière pour voir ce qui s'y trouve, on prétend partir de rien et de créer le tout. Et il me semble que cette attitude-là, que j'appelle d'esthétisme, est beaucoup plus dangereuse que l'attitude scientifique telle que vous la décrivez, et que, peut-être, le gros danger dont parle Primo Levi est peut être justement dans ce contraste formidable qu'il met en scène, quand il décrit Auschwitz d'un côté, ou quand il écrit des nouvelles sur le comportement de la matière de l'autre. Il me semble qu'il y a une dénonciation implicite là-derrière de cette volonté folle de faire de l'humain un système ou de faire de l'humain un tout, une communauté qui serait systématique. Et justement dans la sobriété de cette écriture, dans ce style prosaïque de Primo Levi, il y a peut-être cette idée, cette exploration de toute cette distance par laquelle l'humain est irréductible à un système, à un système périodique ou à un tableau. Et donc, peut-être, autant dans l'exploration de la matière il n'y a pas de trous, il ne peut pas y en avoir, autant, à partir du moment où on est dans l'humain, finalement ce qui nous fait vivre et ce qui nous fait vivre ensemble, alors, comme l'eau quand ce n'est plus qu'une goutte, ce qui nous fait vivre ensemble, ce n'est pas de l'ordre du systématique mais c'est peut-être de l'ordre de la brèche ou du manque. Peut-être justement, en commençant par se garder d'une sorte de grand lyrisme, il y a pour moi un message chez Primo Levi, qui tient à son mode d'écriture avant même qu'on ne sache de quoi il parle. Dans cette tenue, dans cette réserve il y a peut-être aussi une réponse à Auschwitz finalement.

DAVID LE BRETON

J'aimerais entamer un instant un débat avec vous (J.-M. Lehn). Je vous confesse mon désarroi et ma gêne que vous conceviez l'humanité sous la forme d'un simple accident en se projetant ainsi sur des millions d'années. Surtout s'agissant du lieu où nous sommes, dont l'enjeu pourrait paraître alors bien dérisoire, quelqu'un parlait même de détails de l'histoire en se perdant dans l'infinité de l'histoire. On ne mesure pas les actions de l'homme à cette échelle. Au regard des étoiles, je pense qu'il est bien indifférent en effet que les camps de la mort ou les massacres « ethniques » en Bosnie, au Rwanda ou ailleurs existent. Il y a un cri terrible d'Antelme à ce propos d'ailleurs : « On peut tuer un enfant sans que la nuit remue. » À l'échelle de l'humanité, qui est la seule qui importe pour juger de l'action des hommes, il n'en va pas de même et nous sommes redevables des exactions commises à ce propos. Notre tâche s'enracine dans une éthique concrète aujourd'hui de construire. La réflexion sur la science et sur la technique doit demeurer à hauteur d'homme, elle doit intégrer le monde dans lequel nous vivons aujourd'hui, elle doit intégrer le monde que nous allons léguer à nos proches si j'ose dire, aux générations qui viennent. Nous n'avons que faire de l'éternité. Une référence aussi écrasante permet de justifier tout. Qu'est-ce que le massacre d'un peuple au regard des milliards de milliards d'années d'un temps infini ? Nous ne pouvons fonder aucune morale avec de tels principes. Au-delà de la réflexion sur le « mal » dans l'histoire, les questions fondamentales sont plutôt celles de savoir la science pour qui ? la science pour quoi ? Dans le monde qui est le nôtre aujourd'hui, à quoi sert cette avancée permanente vers un progrès dont on sait de plus en plus qu'il est de moins en moins un progrès moral ? Il ne l'a jamais été et aujourd'hui cela saute aux yeux qu'il va plutôt dans le sens d'une régression morale. Mais évidemment, il n'existe aucun étalon en la matière. Il y aurait tant de choses à dire sur les disparités effrayantes entre le Nord et le Sud, le monde occidental et les autres, la croissance du chômage, de l'exclusion, de la souffrance dans nos sociétés. La technoscience crée un gouffre effrayant entre les mondes. Et elle n'est pas bonne en soi parce qu'elle est technique et science. Il ne faut évidemment pas oublier que les camps de la mort ont été une création de la technique, de la science...

JEAN-MARIE LEHN

Non, je suis en total désaccord là-dessus. D'abord, nous n'avons pas le droit, ce n'est pas à nous de décider de ce que sera le futur. Nous devons faire en sorte que toutes les possibilités restent ouvertes ; nous n'avons pas le droit d'éteindre la lumière du futur. Les générations à venir ne doivent pas être privées de ce qu'elles peuvent tirer éventuellement de ce que nous avons fait. C'est-à-dire que nous devons leur léguer toutes les possibilités qui existent. Nous devons rester dans des limites, parce que nous sommes loin de tout savoir ! et quand il y a de l'incertain, il faut faire attention. Mais nous n'avons pas le droit de barrer le chemin, c'est une arrogance fondamentale de prétendre le faire. De croire aussi que nous, en tant qu'êtres humains, nous sommes l'aboutissement de l'évolution ; c'est tout aussi arrogant. Nous ne sommes pas, j'en suis

317

convaincu, l'aboutissement de l'évolution. Je ne dis pas non plus que nous sommes un pur accident. Il y a un livre très intéressant, intitulé *Poussière de vie*, écrit par Christian de Duve, un biologiste renommé, et dont le sous-titre est « La vie comme impératif cosmologique ». Ce qu'il veut dire par là, c'est que l'apparition de la vie dans l'univers n'était pas un accident mais était inéluctable, un impératif, on ne pouvait pas y échapper. Étant donné les conditions de température et de pression et les éléments du système périodique, il était nécessaire, inéluctable, inévitable que la vie existe. Étant donné les milliards de planètes qui existent encore, si on a un pari à prendre, je dirais qu'il est très probable sinon certain que la vie existe ailleurs. Sur quelle(s) planète(s), personne n'en sait rien. Donc je suis d'accord avec vous sur le fait qu'il faut faire très attention quand on ne sait pas, mais on essaie de réfléchir à la chose et de voir comment on peut progresser, tout cela se fait par ajustements progressifs. Descartes, que l'on connaît surtout parce qu'on parle de cartésianisme, avait aussi proposé sa morale provisoire. Voilà une réponse. Nous nous bâtissons une morale, une façon de voir, de vivre, d'essayer de faire en sorte qu'on puisse vivre ensemble, sans fermer des portes dans la mesure du possible et en essayant de préserver l'avenir, mais surtout en ne le fermant pas. Donc je crois qu'il faut laisser les possibilités ouvertes, cependant aller de l'avant avec réflexion, calmement, en évaluant les risques. Mais des risques il y en aura toujours, et sans risques il n'y a pas de vie. À partir du moment où on est né, il y a un risque, celui de mourir. Tout est un risque, il faut simplement l'évaluer. Prenons l'énergie atomique : on aurait pu se volatiliser depuis longtemps, on ne l'a pas encore fait, c'est relativement positif... – Oui mais il y a eu Hiroshima, Nagasaki... [DLB] – D'accord, c'est vrai, c'est terrible, il aurait mieux valu l'éviter. Pour revenir à ce que je disais avant, ce qui me semble le plus incompréhensible, et tout ce dont nous parlons aujourd'hui en témoigne, c'est comment l'univers est arrivé à donner naissance à un être qui est capable de se poser des questions sur lui-même, en quelque sorte à remettre l'univers lui-même en question. Comme dirait Sartre, il est à la fois en soi et pour soi, ce n'est pas simple...

EDMOND LEVI

Puisqu'on parlait à l'instant de la morale provisoire de Descartes, Descartes donnait quand même des conseils de prudence, en disant qu'il faut choisir la route la plus sûre et qu'après tout, même si on rencontre des bandits sur cette route, on avait quand même fait le meilleur choix puisqu'on avait pris la route qui au départ était la plus sûre. Mais pour en revenir à Primo Levi, en particulier en fonction du texte que citait tout à l'heure Dominique Weil, le texte disant qu'il incitait les scientifiques à un minimum d'éthique, ce qui m'a frappé dans ce texte c'est que ce n'était pas du tout un texte optimiste, ce n'était pas un texte qui évoquait disons le bonheur futur de l'humanité comme on l'aurait fait au XIXe siècle, c'était un texte qui évoquait une humanité qui serait peut-être un peu moins malheureuse, ce qui est déjà extrêmement différent, et je pense que le conseil que donnait Primo Levi c'est avant tout un conseil de prudence à la manière d'Hippocrate : la première chose est ne pas nuire. C'est peut-être quelque chose qu'on pourrait aussi dire aux scientifiques. Bien entendu, le progrès de l'esprit, nous le souhaitons tous, la science c'est quand même le devoir de l'homme de pensée, et moi je dirais qu'à la limite la vie universelle je m'en moque, ce qui m'intéresse c'est plutôt un être pensant, et après tout, s'il y a des bactéries sur Vénus et ailleurs, moi ça ne me fait ni chaud ni froid.

JEAN-MARIE LEHN

Il faut distinguer entre la science et son utilisation. Il y a quand même une différence, parce qu'un couteau, comme on dit communément, peut servir à étendre le beurre sur le pain ou à tuer. Une main est parfaitement naturelle, elle nous permet de caresser ou d'étrangler. La connaissance, c'est à nous de la gérer et c'est là qu'il y a le problème. Je ne veux pas me réfugier derrière une sorte de pureté du scientifique, enfin de l'approche scientifique, mais c'est vrai que la connaissance est quelque chose qui en soi ne porte pas nécessairement la conséquence, il y a quand même un acte à faire après. La science apporte la connaissance et la technologie propose des moyens de mise en œuvre. Ce que nous en faisons est de notre responsabilité.

INTERVENANT

Je voudrais juste rendre un dernier hommage de ma part à Primo Levi. J'ai souvent dit qu'à travers cette interdisciplinarité il suscitait toute sorte de réponses. J'ai remarqué que Primo Levi n'utilise pas souvent le mot « péril ». C'était quelqu'un qui sans doute avait ses peurs mais qui essayait de les contrôler. Alors ces citations c'est dans l'appendice de 1976 de *Si c'est un homme* : « Je considère que la haine est un sentiment bestial et grossier et je préfère que mes actions et mes pensées au contraire naissent dans la limite du possible de la raison. » L'autre citation est dans la conclusion des *Naufragés et les rescapés*. Je crois que M. Freddy Raphael faisait allusion à cela, c'est la phrase suivante : « Les SS étaient faits de la même étoffe que nous », je cite simplement Levi. Et l'autre passage, nous avons beaucoup parlé de ce texte entre amateurs de Levi dans les couloirs, mais je crois que personne ne l'a cité, c'est un titre que je ne sais pas traduire, je ne sais pas comment il a été traduit, cela montre que Levi non seulement connaissait bien le latin mais aussi le grec, c'est « Disfillassi ». C'est l'idée de la vie comme poussée et qui va dans un sens qui nous étonne, de même que l'homme est ambigu, est un centaure, qui nous étonne. C'est moi qui traduis : « Pourquoi ne pas avoir espoir dans le mieux, pourquoi ne pas avoir confiance en une nouvelle sélection millénaire, dans un homme nouveau, rapide et fort comme un tigre, qui aurait la longévité du cerf et qui serait sage comme les fourmis. »

JEAN-MARIE LEHN

C'est un organisme génétiquement modifié d'un type nouveau !!

DOMINIQUE WEIL

Je voudrais m'adresser à M. Lehn pour souligner à quel point il m'apparaît que ce qui pourrait être un malentendu entre les chercheurs de différentes disciplines, c'est une très grande différence d'échelle où la pensée résonne. Vous nous parlez de la connaissance scientifique, des transformations qu'elle opère à une échelle qui est celle de l'évolution de l'univers. Alors qu'un psychanalyste comme moi travaille à l'échelle résolument petite, singulière, de la durée de la vie humaine sur quelques générations tout au plus, et les problèmes que nous rencontrons évidemment sont des problèmes strictement humains : les problèmes que se pose un humain, comment sa vie est conduite, comment il aime, comment il déteste, comment ça lui est possible et impossible, comment l'autre est son ennemi et comment il est pour lui en même temps un pôle de demande et un pôle de désir, voilà les problèmes que l'on rencontre. Freddy Raphaël tout à l'heure le faisait remarquer, la proximité entre le bourreau et la victime abordée par Primo Levi est terrifiante. Je veux parler de ceux qui se sont trouvés être les bourreaux dans les camps et ceux qui se sont trouvés être les victimes. Primo Levi soupçonne quelque chose qui fait que ce ne sont pas deux humanités différentes, c'est extrêmement troublant, mais dans le travail que je fais c'est à ce genre de choses que singulièrement chaque homme est confronté. Et évidemment, comme le dit Pierre Legendre, qui est philosophe du droit, l'humanité se porte très bien, l'espèce humaine se porte très bien, elle naît et meurt sans compter. Mais ce n'est pas à l'échelle de l'espèce que se posent les problèmes que je viens d'évoquer, mais à l'échelle de la mémoire humaine. D'autre part, les hommes se détachent de tous les autres ensembles vivants par le fait qu'ils sont des êtres parlants, et que l'apparition du langage a induit dans l'espèce *Homo* un rapport au réel qui répond d'une tout autre logique, une logique signifiante. Là, entre le chimiste et le psychanalyste, il y a une différence qui fait que les questions que l'on peut se poser dans ces deux champs ne sont absolument pas les mêmes. À l'échelle où nous travaillons, ce que nous constatons, nous, c'est que chaque individu de l'espèce devient humain parce qu'il est né à cause du désir, frelaté ou vertueux, amoureux en tout cas, entre deux personnes, et qui l'ont fait naître. Là est l'énigme de son origine, cette énigme-là est immense pour chacun, elle est insondable, elle le fait se perdre en conjectures, elle fait qu'il lui attribue des significations multiples, qu'il lui recherche des sens, et c'est avec ces questions qu'il aborde l'autre et d'une façon plus générale qu'il cherche un sens à sa vie. Évidemment, ce sont des problèmes qui n'ont absolument rien à voir avec ceux que vous posez, mais je crois que l'on n'a pas à choisir entre les uns et les autres, nous sommes dans plusieurs logiques à la fois et nous avons à tenir compte des problèmes humains quel que soit leur ordre, et à considérer les logiques plurielles qui les déterminent.

JEAN-MARIE LEHN

Je ne dirais pas que nous sommes dans plusieurs logiques, mais plutôt dans des logiques complémentaires. Ce dont vous vous occupez c'est, vous le dites, à une échelle très restreinte par rapport aux grandes perspectives. C'est vrai, mais de temps en temps on peut, il faut s'ouvrir sur les grandes perspectives. Ma vie de tous les jours est faite des mêmes logiques tout à fait restreintes que celles que vous décrivez, mais ça n'empêche pas qu'on puisse s'ouvrir, zoomer sur toute l'histoire de l'univers, pour essayer de se replacer, pour essayer de comprendre. Et dans un sens je dirais même : ce dont vous vous occupez, ce dont s'occupent ceux qui essaient de comprendre la façon dont dans un être humain, un être pensant, se fait cette interaction entre son être matériel et son être spirituel, sa pensée, justement, c'est cela la partie la plus difficile. Ça a l'air très restreint parce qu'il y a des individus, mais la problématique est extrêmement générale. Évidemment, vous n'allez pas résoudre le problème de l'individu avec une problématique générale, mais je pense que cela contribue à la compréhension de l'ensemble. Inversement, le fait d'essayer de comprendre la généralité ne gomme pas les réalités du restreint. C'est un peu comme cette théorie que l'on appelle les fractales : la longueur d'un ensemble dépend de la longueur de l'objet dont on se sert pour le mesurer. Si vous mesurez avec des années-lumière, on a un point de vue qui permet de voir loin, mais ça n'empêche pas qu'en dessous il y a des choses très importantes qui soutiennent cet ensemble. Si l'on travaille à des échelles différentes, on peut avoir des réflexions à des échelles différentes, l'une n'exclut pas l'autre, mais elles ne sont pas non plus indépendantes l'une de l'autre, elles s'intègrent l'une à l'autre.

INTERVENANT

Je voudrais poser une question, qui est probablement stupide, à M. Lehn. Vous nous avez dit tout à l'heure que la vie était inéluctable, qu'elle devait apparaître forcément. Alors, est-ce que la mort aussi était inéluctable ? Parce que, comme François Jacob nous a dit qu'il ne peut pas y avoir de vie s'il n'y a pas la mort, si la mort n'était pas inéluctable, ça voudrait dire que les sujets auraient été immortels et par conséquent ils seraient morts. Cela a l'air idiot mais c'est comme ça, et que la vie serait apparue mais qu'elle n'existerait plus.

JEAN-MARIE LEHN

Oui, je crois que l'évolution en elle-même ne peut se faire, actuellement du moins, que si les organismes croissent et se reproduisent. C'est là que se fait l'évolution, le darwinisme, l'adaptation, l'apparition de nouvelles espèces, c'est par le fait que les organismes vivants sont nés, ont crû, et se sont éteints. Même les cellules dans notre corps savent le faire. Il y a un phénomène qui est bien connu maintenant des biologistes et qui s'appelle l'apoptose, et qui est en quelque sorte un signal se trouvant dans toute cellule qui lui dit « il est temps de mourir ». Par exemple, à un stade donné, les embryons humains ont des mains palmées et les cellules des palmes disparaissent. Il y a un signal qui dit : « c'est terminé, il faut mourir maintenant ». Et c'est une des choses que les chercheurs essaient de comprendre : qu'est-ce qui contrôle cette apoptose, qu'est-ce qui contrôle cette mort cellulaire programmée ? La comprendre

et la contrôler pourrait permettre de vivre beaucoup plus longtemps. Mais une question, d'ordre moral, se pose : quelle serait
la qualité de la vie correspondante ? La mort en elle-même est
une condition de l'évolution : on ne peut pas évoluer s'il n'y a
pas une recomposition de ces systèmes périodiques.

DANIEL PAYOT

Je voulais remercier tous ceux qui sont venus tout au long de
ce colloque ou à certains de ses moments. Je voulais remercier
en particulier nos amis italiens d'être venus nous parler d'un
auteur de leur langue dont nous avons essayé de parler, nous
qui ne parlons pas cette langue. Je voulais remercier Walter
Geerts, qui a été l'artisan scientifique de ce colloque. Je voulais
remercier Gina Giannotti, de l'Institut culturel italien, qui a été
très importante pour l'organisation de ce colloque, mais aussi
pour sa conception d'ensemble sur le plan scientifique, littéraire et en général. Et puis je voulais dire, mais je pense au
nom de tout le monde, à Jean Samuel, que c'était ton colloque.
C'était un beau colloque et on est plusieurs ici à avoir été à la
fois heureux et fiers de te donner un coup de main pour qu'il
existe. Merci beaucoup, Jean.

Table des matières

III. SCIENCE, PHILOSOPHIE ET VISION DU MONDE

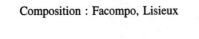

Composition : Facompo, Lisieux

Impression réalisée sur CAMERON par

BRODARD & TAUPIN

GROUPE CPI

La Flèche

*pour le compte des Éditions Ramsay
en mars 2002*

Imprimé en France
Dépôt légal : mars 2002
N° d'impression : 12016
ISBN : 2-84114-564-6